改变，从阅读开始

It's All Relative

Adventures Up and Down the World's Family Tree

万物的奇妙亲缘

世界家谱的追踪与探索之旅

[美] A.J. 雅各布斯（A.J.Jacobs）/ 著

葛秋菊 / 译

山西出版传媒集团　山西人民出版社

献给朱莉、贾斯珀、赞恩和卢卡斯

目 录

前　言　/1

第 1 章　第八代表亲　/001

第 2 章　世界家谱　/005

第 3 章　分享 DNA，分享爱　/012

第 4 章　一个伟大（或可能糟糕）的想法　/016

第 5 章　家谱学家的骚动　/024

第 6 章　窥探历史　/031

第 7 章　基因大混合　/040

第 8 章　土拨鼠山姆和 2585 个南方亲戚　/048

第 9 章　接受失败　/056

第 10 章　家庭应该被取消吗？　/063

第 11 章　善良的家人　/071

第 12 章　亚当和夏娃　/077

第 13 章　亲密表亲　/085

第 14 章　最伟大的一代人（以及香烟的正能量）　/093

第 15 章　致谢祖先的性行为　/101

第 16 章　生物家庭和逻辑家庭　/109

第 17 章　埃利斯岛　/114

第 18 章　尼安德特表亲　/121

第 19 章　世仇　/127

第 20 章　父亲是谁？　/135

第 21 章　美国革命的女婿　/144

第 22 章　巨型家谱革命　/151

第 23 章　我们的动物亲戚　/158

第 24 章　大爱　/165

第 25 章　连接号的另一头　/172

第 26 章　隐私　/178

第 27 章　艾萨克·牛顿的天才　/186

第 28 章　父与子　/191

第 29 章　双胞胎大聚会　/196

第 30 章　五位母亲　/202

第 31 章　败家祖宗　/207

第 32 章　我的总统亲戚　/214

第 33 章　传统！　/221

第 34 章　凯文·贝肯妄想　/226

第 35 章　朝圣之旅　/230

第 36 章　亲戚汇成的人海　/239

第 37 章　为逝者干杯　/245

第 38 章　有名的亲戚　/251

第 39 章　家谱的 51%　/261

第 40 章　熔炉　/269

第 41 章　FBI 和我的外祖父　/275

第 42 章　姓氏挑战赛　/279

第 43 章　别扭的家庭照　/286

第 44 章　兄弟对兄弟　/291

第 45 章　全球家庭聚会　/297

第 46 章　毫无疑问，我们是一家人　/298

后　记　/313

致　谢　/315

附　录　/323

前　言

感谢你拿起这本书。

你不是非得这么做不可，但这的确是一件美好的事，因为你和我本是远亲。我们共同的祖先无疑会为此而自豪。

说实话，关于我们共同的祖先，我并不太清楚具体是谁。

如果此时此刻，你正在纽约上西区某家书店里读这本书，那么我们或许有一位共同的曾曾曾曾曾祖母，她是住在波兰某个犹太小镇里的女裁缝。

或者再久远一些，往上推个二十几代，我们的祖先是幼发拉底河谷的一位牧羊人。

又或者非得追溯至八千代以前不可。大约20万年前，有两个模样邋遢的人，在非洲平原上狩猎、采集，生气勃勃地繁衍，他们就是我们共同的祖先。

这两位始祖，便是真实世界里的亚当和夏娃。在科学界，他们的代号有点不太好记，分别为"Y染色体亚当"（Y-Chromosomal Adam）和"线粒体夏娃"（Mitochondrial Eve）。当今每一个人都是他们的后代,不论是你、我、麦莉·赛勒斯[1]、昨天在快餐店外抢你车位的哥们儿,还是新加坡技术名列第二的牙齿保健师,无一例外。

近来,关于自己最初的祖先,我思考了很多。部分原因是我自己也有孩子,这驱使我去探索贯穿过去和未来的家族的接续问题。

我常幻想,如果 Y 染色体亚当和线粒体夏娃出现在 21 世纪,那会是什么情形。或许某个埃隆·马斯克(Elon Musk)这样的人才崭露头角,制造了一台时光机,将他们传送到现在,还让他们接到《今日秀》的邀请。

主持人马特·劳尔(Matt Lauer)或许会问他们,拥有 70 亿后代是一种怎样的体验?线粒体夏娃可能回答:"生日礼物收到手软。"引得观众捧腹大笑。(她已经接受过这方面的指导。)

也许马特还会问在第八千代子孙中,他们最喜欢谁?他们嘴上回答:"噢,都是我们的最爱。"心中的答案却是诺贝尔奖得主马拉拉(Malala Yousafzai),因为,哪一个精神正常的人会不喜欢她呢?

接下来,马特会问 Y 染色体亚当和线粒体夏娃,他们如何看待家族的现状。他们摇头叹息道:"我们只希望所有家人都能和睦共处。"

有道理。因为现在的世界大家族并不和睦,一点也不。事实上,它正处在危机中。在我到目前为止的人生中,我从未见过它像今天这样状态糟糕。

---

[1] 麦莉·赛勒斯(Miley Cyrus),1992 年生于美国田纳西州,是美国当红女演员、歌手。(编者注)

我很清楚，从很多方面讲，穿越时空的说法实属无稽之谈。

首先，Y染色体亚当和线粒体夏娃应该不是能提出睿智建议的开明之人。他们极有可能表现出仇外、疑惧的反应；为了偷马特·劳尔的面包圈，向他发起攻击。其次，考虑到收视率，他们更有可能上《60分钟》，而不是《今日秀》。

所以说，我知道自己的想法不切实际。可是每当我感到绝望时（近来常发生），这类幻想就会出现在我的脑海里。

此前，我一直认为人类在缓慢但理智地前进，认为我们终有一天会去除原始部落主义，同心协力解决全球重大问题。可事实上，我们的部落意识似乎越来越强烈。我们沉迷于"我们和他们"的思维模式，比如区分蓝州和红州、美国人和外国人、信徒和无神论者、黑人和白人、爱国者队球迷和其他人。

我还在自己身上看到了这一点，这让我很不安。我努力做一个高尚的人，同时教导孩子们如何做优秀的现代人。在饭桌上，我告诉他们不要诋毁任何人，不要憎恨，要保持恭敬和理智。然而十分钟之后，我开始谈论当天的时事——控枪、孤立主义——大发议论，猛烈抨击对立阵营，说他们是贪婪、愚蠢的笨蛋。

这种现象让孩子们大感不解，也让我感到糊里糊涂。

不过，我一直在尝试让自己变得更和气、更善解人意。在绝望感萌生的间隙，我会想，就算没有时光机，或许还是有希望存在。

几年前，我偶然发现有一群科学家和研究人员，正在进行一项了不起的尝试：用同一份家谱将全人类联系起来。这会是一份集合70亿地球人的世界家谱（World Family Tree）。构建这样一份家谱，需要数不清的DNA检测，以及数千位历史学家和家谱学家的助力。

这是一个雄心勃勃的计划,好比绘制人类基因图谱或者建设火星殖民地;也和诸多雄心勃勃的计划一样,意义深远。

虽然世界家谱的构建还在进行中,但是它已经开始帮助科学家追查疾病源头,制定治疗对策。此外,它正在改变我们对历史、文化、人种和种族的认知方式。

也许——只是也许——世界家谱也能促使我们更友善地对待世界各国的远亲,或者至少不再那么态度恶劣。因为这是有史以来第一次,世界大家族对于Y染色体亚当和线粒体夏娃的后代来说,不再是一个抽象概念。它是名实相符的。

当然啦,到头来也有可能徒劳无功。我知道,我所抱的希望听起来有点像痴人说梦。也许我应该找个长满广藿香的土坡坐下来,用西塔尔琴轻弹彼得、保罗和玛丽的歌。[1]

但我认为值得一试。因为我正觉得走投无路。我们需要做点什么。我希望我的孩子将来也有自己的孩子(当然,这得由他们自己决定),他们的孩子又有自己的孩子……让Y染色体亚当和线粒体夏娃的家族再延续八千代。

这本书记录了我为世界家谱添砖加瓦的冒险历程。这是我一生中最有趣、最刺激的经历,而我一生中最灰心的时刻也在其中。

通过这个计划,我得以与七大陆(包括南极洲)的兄弟姐妹相会;我与某位美国总统一起喝啤酒;我与一位哈特菲尔德家族成员,以及一位麦考伊家族成员成了朋友;我知道了我的曾曾

---

[1] Peter, Paul & Mary 是20世纪美国最杰出的民谣三重唱组合。他们的许多歌曲宣传反战理念,呼吁世界和平。(编者注)

曾祖父母的秘密和悲惨故事；我和摩门大教堂合唱团（Mormon Tabernacle Choir）一起唱过歌；我解码了我 DNA 里每一个核苷酸；我发现自己与几位好莱坞女星和几个芝加哥恶棍存在基因关系。

一路走来，我的世界观也发生了变化。

如果读到这本书的你，碰巧来自遥远的未来，碰巧是我的八千代孙之一，那么请允许我为我们丢下的烂摊子向你道歉，为全球变暖、工厂化农场、所有电视真人秀道歉——不过《英国家庭烘焙大赛》是个例外，我听说这档节目非常不错。

另外，我希望我们的家族比现在更美好。

第 1 章　第八代表亲[1]

我的故事，要从三年前收到的一封邮件说起，那是我收到过的最奇怪的邮件。

"你不认识我，"上面这样写着，"但我妻子是你的第八代表亲。她呀，要我说，真是一位优雅的淑女。"

我理所当然地推测，接下来，应该会读到怎么往一个多哥[2]的银行账户电汇1万美金，或者枸杞在强化男人性功能方面的神奇功效。

然而，发件人说的是，他的名字叫朱尔斯·费尔德曼（Jules Feldman）。他说他是一名奶农，居住在以色列的一个基布兹[3]里，读过我写的一些文章。他想把人生中的一大计划告诉我。过去15

---

[1] 英文里不区分堂亲、表亲，都用"cousin"表示。本书中的"cousin"，都翻译为"表亲"，一是因为根据原著无法判断究竟是堂亲还是表亲，二是为了全书的统一。书中的"表亲婚姻"即堂表亲婚姻。与此相类似的还有后文出现的great-aunt等，仅根据原文无法判断属于父系还是母系亲属。在不影响理解的情况之下，仅取其中一种译法。（译者注）

[2] 多哥（Togo），即多哥共和国，位于非洲西部。（编者注）

[3] 基布兹是以色列的一种建立在生产资料公有制基础上的农业公社或集体农庄。（编者注）

年里，他一直在花时间创建一份家谱，其规模之大，与其说像一棵大树，不如说更像一片树林。

"在我们的资料库里，大约有8万人是你的亲戚。"他说。

8万。我努力消化这个数字。如果他所言属实，那就意味着我的亲戚能让4个麦迪逊广场花园（Madison Square Garden）座无虚席。

这封邮件让我心中百感交集。

一方面，正如我的妻子朱莉所说，我时常感觉自己有太多亲戚了。如果能"剪"一些枝丫[1]，倒是正合我意。此处，我想到了我的表弟，他在自己婚礼那天雇了一个小个子，让这个人扮成爱尔兰传说中的小矮妖，突然从新娘的裙摆里冒出来，和宾客一起跳电臀舞。还有朱莉的兄弟埃里克，他的口头禅"我认为你想表达的是……"叫人听得很生气。

可重点是，我真想成为这份庞大家谱中的一员吗？另外，这封邮件还带有"个人隐私被国家安全局侵犯"之类的暗示，令人头皮发麻。这个奶农是如何知道我的事情的？我为什么要相信他？

另一方面，说来奇怪，撇开怀疑不谈，我竟被打动了。我在纽约家中的书房里坐着，眼见网上层出不穷的新闻标题，纷纷昭示我们的世界正走向不幸——战争、种族主义——就在这时候，一条惊人的消息冒出来，说的是我和全球各地数万人之间存在亲戚关系。这些头回听说的远亲，可能体型、身材、所属民族都不一样：高大的，矮小的；白皮肤的，黑皮肤的；肉食主义者，素

---

[1] 我实际上很喜欢戴维和埃里克。至于那位认为全球变暖是一个骗局的第二代表亲……不是很喜欢。（原注）

食主义者；同性恋，异性恋；还有爱吃香菜的，以及坚信香菜的味道和脏袜子一样的。

虽然千差万别，却有千丝万缕的联系。

我想表达的是（我的姐夫后来分析道），这封邮件让我体验到一种强烈的归属感。我意识到某个比自身更伟大的存在。我对"终极社交网络"（Ultimate Social Network）有了最初的认识。

这封邮件发来的时机真是再好不过了。在过去几年里，我对家族的兴趣越来越浓，这或许是遗传而来的特征。年少时的记忆里，父亲为了修一份家谱，花了好几年时间。虽然其中记载的人数没有 8 万之多，但也涵盖了好几代人。我的曾祖父母们，有的是波兰人，有的是乌克兰人。父亲会把他们的名字指给我看，给我讲他们的故事。讲他们怎么当农民，怎么当杂货店老板；其中一人甚至还抓住了把孔雀卖给贵族的商机。讲他们怎么躲在拉干草的马车里，逃过了俄国对犹太人的屠杀。讲我的曾外祖父本来要去埃利斯岛[1]接妻儿，却因为多喝了一碗汤，错过了他们的到港时间；他的妻子和孩子不得不在拘留所过夜，稀里糊涂，一无所知，因为害怕被遣回波兰而坐立不安。

作为一个年轻小伙子，我对这些故事嗤之以鼻。我是个讨人厌的叛逆小子，抗拒一切体制，包括家庭。我完全不想花时间探究自己的祖先。我为什么要在乎他们的事呢？就因为我们偶然地共享了一些 DNA？这是不合情理、过于随意的。那只是过去的遗留物。

---

[1] 埃利斯岛（Ellis Island）位于纽约市曼哈顿区。1892 年，美国政府在此设立入境检查处。（译者注）

但是像每个人那样，在长大成人、有了子女之后，奇迹般地，我也变得像我的父亲。现在的我，大部分时候都在为家庭着想：怎么为三个稚嫩的儿子创造归属感？应该把祖先的哪些智慧和品德传递给我的孩子？

就在这时候，我收到了朱尔斯·费尔德曼的邮件。它留在我脑海里，第二天，第三天，接下来的一周，一直没有消失。

第 2 章　世界家谱

当我向朱莉的兄弟埃里克提起朱尔斯·费尔德曼发来的奇怪邮件时，他当然觉得这是一件可疑的事。他问我，在那 8 万个亲戚中，已经有多少人要搭我的车去机场了。

但他的确提了个建议：我应该联系他最近认识的一个加利福尼亚人，名叫兰迪·勋伯格（Randy Schoenberg）。

我后来知道，兰迪与我是第十四代表亲，差两个辈分，他是个很有意思的人。他在家谱界很有名气，同时也是个有争议的人物——诋毁他的人说他顽固不化、不可理喻。

兰迪的家族拥有显赫的历史：他是伟大的现代作曲家阿诺尔德·勋伯格（Arnold Schoenberg）的孙子。兰迪本人却更擅长写诉状。他曾作为一位奥地利犹太裔妇女的代理律师，突破重重困难，从奥地利政府手中为其讨回原被纳粹盗取的家传名画，古斯塔夫·克里姆特（Gustav Klimt）的《金衣女人》（*Woman in Gold*），从而为人们所熟知。

该纳粹艺术品案件还被拍成了电影，兰迪的扮演者是瑞安·雷诺兹（Ryan Reynolds）。这样的角色安排是有道理的，因为瑞安和兰迪都拥有能磨碎帕尔马干酪的腹肌。

几天后，我致电兰迪，向他征求意见。"所以说你现在对家谱学感兴趣？"他说，"我提醒你，你会上瘾的。"

我说我能应付。

兰迪说，当下是家谱学历史上最激动人心的时代。这话听起来，或许有点像是在说，我们这个时代的职业保龄球运动是最性感的。

我也有过这样的感觉。但是，家谱学的发展的确会对每个人的生活产生重大影响。

兰迪告诉我，家谱学——美国人每年为此花费让人难以置信的 30 亿美金——正在经历两场变革。两场变革都具有重要潜力，同时也都引发了激烈争议。首先是 DNA 检测的变革。你只需往试管里吐一些唾液，寄给提供检测服务的机构，他们就会给你发送一份亲戚名单。在很短时间内，我们就能得知自己与他人之间的遗传关系。

另一场变革是网络化：大型互联网家谱。

"比如家谱网站 Ancestry？"我问。

"对，没错。不过还有其他类型的服务，采用了不一样的模式，也是我更喜欢的模式。"

Ancestry 的主要模式是建立私人家谱。而 Geni、WikiTree 和 FamilySearch 等网站建立的新模式，则更看重合作与开放性，就像维基百科一样。"与每人独有一个小盆栽不同，你拥有一片浩瀚的森林，里面的树棵棵相连，每个人都为此付出了努力。"

诀窍在于将独立的树连在一起。先输入你的家谱信息。假设你的家族树上有一个杰夫·贝佐斯（Jeff Bezos），另一个人的家族树上也有一个杰夫·贝佐斯，并且你发现两个杰夫·贝佐斯是同一个人，这时，你就可以选择合并两棵家族树。每合并一次，家族树就壮大一些。

"就像每个人都在拼同一张图，"兰迪说，"这张图叫作'世界家谱'。"

听起来确实很不错，即使稍微有些奥威尔主义（Orwellian）。

"上面有多少人了？"我问。

"我查一下，网站上有计数。"我听见兰迪敲键盘的声音，"好了，有……70420308 人[1]。"

什么？7000 多万？顿时，朱尔斯·费尔德曼的 8 万人家族树变成了一丛灌木。

"事实上，刚刚又增加了，"兰迪说，"增加了 3 个亲戚。现在是 70420311 人。"

这些人分别来自 160 多个国家，总数在不断上升。兰迪说在未来 10—20 年间，建成把地球上 70 亿人全部连接起来的家谱是极有可能的。这种连通性给人的感觉是什么？让人一下子充满干劲。"人类大家族"不是胡话，它即将成为现实。

兰迪不是 Geni 网的员工，只是它的非官方创始人和忠实粉丝之一。"可以玩一个有意思的游戏，"他说，"你可以弄清楚你与名人和历史人物之间的关系，说个名字。"

"露丝博士（Dr. Ruth）。"我说。我不清楚为何这位年逾八旬

---

[1] 这个数据是之前的。在本书发稿时，世界家谱上的亲戚人数已经上升到 114000000。（原注）

的性专家的名字第一个跳了出来,但我已经说出口了。

我听见兰迪打字的声音,然后出现了长时间的停顿。

"露丝博士是你妻子差一个辈分的第一代表亲的丈夫的第四代表亲的妻子。"他宣布。

"等一下,所以她是我的表亲?"

"对,姻亲。一些人是血亲,其他人是姻亲。"

"那么她算是亲属吗?"我问。

"你把你姐夫当亲属吧?"

我不情不愿地承认了。

"同理,只是关系远一些。就像凯文·贝肯六度分隔游戏(Six Degrees of Kevin Bacon)[1],人人都是凯文·贝肯。"

第二天,我在 Geni 网创建了自己的家族树,然后开始搜索名人。我在搜索栏里输入亚伯拉罕·林肯(Abraham Lincoln),点击"找联系"(find the connection)。整整 20 秒钟的煎熬之后,关系链终于出现。我与亚伯是姻亲关系,中间只隔了 16 个人。我与杰克逊·波洛克(Jackson Pollock)之间隔了 13 个人,难怪我的孩子们也会用泼洒颜料的画技。演员蕾切尔·薇姿(Rachel Weisz)是我血缘上的第十二代表亲。米克·贾格尔(Mick Jagger)呢?没发现联系。没关系,反正我一直不喜欢《情感救援》(Emotional Rescue)这张专辑。

我忍不住要向别人显摆我的名人亲戚们。那个周末,朋友保

---

[1] 美国哈佛大学教授斯坦利·米尔格拉姆(Stanley Milgram)曾提出了"六度分隔"假说。通俗地阐释,即每个人和任何一个陌生人的关系间隔不会超过六个人。1993 年,研究人员发明了一款以美国影星凯文·贝肯为主角的游戏。游戏的玩法是用不超过六部电影把贝肯与另外任意一个演员联系起来。(编者注)

罗和莉萨来到家中,保罗提到星期五那天奥巴马总统在纽约。

"噢,巴拉克·奥巴马(Barack Obama)?跟你说,他是我的表亲。"我说。

"呃,对,你们长得可像了。"保罗说。

"不,我是说真的。"

莉萨发出紧张的笑声,不知该做何反应。朱莉跟他们解释,说我一整天都在计划跟别人说这件事。我去房间里拿来笔记本电脑,点开我和奥巴马的关系页面。

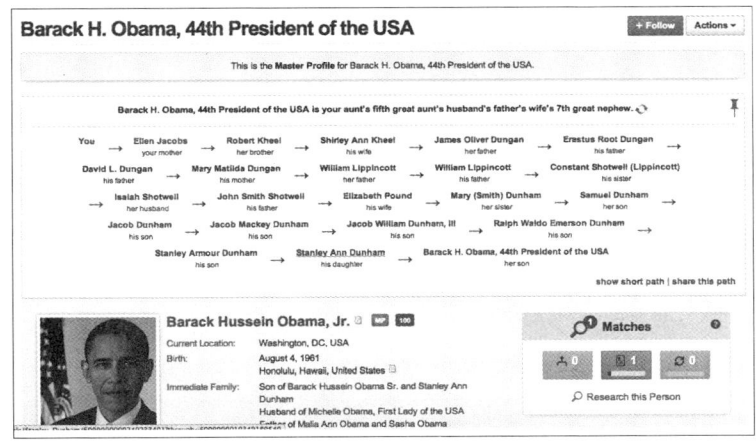

"他是我曾曾曾曾姨婆的丈夫的父亲的妻子的第七代侄孙。"

"哇!原来你们真是兄弟呀,"保罗说,"不明白你为什么没有出任驻巴哈马大使。"

莉萨受到的触动稍微大一些。

我说我还是爱因斯坦(仅间隔 12 个人)和哈莉·贝瑞[1](仅间隔 23 个人)的亲戚。

也有不好的消息,我做了补充说明。

"我也是连环杀手杰弗里·达默(Jeffrey Dahmer)的远亲。"

"天哪!"莉萨说。

"不过他是朱莉那边的亲戚。"

"真好笑。"朱莉说。

"是事实,"我说,"是跟朱克曼家连在一起的,中间不过隔了 20 个人。[2] 所以,如果你听说我被人剁碎了放在冰柜里……"

"你真是太机智了,"朱莉说,"显然奥斯卡·王尔德(Oscar Wilde)也是你的亲戚。"

莉萨想知道究竟是怎么回事。"这合法吗?"

问得好:这合法吗?要看你问的是谁。合作家谱仍然颇有争议性。人们提出了一些跟隐私有关的重要问题,例如"数据的安全性如何"以及对准确性的担忧:如何检查这些大型家族树?如果有人要制造保罗·里维尔(Paul Revere)[3] 是伊基·波普(Iggy Pop)[4] 和多丽丝·卡恩斯·古德温(Doris Kearns Goodwin)[5] 的儿子这种恶作剧,应该如何避免?

这使我联想到维基百科与《不列颠百科全书》(*Encyclopaedia*

---

[1] 哈莉·贝瑞(Halle Berry),美国著名影视演员。(编者注)

[2] 世界家谱在不断壮大和变化,因此,关系链经常改变。此处是我做调查时发现的连接路径。(原注)

[3] 保罗·里维尔(1734—1818),美国早期的实业家,也是美国独立战争时期的平民英雄。(译者注)

[4] 伊基·波普(1947—),美国歌手,被称为"朋克音乐教父"。(译者注)

[5] 多丽丝·卡恩斯·古德温(1943—),美国传记作家,普利策奖得主。(译者注)

Britannica）之间的较量。一些人将合作家谱贬为"豪放的家谱"，和 20 世纪 40 年代的"豪放女"一样，隐含不检点之意。事实上，有少数传统家谱学家对 Geni 网深恶痛绝，他们进入网站故意破坏家族树，将其分支斩断。

兰迪仍然是个忠实的卫士。"曾经人人都说'噢，维基百科绝对行不通吧？'记得吗？现在我们每天都要用它。"世界家谱肯定有不准确的地方，但是我们也有尽心尽力的"护林人"——努力检查关系链的志愿者。他说凭借文件证明和 DNA 检测，家族树的根基会越来越牢固。哈佛大学和哥伦比亚大学的科学家正在开展数据研究。此外，他认为建立合作家谱是大有裨益的。目前看来，它已经是亘古未有的人类档案。

第 3 章　分享 DNA，分享爱

如前所述，家史的变革，世界家谱只是其一，其二是 DNA 检测技术的利用。用管状容器采集唾液，或者用棉签擦拭口腔，将获取的 DNA 样本寄给 23andMe 或者 Family Tree DNA 公司——你可能听说过这种操作，即使没有亲自行动过。

几周后，他们会回复你一份报告，内容包括你的血统继承情况（比如 60% 北欧血统，22% 南亚血统，2% 印第安血统，等等），以及一份数十、数百、有时多达数千人的亲戚名单。这些人与你共享的 DNA 数量，多到足以使你们成为血亲——约 300 年以内有共同祖先。

不久前，我也做了检测，几周后便收到了 23andMe 发来的推定亲戚名单。我坐在家里的书桌前，点开名单：1009 人，大部分都是第三代、第四代或者相隔更远的亲戚。我浏览着名单，看里面是否有我知道的姓氏。格拉特（Glatt）、罗斯（Rose）、弗里曼（Freeman），听起来都不熟悉，还有很多是匿名。

但有一个名字我是知道的。

"朱莉·雅各布斯（Julie Jacobs）。"

这位应该是我太太——杰弗里·达默的远亲。我之前请她一起做检测,结果她出现在了我这份名单里。我的表亲朱莉。哈,原来我是表亲婚姻的当事人。

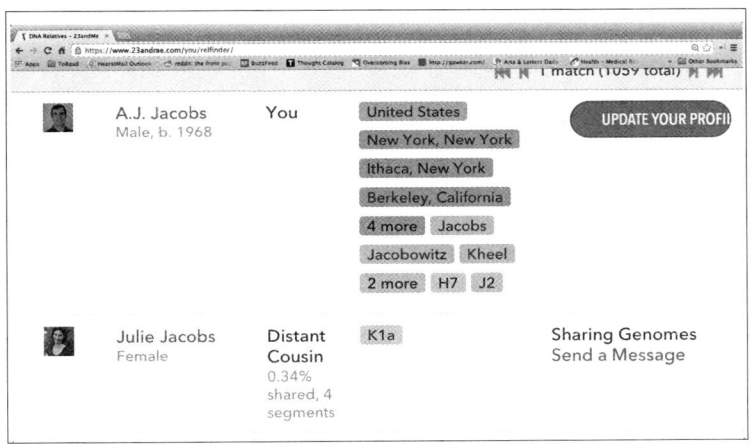

因为我们不是第一代或第二代表亲,所以23andMe在报告上注明我们是"远亲"(Distant Cousin)。大概是第七代表亲,也就是说我们拥有共同的曾曾曾曾祖父母。突然看到自己妻子的名字夹在一串陌生名字里,出现在我的电脑屏幕上,我乐得大笑起来。

这似乎带给我一种愉悦的禁忌感。我想,我们的婚姻或许会因此增添情趣。偷食禁果呀!也许家人朋友会窃语私议——仿佛和我结婚的,是表演滑稽歌舞杂剧的舞娘,面部还有刺青,或者是一个成天把安·兰德(Ayn Rand)[1]的言论挂在嘴边的人。面对

---

[1] 安·兰德(1905—1982),俄裔美国人,20世纪著名小说家、哲学家,崇尚理性,并不顾传统舆论的偏见,力倡个人主义。代表作《源泉》(*The Fountainhead*)《阿特拉斯耸耸肩》(*Atlas Shrugged*)等。(译者注)

他们的不赞同,我和朱莉也许会在执迷不悟的过程中愈加亲密。

我把电脑拿到客厅,朱莉在那里看《权力的游戏》(Games of Thrones)。

"朱莉,给你看个东西。"

我指着电脑屏幕说:"我们是表兄妹!"

朱莉靠过来盯着屏幕。她没有笑,反而露出一种仿佛在意大利饺子里发现了狗毛的表情。

"这真奇怪。"她说。

接下来的几天里,我跟一些朋友说了这件事。其中一人听完之后,哼起了《生死狂澜》(Deliverance)里的音乐《决斗的班卓》(Dueling Banjos)。也有几个人说起王室成员的血友病。还有一个熟人问,我们的孩子是不是有两个脑袋或者其他什么不正常。

才不是呢,我们有3个儿子:10岁的长子和8岁的双胞胎。他们都很健康,都只有一个脑袋。

为了让朱莉安心,朱莉的母亲告诉她,她的曾祖父母也是表亲,第一代表亲。

"这可算不上安慰。"朱莉说。

我做了一些研究,结果表明我们的婚姻算不上很特殊。首先,我们都是东欧犹太人(阿什肯纳兹犹太人)的后裔。这曾是一个高度奉行内婚制的群体——比起直接说他们喜欢近亲交配,这个说法显得礼貌一些。朱莉和我不过是继承了传统。而且朱莉和我是远亲,远到我们的子女几乎不可能带有先天缺陷。

再者,只要追溯得够远,你就会发现,其实每个人都是你的血亲。人类是一个内部结合十分紧密的物种。据估计,任何两个人的 DNA，都有 99.9% 是相同的。[1] 地球上相隔最远的血缘关系，其实也远不到哪里去。根据一些科学家的说法，在地球上，你与其他人之间的亲缘关系最远不会超出 70 代。（详见第 13 章）

后来，朱莉终于适应了她与表亲结婚的事实，甚至会在聚会上主动提起这件事。但我不想把过多注意力放在她身上，在 23andMe 发给我的名单中，她只是 1000 多个表亲的其中之一，就 Geni 网的数据来看，更只是 7000 万人的其中之一。

我一直在想：对这些刚刚收获的、数量惊人的亲戚，我能做点什么呢？——联系？全部无视？向沃伦·巴菲特（Warren Buffett）表亲（经金斯巴彻家相连，中间相隔 17 人）请教如何投资？

---

[1] 人类共有 DNA 的确切比例是一个有争议的话题。到 2016 年，公认的数据是 99.9%。2016 年，Nature 杂志上的一篇论文提出，现有一些科学家认为该数据可能是 99% 到 99.9% 之间的任何一个值。我用了很多时间思考，从哲学和伦理角度来看，这个百分比的确切值是否有重要影响。一方面，99.9% 听起来不错。但是有 99.9% 的相同成分的两样东西，仍然可能有巨大的差异。两个苹果派的相似度可能高达 99.9%，但其中一个可能含有 0.1% 的氰化物。你一定不想将它们搞混。所以我的观点是，重要的不是具体的百分比是多少，而是全人类都很相似，都渴望幸福、爱以及能睡个好觉。（原注）

第 4 章 一个伟大（或可能糟糕）的想法

第八代远亲朱尔斯·费尔德曼发来邮件几周后，我向身在以色列的他发起了视频通话。他出现在我的笔记本电脑显示屏上——和善的面容，一头白发，戴了一副又黑又大的墨镜。

"你听得懂我说话吗？"他问，"我的南非口音没让你为难吧？"

"能听懂，真的。"我说。

1971 年，年轻的理想主义者朱尔斯离开南非，来到一个基布兹。他现在已婚，获得了人类学学位，有 5 个已经成年的孩子和 400 头牛。

我问他是如何处理 8 万人亲戚名单的。对于他的人生来说，这份名单是否有意义？朱尔斯说，他喜欢在人们之间建立联系——不论是在家族树上，还是在现实生活中。

由他牵头相认的一对姐弟的故事就很精彩。这位姐姐因为与父亲疏远，所以并不知道她还有个兄弟。朱尔斯让他们彼此取得了联系。他们在耶路撒冷的一家饭店相见。"那位姐姐的情绪太激动了，连水都喝不下去。"

但是这次相聚是成功的。"现在,那位弟弟爱说'我姐姐这样,我姐姐那样'。这让我觉得自己的努力是值得的,就像别人的生活是与你有关的。"

"你的家族树上,有多少人是你已经见过的?"

"噢,几年前我组织了一次家族聚会。在耶路撒冷一个大礼堂里,有 3000 多人参加。"

等一下。我目瞪口呆,竟然有 3000 多人!

我参加过的家族聚会中,规模最大的大概有 100 人。那是 10 年前,在纽约唐人街一家餐厅里办的。组织人是我爸和我的姐姐贝丽尔。(顺便说一下,那家餐厅没搞清状况,人都到齐的时候,我们看见一张巨大的牌子,上面写着祝贺我的姐姐和爸爸喜结连理,弄得人心惶惶。)

但朱尔斯说的聚会是不同的,那是一场壮观的聚会。

真有趣!

通话结束后,我开始考虑这件事。如果朱尔斯可以组织家庭聚会,说不定我也可以。组织一次规模更大的,一场世界级聚会,就像伍德斯托克音乐节(Woodstock),但是穿裤子、用止汗剂的人会更多。斯莱兹姐妹组合(Sister Sledge)可以出席,并演唱一首《我们是一家人》(*We Are Family*)。这次聚会可以是盛大的、有历史意义的,也可能是噩梦一场。

那天晚上,让孩子们上床睡觉之后,我问朱莉:"我来为 7000 万亲戚组织一场聚会怎么样?"

"为什么?"

我说也许能通过聚会传达一个积极信息。荒谬,但是积极。

"我并不是说所有人都会来,"我说,"有些人约了医生或者要参加壁球锦标赛,所以达不到7000万人。"事实上,我希望有5000人。

"听起来还是有些难办。"她说。

我点头。

"或许可以列一个利弊清单。"她建议。

好主意。我拿出一个笔记本,开始罗列组织家族聚会的好处。

好处

1. 我可以打破一项世界纪录

我爸爸就是一位世界纪录保持者。他是一名律师,热衷于法律论文的写作。不仅如此,他还热爱给文章添加脚注。数年前,他写了一篇有4824条脚注的论文,比有史以来任何文章脚注的两倍还多,从而让他自己成为脚注界的韦恩·格雷茨基(Wayne Gretzky)[1]。他向《吉尼斯世界纪录大全》(Guinness Book of World Records)提交纪录申请,然而,法律脚注没能像8英尺长的手指甲一样得到重视。所以他只得勉强接受在《哈波斯索引》(Harper's Index)留名。

重点是,创下的纪录在家族历史上是不可动摇的。它致敬了我爸爸对古怪而(看似)了不起的梦想的热爱。

我点击进入吉尼斯官网,和脚注的待遇不同,规模最大的

---

[1] 韦恩·格雷茨基(1961—),加拿大职业冰球明星,得到2857分的"伟大冰球手"。(译者注)

家族聚会被记录在册，纪录保持者是西弗吉尼亚州的利利家族。2009 年，他们组织了一场 2585 人聚会。（朱尔斯·费尔德曼自始至终没有提交过申请。）规模很大，但当然不是不可超越的。

2. 对我的孩子有利

我最近在育儿类杂志上读到一篇文章，据说建立亲子关系的最佳方式就是一起完成一些工程，比如修建树屋或者凉亭。我既没有电钻，也不知道"托梁"（joist）是什么。所以我可以用我们的大家庭工程来代替。

这也是一个对孩子们有好处的话题。我读到过的埃默里大学的一项研究发现，了解家史的孩子更快乐、更健康，不会成为瘾君子或单身汉。家族历史给了他们归属感，使他们为这个世界所羁绊。

3. 是彻底结束战争和种族主义的万无一失之策

好吧，或许有些不自量力了。我并不是博诺[1]。

但"我们都是一家人"这个信息，也许能让一些人产生共鸣；也许能将世界总体友善指数提高四五个点；也许能让"我们与他们彼此对立"的意识产生一丝动摇；也许能使我一生中的总体行为倾向于善业，从而抵消我使用残疾人卫生间所造的恶业。

---

[1] 博诺，原名保罗·戴维·休森（Paul David Hewson），为人熟知的身份是爱尔兰摇滚乐团 U2 的主唱和词作者，同时还是出色的社会活动家，曾多次获得诺贝尔和平奖提名。（译者注）

4. 我可以将家庭概念延伸到极限

我发现自己设定了两个互相矛盾的目标。首先是庆祝家庭的团聚,然后是解构家庭。

虽然家庭从来不是一个简单概念,但今时今日它比以往更加难以明确。我们生活在同性婚姻、代孕、精子捐赠、开放式收养和一个受精卵拥有三人 DNA 的时代。我们还与朋友、同事组建特别的家庭,小说家阿米斯特德·莫平(Armistead Maupin)称其为"逻辑家庭"(logical family),与"生物家庭"(biological family)形成对比。

我非常支持"逻辑家庭",要我说,我们应该让它成为一个家喻户晓的定义。如我祖父的侄女的丈夫的第六代表亲希拉里·克林顿所言,这得"举全村之力"。潜在亲代和手足的数量越多越好。我知道,一些保守的亲戚会反对我的计划。但是在聚会中,他们也可能会发现,某些非传统意义上的家人确实值得结交。

5. 我可以深入了解关系较近的亲属

家谱学家都爱引用《根》(Roots)的作者亚历克斯·哈利(Alex Haley)的话:"我们都有一种深入骨髓的对传统的追寻——想知道我们是谁,我们从哪里来。没有这方面不断丰富的知识,我们的渴望就没有着落。无论取得何等成就,我们的人生中始终存在一片空白、一种空虚感,以及最能让人不得安宁的寂寞。"

实不相瞒,我直到最近才产生这种渴望。但是随着孩子们的成长,我的渴望日益强烈。我想知道,关于家族传统,我能向我的孩子讲述什么。幸运的是,我的直系家属家谱中有一些有趣的人物;难为情的是,一直以来,我对他们的故事一无所知。我想多知道一些外祖父的事,他的名字叫西奥多·基尔,是一位劳动法律师和民事权利领域的先驱。还有我的外曾祖父,他曾作为公麋党(Bull Moose Party)的候选人参加竞选。其中还有主张妇女参政的人、动物权利活动家、无政府主义者和贪污犯。有很多故事可以讲给我的孩子听。

6. 聚集终极人脉

通过打亲戚牌,我能随心愿接近任何人——总统、摇滚明星、各领域巨擘、曾让我心动的80年代女星。(取决于你要接近的亲戚,该策略要么好用到令人咋舌,要么导致令人愕然的不友好。)

好处有6点,还不错。我在另一张纸上列举了弊端。

弊端

1. 关于钱

朱莉的20人生日聚会是我办过的最大的活动,因此我完全不知道怎么安排聚会的预算。我的朋友保罗以举办集会谋生,据他所说,其中的隐藏费用数不胜数。"保险、海报设计、强力胶带。你根本想象不到这种活动要消耗多少胶带。"

真让人发愁。虽然我没打算靠这次家族聚会挣钱,但是我也不想把孩子们上大学的钱都花在胶带上。

但这个困难是可以克服的,对吧?我的意思是,这是一次面向全世界的聚会，我可以卖票，还可以拉赞助！没错，也许可口可乐会赞助，所有亲戚手拉手合唱"I'd Like to Teach the World to Sing (In Perfect Harmony)"[1]！的确，我不让我的孩子喝可乐，因为那是对健康不利、颜色像泥巴的糖水。但如果是为了更远大的目标呢？

2. 离谱的工作量

后来，我把自己的想法告诉了朱尔斯·费尔德曼，他听完沉默良久。"我有些担心你的计划可能只是小打小闹。"他最后说道。保守地说，他用了保守的说法。

他说他的家族聚会是经过6年的计划，在30位接近全职的志愿者的帮助下才实现的。这类活动需要组建委员会，召开会议，以及庞大的电子表格和大量便利贴。

3. 如果事与愿违，后果可能很严重

首先，如果说我做这件事的部分目的，是强化亲子关系，那要是计划失败呢？我会不会让他们难堪？经此一吓，他们会不会再也不敢尝试重大计划？

颜面扫地的风险是很高的。想象只有14个人出现在聚会地点的场景。或者一群亲戚因为吃了变质的墨西哥鱼饼而中毒。再或者，聚会没有展现出和平与和谐，反而演变成一场大规模斗殴，起因可能是泰勒·斯威夫特（Taylor Swift）踢了凯蒂·佩里（Katy

---

[1] 可口可乐经典广告歌曲，歌词大意为"我想教世界唱歌（用完美的和声）"。（译者注）

Perry）的小腿[1]。

比如说，我妻子的兄弟埃里克就不看好我假设的前提。他认为家人之间的争斗和陌生人之间的冲突一样常见。

"也许你是对的。"我说。但我直觉认为他是错的。我认为一家人不管怎么争吵，和完全陌生的人比起来，人类天生偏向于善待自己的亲人——哪怕是远亲。

我把我的理论称为"法官朱迪效应"（Judge Judy Effect）。我发现法官朱迪是与我相差两个辈分的第八代表亲，之后就想到了这个说法。多年来，我一直很讨厌法官朱迪，这个翻白眼、痛斥嘉宾的电视名人。我认为她是一个近乎邪恶的人。

然而，当我发现自己与她之间的联系时，我感觉到自己的看法发生了变化。不知理性与否，我对自己说，"啊，法官朱迪""她也没那么坏""她只是展现了一种表演风格""别看她表面上咄咄逼人，朱迪表亲说不定是个温柔可亲的人"。

这是个微不足道的例子，我知道。从这里出发，到世界和平，路途很长。但是我想证明埃里克错了，而这个例子就是起点。

我看着利弊清单。严重而可怕的弊端让我忐忑不安。但好处呢？有一些也很可观。再看一下数目，所以……

太棒了！

我挥动着拳头——至少在心里挥动了。这主意可行！

之后，我立刻进行了自我批评。

---

[1] 泰勒·斯威夫特和凯蒂·佩里都是美国著名女歌手，两人曾因"抢舞伴"事件产生矛盾。（编者注）

第 5 章　家谱学家的骚动

纽约召开的年度家谱学大会被称为"家谱学盛会"（Genealogy Event），这个叫法是相当切合实际的。我认为我应该去参加。我能在那里认识一些研究家史的专家，为自己准备筹办的大事搜集灵感，而最重要的，或许是学习如何研究我的血缘之祖。我的顾问兰迪说，管理你的"盆栽"——将叔祖母、祖父母等包括在内的小型家谱——对于合成覆盖所有远亲的"亚马逊丛林"来说是很关键的。

走进大会堂，映入眼帘的是为各大祖籍专设的展位——爱尔兰人的、德国人的、犹太人的、非裔美国人的、意大利人的，以及英属殖民地纽约的。我看见一些标牌，指示人们去听关于DNA解码和旧报纸搜寻的讲座。我看见一排排展示文件——人口普查表、出生证明——的计算机终端设备。我还看见好多穿夏威夷衬衫的男人，一般情况下，你可看不到如此多穿这种衣服的人。

总体来看呢？嗯，倒还不至于错以为这是科切拉音乐节（Coachella）。

尽管技术发生了大变革，家谱学仍然是一个向已经不年轻的人倾斜的圈子。白发苍苍的人很多,有时还能看到氧气罐。和一位家谱学爱好者聊了一会儿之后,我提出交换邮箱。"我不太用电子邮箱,但我有传真号码。你要吗?"[我能想到,再过10年,我会说同样的话,只不过"电子邮箱"要换成"色拉布"(Snapchat)。]

群体老龄化是合理现象。人在变老,生命的终点离你越来越近。你深思自己继承的东西,希望被后人记忆。你意识到自己也应该铭记祖先,从而给子孙树立好榜样。这是一个有关敬意的问题。一位家谱学家告诉我:"如果有天堂,我希望自己能对那里的人说些什么。"

然而,在场人士年龄偏大并不意味着这是一场无法激动人心的大会。在家谱学大会上撞见的性与暴力之多,给我带来了愉悦的惊喜。

我听了一场跟搜寻报纸档案有关的讲座,演讲者展示了一篇又一篇骇人的文章。"我们的祖先生活在暴力时代。"她一边说,一边指着一篇报道,内容是一个男人持枪前往某婚礼现场,射杀了一位宾客。"我的祖先中,必有一个被杀或被逮捕的人。"另一个展示者穿着黑白条纹的囚服,头戴一顶条纹帽,他专门研究家族败类。

会堂里人来人往。任何人都会告诉你,这是家史的盛世。与之相关的,有各种电视和广播节目、乘船游览,还有家谱界的巨星小亨利·路易斯·盖茨(Henry Louis Gates Jr.)。根据彭博社(Bloomberg)2012年的一篇报道,"家谱学"是网络上搜索量第二大的话题,只输给了色情片。坦白讲,我对该数据表示怀疑,我说的不是后者，色情片的搜索排名是完全可信的。

但不管家谱学的搜索量是排名第二还是第十二，它都是一个广阔的、正在迅速发展的领域。人们想与他人建立联系，有所依靠，想参观所谓的"我的博物馆"（Museum of Me）[1]。

几个小时之后，我与一位受过训练的家谱学者约好了下午见。她叫芭芭拉·桑茨（Barbara Sontz），浅棕色头发，戴眼镜，是一位退休的 IT 人士。

我们在会议中心见面，选了一张桌子落座。

芭芭拉看着他们给的钢笔和纸，说："我去拿支铅笔。"她从旁边一张桌子上拿来一支。"我习惯用铅笔。"

"用铅笔画家谱图似乎是个不错的主意。"我说。

"从每个方面来看都是不错的主意。"芭芭拉说，"我不喜欢承诺。"

我有同感。承诺组织家族聚会是件痛苦的事。

"关于你们家族的历史，你知道些什么？"芭芭拉问道。她盯着我，视线从镜片上方越过。

"噢，听说我是维尔纳加翁的后代。"我说。

维尔纳加翁是 18 世纪立陶宛著名的拉比，根据我父亲编修的家谱，他是我的外曾外曾曾曾曾祖父。

"你确定吗？"她问，"或者这是家族传说？因为在各种家族传说中，每个人都是某位著名拉比或沙皇的后代。"

"不是非常确定。我不打算用钢笔这样写。"

---

[1] 英特尔公司推出的趣味网站，可根据个人在社交网络上的活动，建立视觉档案。（译者注）

维尔纳加翁画像,由伊沃研究所(Yivo Institute)提供。

我们用我的笔记本电脑打开了一个似乎值得信赖的犹太教网站,找到了维尔纳加翁的后代名单。在几千个名字中,如果滚动屏幕,找到"J"开头的姓,你就会发现,其中就有我的名字。维尔纳加翁是我母亲的母亲的父亲的父亲的父亲的父亲的父亲的父亲。

"了不起的 yichus!"芭芭拉说。

"yichus"在意第绪语中代表家世、血统。

关于我的 yichus,我的内心感受是矛盾的。一方面,我感到得意。在某些犹太人的圈子里,身为维尔纳加翁的后代,就相当于闪语圈里的某人有位来自"五月花号"的祖先。瞧我!多高贵。

第 5 章 家谱学家的骚动 [027]

另一方面，我发现，美国革命女儿会[1]这类社会组织总是惹人讨厌，它们似乎很专制。蛰伏在我身体里的叛逆少年被惊醒了：我组织家族聚会的主要目的，在于表明所有人之间都是存在联系的，在于摧毁家谱，而不是庆祝所谓的精英血统。

此外，我的 yichus 真有那么厉害吗？维尔纳加翁是我的外曾外曾曾曾曾祖父。算一算，我的父母是 2 人，（外）祖父母是 4 人，（外）曾（外）祖父母是 8 人。算到加翁那一代，我的（外）曾（外）曾（外）曾（外）曾（外）曾祖父母共有 256 人，而他只是其中之一。（因为表亲婚姻的缘故，实际人数要稍微少一些，这一点待以后再议。）

所以说，没错，我或许继承了他的一点点 DNA。但是，我可能也继承了来自那个时代的另外 255 个人的 DNA。他们之中有农民、小贩、马贼、懒汉和纽扣商人。为什么只关注其中一人？这像是在侮辱我的其他祖先。或许我没有继承加翁对《塔木德》的精通，而是继承了裁缝的手眼协调能力和花粉过敏症。

关键是，大多数家史是厚此薄彼的。我们庆祝高贵的出身和精英血统，只要身体里流着一滴波卡洪塔斯（Pocahontas）[2]、格罗弗·克利夫兰（Grover Cleveland）[3]或成吉思汗的血，就咬定这个事实，却对另外上千位平凡的乔赛亚只字不言。

---

[1] 美国革命女儿会（Daughters of the American Revolution），简称 DAR，成立于 1890 年，由美国独立战争时期爱国者的直系女性后代组成。（译者注）

[2] 波卡洪塔斯（1596—1617），印第安公主，与英属殖民地詹姆斯镇之间存在重要联系，是历史上第一个皈依基督教的印第安人，第一位头像出现在美国货币上的女性。（译者注）

[3] 格罗弗·克利夫兰（1837—1908）是美国第 22、24 任总统。（译者注）

我在两个角度之间来回转换。前一刻，我为那一星半点的名人血统而骄傲。下一刻，我就会因为这荒唐的自大而失望地摇头。我没有跟芭芭拉提过这些。但我把我的聚会计划告诉了她。她看起来颇有兴趣。

"你上哪儿找几千个亲戚？"她问。

我说一部分通过DNA检测，一部分通过Geni这样的协作网站。

她露出担忧的表情。"在传统保守的家谱学家的圈子里，Geni是一个饱受争议的网站。"

她问活动什么时候举办，我说我考虑在次年夏天办，6月6日，一个周六。

"周六？周六你可请不来谨守教规的犹太人。"

该死。她说的对。我忘了考虑犹太教的安息日。不过，如果我把活动安排在一个周日，那么任何外地亲戚都得面临长途飞行的问题。

家族是复杂的。

聚会倒计时：51周

和朱莉商量之后，我还是定在了6月6日，周六——差不多是一年后了，希望正统派的朋友们会原谅我。

我需要为活动取个名称。我把写在本子上的几个选项念给朱莉听。"'远亲联欢会'怎么样？"朱莉说听上去总觉得像个变态的活动。"联合会？"太难懂。"最壮观的聚会？"太容易让人想到萨达姆·侯赛因。

"直接按活动实质,叫作'全球家庭聚会'呢?"

"或许可以,"朱莉说,"的确表意清晰。"

我问我做活动策划的朋友保罗,他怎么看"全球家庭聚会"这个名称,他说听起来太高调。我不同意。也许有些夸大,但它表明了活动的重要性。我们只是和"克林顿全球倡议"(Clinton Global Initiative)一样,也用了"全球"这个词。这个名称仿佛说明我们知道自己在做什么,绝对不是一个没有任何经验的家伙,要在没有切实的计划或预算方案的情况下,组织一场大规模活动。

第 6 章　窥探历史

受家谱学盛会的启发，我开始调查祖先的人生。我虽然兴致勃勃，但也有一丝做了偷窥狂的感觉。

我收听的一个家谱学电台有一句口号："你的祖先希望有人来讲他们的故事。"这句话第一次听似乎不错。但细想来，我开始不确定它是否属实。也许有一些祖先就想一个人清静，就算他们想让别人来讲他们的故事，可能也会期待一个经过高度净化的版本。

我的外祖母安·基尔（Ann Kheel），在 12 年前去世。我非常崇拜她。她是一个让人难以忘怀的人。她给 6 个子女分配不同的颜色（比如一人用绿毛巾，一人用红毛巾，等等）；八月里戴羊绒帽和连指手套骑自行车；将空闲时间用于争取公民权利。我仍珍藏着一本马丁·路德·金为感谢她为民权事业做出的努力而签名赠予的书。

但她不推崇未经修饰的事实。她喜欢对事实进行充分装饰，先上一层色泽动人的釉，再铺一张别致的垫子。在她的福特嘉年华汽车里，她用遮蔽胶带覆盖了数字时钟。"我不想知道时间过得有多快。"她过去常说。她避免观看一切带有悲剧色彩的电影。

她是一位十分出色的档案管理员。我有一个硬盘，里面全是她保存下来的剪报、信件和照片，但是毫无疑问，她的档案是美化过的。比如《家族新闻》(*Family News*)，那是一页页的最新消息，40年里，她每隔一个月就会给其他家族成员寄一次。我把这些"新闻"全部收集在一个三孔活页夹里，加在一起的厚度堪比一本乔纳森·弗兰岑（Jonathan Franzen）的小说。其中包含巨大的信息量：出生、升职、休假，就是找不到什么丢人的消息，就像赫鲁晓夫担任苏联最高领导人期间的《真理报》(*Pravda*)，但没有那么多有关芜菁农场的报道。你不会读到哪个表亲丢了工作，或者年轻人试尝致幻蘑菇。

在《家族新闻》里，一些家族成员甚至不存在。20世纪80年代，我的姨妈嫁给了一个前异教团首领，此人是一个来自加利福尼亚的犹太人，先后改信印度教、基督教、哈西德派犹太教（Hasidic Judaism）。他到各处传播宗教教义。20世纪70年代，他有了70名信徒，这些人住在伊萨卡外围的圆顶帐篷里。他的名字叫吉尔。我的外祖母对他厌恶至极，以至于无法容忍他的名字出现在《家族新闻》里。她只用"他"来指代这个人，比如"他和凯特三月会来拜访"。这总让我想到正统派对"God"这个名称的避讳（通常将其写成G-d），让人哭笑不得。

我父亲的家谱也遵循相同规则。帮他编修家谱时，外祖母让一些亲戚消失了，比如她的妹妹弗朗西斯的第一任丈夫。"他们的婚姻只维持了一年。"外祖母说。这可说不通她为何把小提琴家耶胡迪·梅纽因（Yehudi Menuhin）的妹妹写进去，这个人嫁进来的时间只有半年。

我很好奇，如果外祖母知道我在不加筛选地调查家族历史，她会不会大惊失色。一方面，在网络时代到来之前辞世于她而言是幸运的，因为在这个时代，控制家族故事的讲述方式要比过去难得多。

自然，网络上有出生、婚姻和死亡记录，但也有报纸档案——数以十亿计的报纸页面，刊载了你能想象到的最荒诞不经的鸡毛蒜皮之事。

稍微花几个小时，报纸搜索就开始显现成果了。在 Newspapers 网站，我发现了一段文字，提到了我的曾曾曾叔祖父所罗门·金斯贝克（Solomon Kingsbaker）。虽然只是一笔带过，但我认为很有趣。那是 1904 年登在《罗阿诺克新闻》（*Roanoke News*）上的一则广告，表达了所罗门大叔对……痔疮膏的赞美之情：

> 住在芝加哥东俄亥俄大街 80 号的金斯贝克写道："多年里，我患有严重的痔疮。在多位医生的治疗宣告失败之后，班纳软膏很快地、永久地治愈了我。"

从某方面来说，我很欣慰，因为我自己就有痔疮。瞧！多么深远的时代回响！直肠痛将我们联系在了一起！家谱学就是这么回事。

但另一方面，所罗门大叔让我感到难受。这是他留给公众的全部故事：屁股上肿胀的血管。这就是他想要的在历史上留名的方式？这是他想讲的故事？班纳软膏是否得到过他的许可？未必。（顺带提一句，班纳软膏后来被美国政府视为假药查办了。）

范妮·弗里登海特（Fannie Friedenheit）和格尔森·弗里登海特（Gerson Friedenheit），约摄于1858年。

检索外曾外曾外曾外祖父格尔森·弗里登海特时，我又有了意外发现。他的名字出现在一个名不见经传的古董拍卖网站上。上面的一张照片里，有6把斑驳的1868年的银汤匙；所附文字说明它们的主人是"范妮·弗里登海特和格尔森·弗里登海特。格尔森参加过南北战争。"

且慢。我的外曾外曾外曾外祖父是参加过南北战争的老战士？难以置信。我怎么不知道？我甚至不知道南北战争有犹太士兵参加，尽管我想这是有一定道理的。（事实上，大约有10000名犹太裔美国人参加了南北战争：7000效力于北方军，3000效力于南方军。）

我听说过格尔森。我的外祖母见过她的外曾外祖父：她4岁时，曾参加格尔森夫妇结婚六十周年纪念日庆典。

如果他真的参加过南北战争，我的外祖母怎么可能会不提呢？我发疯似的在谷歌上搜了半个小时，没有找到任何确切信息。

在家谱学盛会上，一位演讲者跟我说起过一个可供订阅的战时记录专题数据库。我咬咬牙，支付80美元年费，成了Fold3的会员。关于格尔森的资料，我找到了好几份。首先是一封寄给北方军的手写信，落款为"格尔森·弗里登海特"。

信中，格尔森说他在密苏里州拥有一家杂货铺，有位顾客当着他的面称赞南部邦联，这个顾客讲到一名北方军士兵的死亡，"表现得非常喜悦，说这是个好消息"。

因此，格尔森上报了这个人的名字，告发了他。教训：别在我的祖先面前发表煽动性言论。

我点开另一份文件，是一条军队记录：第25团列兵格尔森·弗里登海特于 1864 年加入密苏里民兵。

"慢着!"我独自坐在电脑前,却像《黑客帝国》里的基努一样脱口喊出。

我打电话给我妈。"你知道你是南北战争士兵的直系后人吗?"

"是吗?"

"格尔森·弗里登海特!密苏里民兵!"

"格尔森真行!"我妈说。那语气,惊似发现她的孙子完成了一幅 12 块的《海底总动员》拼图。

当晚,我一边洗碗,一边把新发现告诉朱莉。

"你知道美国在 19 世纪是怎么被一分为二,又怎么被拯救的吗?"

"听说过。"

"告诉你吧,我们家的人可出了不少力。所以……不用谢。"

我知道,为一个 200 年前生人的成就而沾沾自喜是可笑的。我没辅助过他。我没为他磨咖啡或擦靴子。正如维尔纳加翁的天才也完全与我无关。谁知道我继承了他的哪一丁点 DNA。

然而,此刻的我,扬扬得意,情不自禁。

我一直认为,我的祖先就是哥萨克人的迫害对象。我肯定,他们之中的很多人的确是。然而,有一个人竟是自由斗士,是拿武器的人。这让我有种扬眉吐气的感觉。

我应该说明,余下的记录内容就没这么令人振奋了。格尔森于 1864 年 8 月参军,当年 10 月初就以"健康原因"退伍了。

6 个星期。好吧,算不上漫长。

但也比我在联邦军服役的时间多了 6 个星期。也许在那 6 个星期里,他见证了很多军事行动。也许记录中的"健康原因"是他帮身边的士兵挡了一颗子弹。希望不要是痔疮。

我把这天剩余的全部时间,用来翻找外祖母的档案中对格尔森的描述。几年前,我的姨妈简对这些档案进行了扫描,保存在一个橘黄色的硬盘里。

我找到了很多关于格尔森的信息。档案显示,他于1845年左右从德国移居美国。到纽约后,他当起了小贩。他和范妮的姐姐谈起了恋爱,但很快又和范妮在一起了(档案没有提到那位被抛弃的姐姐做何反应)。

档案里有一张格尔森和范妮年轻时的合照,两人的穿着打扮都很正式。格尔森留着阿米什式大胡子,嘴唇上方没有髭须。[1] 范妮看起来中规中矩,展露着一丝微笑。格尔森和范妮的婚姻显然是幸福的——至少儿女成群。他们有14个孩子:8个女儿,6个儿子。为了养活这一大家子人,他一开始开了间杂货铺,后来转入保险行业。

仍然没有提及南北战争。

半小时之后,我终于发现了另一个文件。那是格尔森和范妮结婚六十周年纪念日上的一段讲话,就是我外祖母也参加过的那一次。

讲话稿出自他们的孙辈,以格尔森和范妮的人生大事年表的

---

[1] 阿米什人(Amish)是美国的一个独特群体,恪守古老的宗教传统,远离并规避主流社会和现代文明。阿米什男性单身时胡须剃得很干净,结婚后,嘴唇上方不准留须。(编者注)

形式呈现。所陈述的事件部分属实，部分夸张。在1864年部分，我找到如下描述：

> 3月5日　　祖父参加联邦军
>
> 3月7日　　犹太教的节日，祖父拒绝战斗
>
> 3月8日　　祖父的休息日
>
> 3月9日　　祖父找到了避免枪走火的方法
>
> 3月10日　　上校告诉祖父："你是个差劲的士兵，回家去吧。"

得了，我现在清楚了，格尔森并不是伟大的内战英雄。你找不到格尔森·弗里登海特骑在马背上、紧握刺刀的花岗石雕像。

奇怪的是，这一小段讽刺的文字，反而给了我另一个崇拜他的理由。他任由孙子孙女们找碴，可见他心中足够坦然。他是个谦逊的人。格尔森·弗里登海特，南北战争退伍老兵，14个孩子的父亲，开得起玩笑。

聚会倒计时：49周

我发出了第一批预留时间的通知。通过23andMe的消息功能，我把信息发给了100位素未谋面的亲戚，他们是我的第三、四、五代表亲。

我先写道："我知道这听起来比较奇怪。"然后再告知聚会时间，欢迎他们到时参加。

毫无疑问，他们的回复千差万别。

"这是圈套吗?"一个人回我。

"听起来真可怕,"另一个人说,"我的亲戚已经够多了。我宁愿去地狱里过周末。"(我回道:"那么你认为多少人较合适?")

其他亲戚的态度要开明一些。"聚——会!我参加了。"一位来自佛罗里达的第四代表亲发来消息。另一个人引用了约翰·多恩(John Donne)的《谁也不是孤岛》(*No Man Is an Island*),说他认为这次聚会会证明我们都是"整体的一部分"。一位住在克利夫兰的女士说:"我想认识所有和我流着相同的一两滴血的不可思议的人。你也是蓝眼睛?你是卷发吗?你小时候是金发吗?你爱笑吗?捧腹大笑?"(不是,不是,不是,是的,有时候。)

其中有几个人保证会准备够3000人吃的炖菜和土豆沙拉。

第 7 章　基因大混合

我最近在给孩子们读《太空奇案》(*Space Case*)。这是一本科幻小说，讲了几个生活在月球上的家庭的故事。故事发生在 25 年以后，在那个时代，几乎所有孩子都是多种族混血儿。12 岁的主人公有一个黑人妈妈和一个白人爸爸。他的朋友，有"布拉马普特拉－马尔克斯一家（印度妈妈，拉丁美洲爸爸）……基拉（亚洲妈妈，黑人爸爸）……赖利·博克（韩国、意大利混血妈妈，爱尔兰、斯里兰卡、秘鲁、乔克托族混血爸爸）"。皮肤白皙的孩子是不合群的。

故事的观点是，未来的种族主义因为这些 DNA 糅合现象而减少了。我因此想到了不太适合儿童观看的电影《吹牛顾客》(*Bulworth*)。沃伦·比蒂（Warren Beatty）在片中饰演提议消除种族差异的参议员。"我们只需要自发地、奔放地、不受限制地开展种族解构性生育计划，"他说，"坚持人尽可夫、人尽可妻，直到大家的肤色完全一样为止。"

四分之一个世纪的奔放生育也许还不够，但数据显示，我们的世界至少已经走在种族融合这条路上了。过去 30 年里，美国的种族或民族间通婚比率翻了一番。我多数侄子侄女的血统饼状图都分为好几个部分：秘鲁、哥伦比亚、韩国、印度、印第安以及犹太族。

就连我们这一辈的成年人，所继承血统的多样性也远远出乎自身预料。正如哈佛大学教授小亨利·路易斯·盖茨所言："种族纯洁性纯属子虚乌有……在三大 DNA 公司检测过的所有非裔美国人中，几乎从未出现过 100% 的撒哈拉以南非洲人后裔。非裔美国人平均有 24% 的欧洲血统。"

因为想弄清楚自己的混血情况，所以只要是会给我寄试管的 DNA 公司，我差不多都提供了唾液和口腔黏膜。在揭晓我的血统之前，先快速介绍一下 DNA 检测的基础知识：

面向消费者的 DNA 检测最先出现在 2000 年，可分为两种：关注父系基因的 Y-DNA 检测，和关注母系基因的线粒体 DNA 检测。令人惊叹的是，这两种检测能揭晓现在的我们和数千年前的人之间的联系。

男性才能做的 Y-DNA 检测，可揭晓第 23 对染色体中的 Y 染色体的结构。这部分 DNA 很特别，它极少发生变化，几乎完好无损地由父亲传给儿子，再传给儿子的儿子，一直传下去。在遗传学上，它就像几千年前的青铜杯。

线粒体 DNA 检测与之相似，但目的是检测母系遗传基因。这部分 DNA 储存在小小的细胞器里，由母亲传给子女，几千年里几乎不会发生变化。

因为不同地域的 DNA 都带有明显标记，所以通过这些检测，你可以知道遥远的祖先们曾在哪块土地上生活。北非？中欧？澳大利亚？

所以，从某种意义上来说，很奇妙。而从另一种意义上来说，则非常有失公允。

原因如下：如果往上追溯你的祖先数目是 256 人，Y-DNA 只会向你提供其中一个人（你爸爸的爸爸的爸爸的爸爸的爸爸的爸爸的爸爸的爸爸）的信息。也就是说，如果这个人来自冰岛，而另外 255 个人都来自蒙古，检测结果仍然会说你是冰岛人的后裔。线粒体 DNA 检测也有相同缺陷。

2007 年，23andMe 开始提供第三种检测：常染色体 DNA 检测。这是一项重大革命。这种检测会分析来自父母双方的 DNA。像作家克里斯蒂娜·肯尼利（Christine Kenneally）说的那样，把你的 DNA 当作一捧沙子。每位曾曾曾祖父（母）捐一种不同颜色的沙子，常染色体 DNA 检测则让你看到五颜六色的沙粒。正因此，提供检测的公司才能发给你一幅饼状图，比如分为 54% 西欧血统、26% 亚洲血统、5% 印第安血统等。

言归正传，来说我的检测结果。我做了各种各样的 DNA 检测，结果表明……我是犹太人。我知道！你惊讶得嘴都合不拢了。我可以给你一分钟的消化时间。

下面才是重点：检测结果显示我不是 100% 的犹太血统。的确，我的母系血统，即我妈妈的妈妈的妈妈的妈妈……的妈妈，来自中东地区；而我的父系血统，即我的爸爸的爸爸的爸爸的爸爸……的爸爸，来自北非地区。两项结果都与犹太人的迁移历史相符。然而，第三项检测——测量来自所有祖先的血统混合情况——是一个小小转折。该检测显示，我有 13% 斯堪的纳维亚人的血统。这让我心花怒放。虽然我喜欢当个犹太人,但我认为混合少量其他血统也没什么问题。

"把雪鞋和盐渍鲑鱼拿来!"我对朱莉讲,"我是斯堪的纳维亚人!"这个发现给了我力量和过冬的勇气——瑞典人的顽强基因会助我挺过纽约的严寒。

几个月后,我登录检测系统,打算向一位朋友展示我的检测结果,却遭遇了冷水浇头。我的斯堪的纳维亚血统竟暴跌到了3%。

为了解开瑞典祖先神秘消失的谜团,我打电话咨询了一些研究遗传学的朋友。原来,检测公司对种族成分进行估计的部分基础,是比较你的DNA与公司数据库中其他客户的DNA,以及这些人根据口述历史和传统家谱提供的起源信息。也就是说,如果在检测公司的数据库中,斯堪的纳维亚人所占比重过大,那么检测结果也会受这一点影响而不准确。

"比占星术靠谱,"家谱学家朱迪·拉塞尔(Judy Russell)对通过DNA检测种族成分表示怀疑,这种态度是很有必要的,"但还远远算不上一门完美的科学。"

好消息是,DNA数据库中的人数越多,估计就越准确。

上一次核查后,我发现所有数据库都表明我是东欧人的可能性很高,尽管继承了少量其他种族的基因,包括亚洲人和印第安人。根据其中一个数据库的鉴定,我96%的基因是犹太人的,但遗传了2.5%的阿拉伯和埃及祖先的基因,这个结果令我开心。如果是真的,那就说明,世界上最水火不容的两个种族在我体内共存着,哪怕其中一方所占的比例微乎其微。

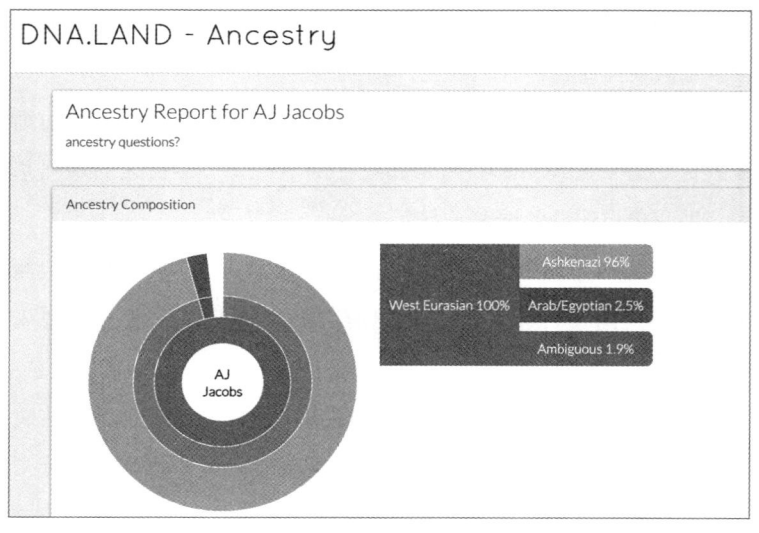

所以我是一个混血儿,虽然只混了一点点,但也是混血儿。我是通婚混血的强烈支持者。我希望基因大混合,能逐渐削弱我们所有人的种族意识。我知道这听起来像信口开河,但这至少不是我一个人的想法。Family Tree DNA 的创始人本内特·格林斯潘(Bennett Greenspan)说道:"我真的认为,如果一些人发现自己继承了少量犹太血统,那么他们坐视别人大开反犹玩笑的可能性就会降低。"

这样的例子时有发生。其中一个故事,其实可以被 J.J. 艾布拉姆斯(J.J. Abrams)写进剧本里:匈牙利一个激进的民族主义政客、口无遮拦的反犹分子,在发现自己有部分犹太血统之后,放弃了他的极右派立场,转而积极反对种族歧视。

我和西西·穆尔（CeCe Moore）交流了意见[1]，她是一位遗传家谱学家，每天都在寻找失散的亲戚。"当直接面向消费者的DNA检测刚被运用时，很多学者担心人们会利用它制造分歧，但情况刚好相反。人们正在了解多样性。"她说，是种族和政治两方面的多样性。与她合作的，是一位来自得克萨斯州的气象学家，这个人通过DNA检测找到了自己的生母。他是一名男同性恋，他的母亲却是福音派基督徒。事情本来有可能朝糟糕的方向发展。然而在他正在写的一本书中，他讲了他的妈妈如何努力抛开偏见，完全接受了他和他的丈夫。

"我认为这太重要了。"小亨利·路易斯·盖茨在一次采访中告诉我，当时我们正在讨论DNA检测如何揭晓我们的多重种族身份。盖茨是非裔美国人，通过DNA检测，他发现他身上50.1%的DNA都源于欧洲。他的第五代祖先中，有一个白人，也许是爱尔兰人。因为这个原因，盖茨的祖父是浅色皮肤。盖茨9岁那年，他的祖父去世了，他还记得尸体躺在棺材里的样子。"他活着的时候就很白，我们在背地里管他叫贾斯珀[2]。所以你应该能想到他死后有多白。他就像是用雪花石膏雕成的，像涂了婴儿爽身粉。我想知道，以我这样的表型，是如何与一个白得像幽灵的人成为血亲的。"

这是盖茨最初对家史产生兴趣的主要原因之一。盖茨说混合血统帮助他认识了自己的多重身份，让他怀有更博大的同情心。

---

[1] DNA公司都很擅长预测祖先起源于哪个大陆，比如欧裔、非裔、亚裔或印第安人。区域层面的预测尚算准确，比如北欧或南欧。但要达到区域分区层面的准确预测，比如德国或斯堪的纳维亚半岛，DNA公司还有很长的路要走。（原注）
[2] 美国电影《鬼马小精灵》（Gasper）里的白色小精灵。（译者注）

但这并不是说，关于祖先 DNA 检测的担忧就纯属无稽之谈。我碰到过的最不安的例子，是在 Vice 杂志上的一篇文章里看到的。据写那篇文章的记者报道，白人至上主义者在网上组织竞赛，角逐谁的欧洲基因占比最高。如果检测结果没有达到他们想要的"纯度"，其中一些人就会编造阴谋论。有一个白人至上主义者说，有人对 DNA 检测服务进行"操纵"，从而散播"多元文化主义，让白人认为他们有着种族混合血统"。

DNA 检测结果也可能是噩耗。Fusion 杂志上的一篇文章引述了一个非裔美国人说的话。佛罗里达州的尼基娅·华盛顿（Nikiah Washington）发现她有 15% 的白人血统，这足以让她理解身为奴隶的祖先们可能经历了哪种痛苦，即使不是强奸，也是丑恶强权下的屈服。"我哭了很久，"她说，"我想到的不只是一代代传下来的生物层面的东西，还有精神层面的，祖先的经历。"到最后，她为自己做了检测而高兴。"虽然有些沮丧，但是你会通过这件事看到自己的力量，看到自己如何战胜那么可怕的东西。"

总之情况很复杂。DNA 检测不是灵丹妙药。它是一种工具，和所有工具一样，可以被用于行善，也可以被用来作恶。但随着跨种族婚姻越来越普遍，我相信[1] DNA 检测的优点会大于它的缺点。我还相信，参加"全球家庭聚会"的亲戚有可能来自任何种族。我希望这次聚会就像文理学院放在宣传册上的照片一样，能

---

[1] 皮尤研究中心的数据表明，在过去几十年里，跨民族、种族的婚姻的比例已经上升。然而，一些社会科学家担心未来 DNA 检测会扭转这个趋势。普林斯顿大学社会学家达尔顿·康利（Dalton Conley）告诉我，他担心随着 DNA 检测的流行，人们会寻找有相似基因的结婚对象。我希望他的担忧是没有事实依据的，我们会继续进行自愿的种族解构生育活动。（原注）

集合形形色色的人。

聚会倒计时：47 周

应该在哪里举办聚会呢？我已经有招架不住之感了。我参观了几个会场，调查了已退役航空母舰"勇猛号"（Intrepid），它就停在哈德逊河上（我的祖先的确是乘船来纽约的），还找了纽约大都会队（New York Mets）的棒球场花旗球场（Citi Field）的资料。(想法有趣，但租赁费肯定让人扫兴。)

最近，我在位于皇后区、被称为"纽约科学馆"的博物馆里做了个演讲。该馆是 1964 年世界博览会的展馆之一，具有友好的象征意义。我梦想中的"全球家庭聚会"就是世界博览会的小个子兄弟，所以在这个博物馆举办聚会应该很合适。

后来发现，科学馆的经营者是一位朋友的姨妈，这也算是某种家族间的联系吧。打了几通电话之后，她给了我一份租赁协议，我祈祷门票收入和赞助（下一步）足够支付上面的租赁费。就这样，聚会地点预订好了。越来越有实感了：全球家庭聚会，2015 年 6 月 6 日，在纽约市皇后区科学馆举办。

亲爱的主。

第8章　土拨鼠山姆和2585个南方亲戚

我决定去刺探一些情报——调查竞争对手。为此,我要加入千人狂欢大队,随他们一起涌入西弗吉尼亚州,去参加第85届一年一度的"利利家族聚会"。你也许还记得,利利家族是目前的吉尼斯世界纪录保持者,这个纪录的数字是2585人。

网站上说欢迎所有人,不论是不是利利家族的成员,我就完全相信了。我乘飞机到达里士满机场,再开车3个小时,穿过铺满三叶草的原野和雾气笼罩、风光绝美的群山,到了西弗吉尼亚州的弗拉特托普镇。我经过一个路口,看到两个路牌,一个写着"南方暴露绅士俱乐部",另一个写着"阿巴拉契亚圣经学院"。真方便,你可以在同一个路口犯戒和忏悔。

我开上左边一条坑坑洼洼的路,看见路旁的防护网上挂着一道横幅,上面写着"世界最大规模利利家族聚会:2009年吉尼斯世界纪录"。

在入口处停车时,首先跃入眼帘的是一面在微风中飘动的美国国旗。经过旗杆,就看见一个小小的"帐篷村",几十张野餐桌,随处可见的红白蓝彩旗和数以千计的利利家族成员,有老有少，有高有矮，有胡子拉碴的，也有稚气未脱的。

我朝被用作食堂的帐篷走过去，看到红白方格图案的桌面上放着一罐罐土豆泥和鸡蛋沙拉。我一边装盘子，一边观察周围的情况，尽量掩饰自己的尴尬。这可不容易，因为此刻我感觉非常尴尬，就像一个在培灵会上跳钢管舞的人。

我看见一群看上去像是70多岁的利利家族的人。

"介意我坐这儿吗？"我问。

他们一边说完全不介意，一边往长凳的另一头挪，给我腾出了位置。

他们问我从哪儿来。我说我是纽约人，正在写一本跟家族有关的书，这里的人一个也不认识。

"噢，我还从来没遇到过陌生人。"一位戴金属框眼镜的女士微笑着说。

看啊，刚开始5分钟，南方人热情好客的刻板印象就得到了印证。而在南方人的所有刻板印象中，这一点是我最想证实的。

我们闲聊了一会儿，我问："你们怎么能把一个家族壮大成这样？"

一个叫塞西尔的男人说："没什么事可做，除了交配，在这件事上，我们的技术相当不错。"

他们都大笑起来。

就这样吧。我本来并不是要跟他们讨论交配，或者杂交。但他们似乎对刻板印象持欣然接受的态度，至少塞西尔是，所以我就不争辩了。

午餐结束后，我开始闲逛。这个地方已经被帐篷、烧烤架和

万物的奇妙亲缘

播放着泰勒·斯威夫特歌曲的苹果手机占领了。从一个女人身边经过时,我听见她在介绍两个男人互相认识。"詹姆斯·利利,我想让你认识一下詹姆斯·利利。"他们笑出了声。

很多利利家族的男士都特意蓄着大胡子,穿着背带裤和法兰绒衬衣,头戴货车帽,如果再有一杯苦艾酒、一本扎迪·史密斯(Zadie Smith)的小说,你就会以为他们是布鲁克林的潮人。

我走进出售"利利家族聚会"周边商品的帐篷,里面有巨大家族树的海报、书、棒球帽。最得我心的是一件T恤,上面印了一份名单,列举了历史上颇有名气的利利家族成员。这里面有土拨鼠山姆、河狸吉姆、熊打滚鲍勃、独臂比尔、搔屁股的汤姆、头上套袜子的安迪和战斗的鲍勃(名单里还有一个"开枪的鲍勃",不要搞混了)。

我想,这些……应该是昵称。我为自家感到汗颜,我们家族最有创意的昵称,是我岳父的小名"拉里小子"——他叫拉里,人们在后面加了个"小子"。

T恤上还有个"蛇咬约翰"。

"我猜这个约翰被蛇咬过?"我问卖T恤的女人。

"对,是在屋外的厕所里被咬的。"

"咬的是……通常在厕所里会用的那个部位?"

"对。"

我有点儿怀疑,这些奇闻和绰号都是他们编出来取悦我这种北方人的,和Epcot主题乐园[1]的德国服务生会穿皮短裤是一个

---

[1] 迪士尼以科技和未来元素为主题的公园。(编者注)

道理，但我还是买了一件。

我遇到一个上了年纪的利利家的亲戚，他叫博比。他是一位退休的巴士司机，头发是棉花糖的颜色，眼角有很深的鱼尾纹。

博比主动当起了我的导游。他为我介绍 1934 年的"利利家族聚会"，那是他第一次参加。那一年的聚会比现在的场面还大，堪比一场两万人的州博会。

"聚会的地方有摩天轮和其他可以乘坐的游乐设施。州长会来，牧师们也来。我记得有个牧师开着螺旋桨飞机着陆，布完道就飞走了。"

他跟我讲那些非法酿酒、贩酒的人的故事，还有装满啤酒的浴缸。博比养育了三个孩子。"我从不在他们面前咒骂，从不在他们面前喝酒。"他一边说，我们一边在一条长凳上坐下来。

"从不？"

他点头。"我不想听到他们对我说'可是你就这么做了！'"

这样看来，果然，我是个糟糕的父亲。我当着孩子们的面咒骂、喝酒。他们才 8 岁、10 岁，说起话来已经像昆汀[1]电影里的人。

"但我抽过烟斗，"博比说，"现在后悔了。"

他说他的一个女儿十几岁开始抽烟，50 岁死于癌症。

"我仍然在想她的死是不是跟我有关。"

博比沉默了一会儿，然后跟我分享他养儿子的经历。

"我记得有一天，我儿子回到家，头上有块瘀伤。我就问他

---

[1] 昆汀，即美国导演昆汀·塔伦蒂诺。他的电影中常常充满暴力元素，台词也常常夹杂着大量的生活俚语和脏话。（编者注）

'这是怎么弄的？'他说牧师老打小孩子。"

于是，博比去了教堂。他拽住那个牧师，将对方的头夹在腋下，让对方无计可施，只有双脚在乱蹬。然后，博比开始用拳头揍牧师的脑袋。

"那个牧师说'打痛了！'，"博比回忆道，"我说：'噢，你也知道痛？'，后来他就再也没有打过孩子们的头了。"

我不支持暴力，换作是我，我可能已经将愤怒倾注到严厉的报道和紧急会议中。但是我必须承认，某一部分的我的确很钦佩博比的反应。要说有什么能把你变成一名义务警察，那就是伤害你孩子的人。

我们调头往食堂方向走，途中看了看"利利家族的名人墙"。其中一个相框里的人是鲍勃·利利（Bob Lilly），达拉斯牛仔队（Dallas Cowboys）的防守截锋。还有蒂克·利利（Tick Lilly），他是一位飞行员，据称，他在查克·叶格（Chuck Yeager）之前突破音障，却被政府阴谋否决，没有得到应得的荣誉。（每个家族都有一个含冤的英雄。在我们家，这个人是我的叔祖父戴维。听说，他曾发明过一台更先进的彩色电视机，被当时的电视产业砸扁了。）

又过了几个小时（这期间，博比向42个利利家族成员介绍了我），博比出发回家了。天色渐暗，我独自在帐篷间游荡，经过一张放着山药和汉堡的桌子。

"你吃了吗？"一个一条腿戴着支架的女人问我。

"吃了。"

"哦，可是我没看见你吃，所以你要再吃一遍。"她说完就笑了，又问，"你渴吗？"

"事实上,是的。"

"来瓶可乐?"她把她的冷藏箱打开,递给我一瓶汽水。

"我可以……"我伸手拿钱包。

"不,"她说,"绝对不。在这里,我们都是一家人。"

刚开始下的是小雨,后来雨点越来越大。防水布上积起了水,压得帐篷顶往下垂。我和其他几个参加聚会的人一起,用手托起下垂的位置,让积水流到地上,毕竟是一家人。之后我跟他们道了别。

当车行驶在来时那条坑坑洼洼的土路上时,我试着总结可以带回去的经验。当然,我的聚会很需要音乐。"利利家族聚会"上有个露天舞台,家族成员在那里表演唱歌、小提琴、班卓琴,是整场聚会的能量中心。还有绰号,我得开始想绰号。

但是我不能集中精力策划,因为我正在品尝愧疚感。我的目标是击败利利家族,抢夺他们的名号。

而他们,欢迎我,称我为家人和朋友。我的目标显得不再那么有"一家人"的感觉了。事实上,它与我的初衷背道而驰,大煞风景。

在飞机上,我想到了一个方案:共享荣耀!如果我们把"利利家族聚会"和"全球家庭聚会"联合起来呢?这样一来,他们依然是纪录保持者。我已经在世界家谱上找到了自己与几个利利家族成员之间的联系。那么,就这样定了。我要邀请几百个利利家族的人。

聚会倒计时：46 周

回到家里，朱莉问我的聚会跟利利家族的聚会相比，会有哪些不同。她是一位活动策划人（她工作的公司——沃森奇遇——的主营业务，是组织寻宝游戏），所以想知道细节。

"我在想一场 TED 大会和俊杰音乐节（Lollapalooza），以及一场家族聚会的大融合。"

"我不知道你在说什么。"

我也不知道，真的。在我尚未成形的计划中，有一群人会从各种各样的角度出发，发表跟家族有关的演讲——家族美食、家族历史、家族基因。我们会听音乐、做游戏、打比赛、玩问答、破纪录。当然，还有寻宝。我们不用为这些事花一分钱，因为我们都是一家人。

"光听你的清单，我就已经感到心力交瘁了。"朱莉说。

第 9 章　接受失败

我们正开着租来的汽车，去康涅狄格州看望朋友。刚开过亨利·哈德逊大道上的 22 号出口，这条路通往叫作河谷镇的半郊区。"嘿，那是你曾外祖父母过去住的地方。"我告诉儿子们。我说以前每个月有一个星期天，我的父母会带着我和姐姐去那里，我们会吃火鸡，玩桌游，踩着弹簧高跷蹦来蹦去，听他们的曾外祖父基尔讲各色政治家的故事。

"曾外祖父基尔非常重要。"我的儿子赞恩说。

"嗯，没错。每个人都很重要。"我说。

"但他是真的重要。"赞恩说。

"噢，为了让世界变得更美好，他做了很多事。"

"比如说他解决了火车罢工的问题，这样一来火车开始运转了，人们也可以去工作了。"

"说的对。"我说，"不过要记住，他每次成功之前，都经历过很多失败。可能要失败五次，才能成功一次。"我编了个数据，希望赞恩不要考验我的数学。不过大意是没错的。

"比如？"

"比如，他想在布达佩斯开一家旅馆，可是失败了。他投资了一部百老汇戏剧，结果砸了锅。他投资过一个产袖珍马的农场……"

"什么是袖珍马？"

"我想应该是超小型的矮种马。我从没见过，因为那个农场很快就停业了。"

我继续列举那些搞砸了的计划，赞恩开始露出困惑的表情。他仿佛在想：爸爸为什么不停说我曾外祖父的坏话？

我可以解释。

这都怪马歇尔·杜克（Marshall Duke），埃默里大学的心理学教授。他是家谱学领域最重要的一篇研究报告的合著者。这篇 2010 年的论文发表在一本心理学杂志上，它得出了一个结论：了解家史的孩子比不了解家史的孩子更幸福、适应力更强。

家谱学家都爱引用这个研究结论。和一位专业家谱学者聊半个小时，该研究就会不可避免地被请来客串。潜台词：如果你的孩子不订阅 Ancestry 网站，他最终只能靠窃取自动贩卖机里的商品谋生。

但是如果你读过这篇报告，你会发现这个结论是有点弦外之音的。单单知道一些祖先的名字、生活年代和出生地点，并不能让孩子们受到鼓舞。关键在于家族故事的讲述方式。

在这里，我们来看一下作家布鲁斯·费勒（Bruce Feiler）在他的《幸福家庭秘籍》（*The Secrets of Happy Families*）中，是如何解说上述研究发现的。

心理学家们发现,每个家族都有一个能增强凝聚力的故事……这些故事按叙述方式可分为三种。

第一种是上升式,例如:"儿子,我们刚到这个国家那会儿,什么都没有。我们的家人努力工作,后来开了一家商店。你的祖父上了高中,你的父亲上了大学。现在你……"

第二种是下降式,例如:"宝贝,我们以前什么都有,后来都失去了。"

"最健康的叙述方式,"杜克博士说,"是第三种,称为波动式叙述:'亲爱的,你听我讲,我们是一个经历了兴衰浮沉的家族。我们曾经拥有家族企业,你的祖父曾是社区骨干,你的母亲曾是医院董事会成员。可是我们也遭遇过挫折。你的一个叔叔被逮捕过,我们以前住的房子被烧成了灰烬,你父亲丢过工作。但是不管发生什么,我们一家人都能够同舟共济。'"

这就是我想做的事,我想通过波动式叙事,培养赞恩的适应力,虽然我可能在倒霉的部分花了太多时间。我把我的外祖父说成了《宋飞正传》(*Seinfeld*)里的克雷默。

也许这是矫枉过正。在我的成长阶段里,我认为我的爸爸是无敌的——是我认识的人中最聪明的,是美国最伟大的律师,事业上一帆风顺。所以读六年级时,只要数学测验没得到满分,我就会不安得胃痛。我是怎么了?我问自己。我为什么不能更像爸爸一点?经历这种胃痛的次数太多了。

所以我很爱跟儿子们谈失败,比如我电脑里有个肥胖的文件夹，里面存的全是被拒绝的书稿。或者讲我在设法把我的第一本书卖出去时，一家出版社表示有兴趣，问我能不能发给他们一张照片。我会避免提到这家出版社的名字。

"他们要照片做什么？"我问我的代理人。

"噢，只是为了确认你没长三个鼻子什么的。他们想知道等书上市以后，你是不是能做一些访谈节目。"

于是，我就把照片发过去了。两天后，出版社回复："谢谢，但是我们不打算合作。"（这家出版社是 Crown，就是它。）

我想象我儿子的朋友问他："你爸爸是做什么的？"

"啊，他是个失败者。他有一大堆不奏效的烂点子，成功的只有几个。"

我不得不告诉自己，也要提一下偶尔获得的成功，以免让他们以为我是个彻头彻尾的失败者。

既然是研究家史,那我就进行全面搜索,不放过祖先的任何失败经历。前几天我找到了让我欣喜的资料。

那是一则广告,刊登在一份 1912 年的《布鲁克林鹰报》(Brooklyn Eagle)上,用了我的外曾祖父塞缪尔·基尔(Samuel Kheel)的照片。他穿着高领衬衣,打着领带,看上去神情专注、严肃庄重。旁边的说明文字是"一份公正的名单,一个磊落的男人"。

该广告是为外曾祖父作为公麋党候选人,竞选纽约州下议院议员做宣传。他被彻底击败,名列第三。

但那是一次高尚的失败。公麋党——官方称为进步党——是泰迪·罗斯福(Teddy Roosevelt)[1]结束总统任期 3 年后组建的。被他提携的共和党人威廉·霍华德·塔夫脱(William Howard Taft)是时任总统。塔夫脱政府的右倾激怒了罗斯福,使他重新组建了一个政党。

进步党在当时的确是进步的,它把妇女的选举权、竞选资金改革和妇女最低工资条例写进了纲领。

进步党也是一个引发争议的政党。在这一点上,有个故事很著名。泰迪·罗斯福代表他的政党在密尔沃基竞选期间,被一个失业的酒馆经营者持柯尔特左轮手枪击中。子弹射进罗斯福胸口,但并不深,一部分原因是他的马甲口袋里放着一叠厚厚的演讲稿。(看到了吗?纸媒能救命,我这样告诉我的孩子。)不理会渗透衬衣的血,罗斯福坚持演讲了 90 分钟。

---

[1] 即西奥多·罗斯福,美国第 26 任总统。"泰迪"是他的昵称。(编者注)

虽然外曾祖父萨姆[1]没有受到枪击,但是他遭到暴力威胁这一点是真的。

1912年,萨姆出力在布鲁克林为公廪党组织募捐活动,一些愤怒的塔夫脱派共和党人扬言要让他们搞不成。"很多参加的人都怕发生流血事件。"《布鲁克林鹰报》上写道。

幸好,募捐活动上没有出现暴力行为。据报纸报道,活动唯一一次被打断,是因为"凌晨1点,一位美丽的姑娘……在舞池里滑倒了",以及"筹委会的萨姆·基尔没吃一点东西,因为他要忙着照料其他人"。

也许作为政客是失败了,但他是个和蔼可亲的主持人。我希望我继承了他策划活动的能力。

聚会倒计时:45周

谢天谢地,我们找到了第一位发言人:乔治·丘奇(George Church)。他是哈佛大学一位非常杰出的遗传学教授,留着一把可以与查尔斯·达尔文一较高下的白胡子,为人很是让人敬仰。我在一次会议上遇到他,他说他乐意发言,哪怕我付不起任何酬劳。他还说他愿意提供"低沉的、有镇静作用的背景语音,模仿《失衡生活》(*Koyannisqatsi*)的风格,连续12个小时,反复吟唱'都是一家人'或者'反抗都是徒然'"。我说我会认真考虑。

乔治正领导着他自己的规模巨大的家谱计划——"个人

---

[1] 塞缪尔的昵称。(译者注)

基因组计划"（Personal Genome Project），目前正在收集上万人的DNA，这些人都是志愿者，他们愿意为科学研究提供自己的数据。我向他保证，我会用我的血交换他的演讲。

他还告诉我，如果我们真想让全世界团结一致，我们就应该利用人类的种族意识，一起对付共同的敌人。换句话说，我可以告诉大家地球有被外星人入侵的危险。

第 10 章　家庭应该被取消吗？

我今天上网查资料，发现在 1908 年，一个女人对我的曾叔祖戴维·赫尔岑斯坦（David Herzenstein）提起了诉讼，称他逃避总额为 1000 美元的债务。

我立刻对这个女人起了怀疑。我相信此中必有隐情。我的意思是，戴维可能给出了十分合理的解释，最后还是付了她钱。话说这个女人到底是谁？我们能相信她吗？

我在搜索框里输入她的名字：贝拉·尤塞福夫（Bella Usefof）。除了上述资料外，网上关于她的其他链接只有一个。那是一篇跟她儿子有关的新闻报道。1918 年，贝拉的儿子因为杀死一名地铁售票员被送上了电椅。

看到了吧？我得意扬扬地自言自语。贝拉，这就是你惹我家人的报应。你会走霉运。离我们远些，你们这些尤塞福夫家的人。

大约有 20 秒，我是在幸灾乐祸。接着便感到一阵惊惧。

是什么样的原始种族意识绑架了我的大脑？一个世纪以前，一个女人死了儿子。而我却从中获得快意？我对贝拉和老戴维几乎一无所知，除了知道戴维和我共享了少量核苷酸。

这不太妙。这体现了家庭的最大弊端——"我们与他们"的心态，圈内人和圈外人的观念。一直以来让我绞尽脑汁的大难题，又被摆到了面前：家庭有可能是不好的东西吗？它对社会的伤害是不是比贡献更大？

我们大多数人都被教育过，家庭是文明社会的支柱。但是一些哲学家认为，"家庭"概念是不幸的进化残留物。在我们还只是一小群穴居人的时候，这个概念有助于我们的生存。今天，这却意味着我们会凭本能选择家庭福祉，而不是更多人的利益。

对于这种两难处境，哲学家斯蒂芬·阿斯玛（Stephen Asma）描述道[1]："如果某本科幻小说里的巫师拿着一个按钮找到我，说按一下就能救我儿子一命，但是之后（突兀的背景音响起），某个地方的10个陌生人会死……我会在他说完神秘挑战的内容之前，就伸手按下去。"

我可能也会按。从此以后的人生中，我会一直被自己是杀人凶手的事实折磨着，每天喝一夸脱斯米诺伏特加自疗，身体憔悴得不能去看孩子们的足球比赛。所以按这个剧情发展，是没有赢家的。

两难不一定就是选择陌生人的生死。我读了莉萨·米勒（Lisa Miller）发表在《纽约客》上的一篇文章，题为《可能存在符合道德的家庭教育吗？》（Is Ethical Parenting Possible？）文中举的例子，是一个妈妈面临的选择。一天晚上，这个妈妈在她孩子的头发里发现了虱子。严格地说，她的孩子第二天不应该去学校。这

---

[1] 阿斯玛的《反对公平》（*Against Fairness*）一书，反对功利主义伦理观：我们应该平等对待每一个人，无论对方是不是我们的家人。（原注）

是学校的规定。但是她知道，第二天有一个很重要的测试，如果孩子不去学校，他的前途就会受到影响。所以她选择了自己孩子的利益，让班级里的其他人面临长虱子的危险。

家庭造成欺骗，造成徇私，造成世仇，使我们对没出现在自家家谱上的人缺乏同情心。约翰·奥利弗（John Oliver）曾在他主持的 HBO 脱口秀中，用尖酸口气嘲讽那些只从家庭视角看世界的人。他给观众看了一些视频片段，出现在里面的，是被近期家暴事件激怒的橄榄球运动员和解说员，据他所说，他们之所以愤怒，是因为他们可以想象受害人是自己的女儿或妻子时的情景。奥利弗不敢置信地摇头，说："或者我来出个笨主意。你把你那神奇的换脸技术收起来，就为真实发生的事件难过吧。因为就算你不把自己的亲人切换到那样可怕的处境里，这件事本身也是可怕的。比如说，我讨厌海洋馆对待鲸鱼的方式，这是一个单纯的原则问题，而不是因为我的父亲是一头虎鲸。"

那么，用什么来替代这种原始的偏向呢？我想，我们可以将家庭完全抛开。在我为"全球家庭聚会"写的一篇文章下面，有一个人评论道：

> 到 21 世纪末，我们都会在工厂里生孩子，"家庭"是个无关紧要的东西。我们所有人都是独自出生、独自死亡，不管怎样，家庭这种麻烦的东西只是中途才有的。我们都有自己的命运，没有谁是必须和其他人绑在一起的，或者必须要对其他人负责的。没错，我不是我弟弟的保姆，我也不需要监护人。

贝丽尔，你是那样的吗？

不管你是谁，你都不是唯一有这种想法的人。许多激进思想家也提出过完全解除家庭纽带的主张。其中一个人在1999年写了一篇重要论文，题为《届时家庭是否会被废除？》(Is the Family to Be Abolished Then?) 探讨了家庭与公道是否是不相容的。很多反家庭的积极人士认为，人类应该回归到更"自然"的状态。在《亚当夏娃在拂晓》(Sex at Dawn)一书中，克里斯托弗·莱恩 (Christopher Ryan) 和卡西尔达·杰萨 (Cacilda Jetha) 谈到，以狩猎采集为生的祖先们的家庭，跟我们现在的家庭很不一样。他们生的孩子是所有人共有的，而且他们有多个性伴侣。两位作者在书中讲到，17世纪有一个法国传教士到了加拿大，努力向一个部落男子讲解一夫一妻制。部落男子听后回答："你没有判断力。你们法国人只爱自己的孩子，我们每个人都爱部落里所有的孩子。"不知道孩子的亲生父亲是谁，显然有利于形成一个更有同情心的社会。

尽管如此，废除核心家庭的主张仍然会让大多数人不寒而栗。它应该出自一些反乌托邦小说，比如《记忆传授人》(The Giver)。学校布置了阅读任务，我儿子选了这本小说，在它描述的社会中，所有婴儿都由"长老会"分配给家庭单元。

也许是我的资本主义意识太浓吧，但我相信家庭观念已经深深扎根于人性之中，不可能彻底清除。我们现在是甩不掉它的。至少在我们变成机械人、能重写自己的大脑程序之前是做不到的。请注意，我不是说只有生父生母所在的家庭才能让我们茁壮成长。

完全不是这个意思。一个幸福的家庭可以是各种形式：继父母、姻亲、多代同堂、同性家长。但是除了多元共存以外，一个紧密结合的小集体也是必须存在的。

下面这段文字，是哲学家萨姆·哈里斯（Sam Harris）在《道德景观》（*The Moral Landscape*）一书中陈述的观点：

> 无视亲子间特殊依恋的集体实验……并不见得多有成效。以色列的基布兹就经历了艰辛的学习过程：在发现集体抚养导致父母与子女都不如以前幸福之后，他们恢复了核心家庭制度。也许，一个父母对子女的本能爱护不会遭到破坏的世界，会让大多数人感到更幸福。

那么，在我们能够重新设计人性之前，在人类大家庭中，我该如何做一个更讲道德的人呢？

方法之一，是将核心家庭当作某种道德修炼场。这是孔子的方法。根据《亚洲思想史》（*The Intellectual History of Asia*）所写[1]，孔子视家庭生活为强化道德修养的途径。你有责任向父母和兄弟姐妹展现仁慈。而且在今后整个人生中，你都必须秉承这样的仁慈，来对待你的同僚、邻居、顾客。

那么，怎么看约翰·奥利弗在脱口秀中评论的那些橄榄球解说员呢？他们实际上是儒士啊！

查尔斯·达尔文提过相似观点。他劝我们要将自己的道德关

---

[1] 事实上，这里引述的是一本叫作《给傻瓜的伦理学》（*Ethics for Dummies*）的书里的观点，但是我想假装是我说的这本。（原注）

怀的范围拓宽，首先是对家庭的同情，然后是街道、城镇、国家、世界。

或者，你可以提醒自己，如果追溯得够久远，我们就都是一家人。哪怕是贝拉·尤塞福夫。也许按照《圣经》的意思，你希望你的第四十三代表亲如何对你，你就如何对他（她）。

"尤塞福夫事件"发生后，我一直在有意识地拓宽同情范围。结果喜忧参半。

就拿我大儿子贾斯珀最近参加的足球比赛来说。我当时和朱莉一起站在边线外，一切都很如意。天气暖和、空气新鲜（或者说，是在球场紧挨着西侧高速公路的情况下，能呼吸到的最新鲜的空气），贾斯珀在后卫的位置上踢得很好。他所在的鲨鱼队正在碾压巨人队，主要归功于他的队友，8号球员，那个金发小子踢球的威力堪比地空导弹发射器。场上比分5∶0。

某一刻我突然意识到，我也应该为我儿子的对手们加油。巨人队的队员也是人类，他们是我的远亲。你可以看到每次进球后，他们迈着沉重的步子、垂头丧气回到中场的样子。这个画面太让人揪心了。

我想让巨人队体验到小小的喜悦。我希望比分达到5∶4。太接近了，也许5∶3。好吧，5∶2比较合适。

巨人队突破了防守。他们射门了，角度看起来不错——可是球撞到球门上方的边框被弹开，然后跳到了界外。

"噢，不不不不！"我喊道，"该死！"

朱莉看了我一眼，说："你知道贾斯珀在鲨鱼队，对吗？"

我解释说只要想到全球大家庭，我就想让尽量多的人感受到尽量多的快乐。我想给巨人队一点成就感。

"没问题,但是你也许可以不那么大声。"

5分钟后,巨人队获得一个角球,球撞到一个孩子的肩膀,滚进了我们这边的球门。

"太棒了!"我挥着拳头悄声欢呼。

朱莉又看了我一眼。是的,她是对的。去他的巨人队,他们已经进过球了。鲨鱼队,碾压他们吧!

聚会倒计时:43 周

这是一场正式活动:要参加的人里有一位拉比、一位牧师、一位伊玛目。没开玩笑。事情是这样的,我上了一个佛罗里达的电台节目,主持人是自称为"三智者"的三个人,他们答应来参加聚会,联合举行一个施福的仪式。

我太兴奋了。但是之后,我开始担心亲戚中的无神论者会被冷落。于是,我请我的朋友南多·佩卢西(Nando Pelusi)在聚会上进行一场世俗的布道,他是纽约一个无神论者俱乐部的会员。南多答应之后,我又想,东方的宗教怎么办呢?一个朋友认识一位苏里亚·达斯喇嘛(Lama Surya Das),已经安排了请他前来传播一些佛教智慧。

好吧,但是还有摩门教徒呢?摩门教徒对家谱学非常感兴趣,我不想怠慢他们。我有一个联系人叫谢丽·布什(Cherie Bush),她也是耶稣基督后期圣徒教会[1]的成员。我打电话问

---

[1] 摩门教的正式名称。(译者注)

她，如果宗教仪式里没有摩门教徒能参加的，他们是否会有被冒犯的感觉。她说他们不会介意。

第 11 章　善良的家人

朱莉提出了一个观点。几个星期以来,她一直在说,既然我们要聚集几千人,为什么不借此机会为慈善事业做点贡献?提高关注度,筹集善款——还要声明,我们没打算创建末日邪教,也不是卖净水器的传销组织。

我选择了捐助阿尔茨海默病。我的祖父查尔斯·雅各布斯(Charles Jacobs)曾是阿尔茨海默病的患者,他和我父亲一样,也是一名律师。记得我们去佛罗里达州的世纪村看望他的时候,他把他正在读的小说里的故事讲给我们听。10 分钟过后,他开始讲一模一样的故事。我和姐姐尴尬地对视,不知道他是不是在开玩笑。我们那时候还不够懂事,体会不到那是一件多么悲伤的事。

阿尔茨海默病剥夺人的记忆,而记忆是家庭的内核。这样看来,将阿尔茨海默病公益事业与我的聚会结合在一起,是再合适不过了。

次日,我在 Facebook 上宣布,"全球家庭聚会"的任何收入,都将捐给阿尔茨海默病慈善事业。

"我是为了爷爷才选的捐助阿尔茨海默病。"当晚,我在电话上告诉我父亲,希望他为此感到骄傲。

"好吧,不过他没有得阿尔茨海默病。"

"慢着,他没得?"

"他得的是血管性痴呆。"

噢,这下不好了。阿尔茨海默病是痴呆症的一种,而我祖父患的是另一种。

我应该换一个项目吗?可我已经宣布了,这么做会不太得体。"不好意思,阿尔茨海默病慈善!原来我祖父患的不是你们特别关注的疾病,所以我现在不管你们了。"

失眠几个小时之后,我终于想通了。我们要继续为阿尔茨海默病慈善事业做贡献,因为"全球家庭聚会"的主体是我所有的人类家人,我不能偏心眼。即使我的亲祖父不是阿尔茨海默病的患者,我也有 4000 多万远亲患有这种病。

现在我清楚了一件事,那就是我对我父亲的父亲缺乏了解。

他去世的时候,我在上大学。我对他的记忆只有一点点。他戴一顶灰色的洪堡毡帽。他有一双深陷的眼睛,显得温和又忧愁。我们会默不作声地下象棋。

在接下来的一次家庭聚会(一个第二代表弟的受诫礼)上,我坐在卡罗尔姑妈的旁边。当 DJ 开始放蕾哈娜的歌时,我开始向姑妈打听她的父亲,我的祖父。

"我父亲生在一个很穷的家庭。他的父亲——你的曾祖父——是一个流动小贩。他没有快乐的童年。"

从卡罗尔接下来告诉我的信息来看,这算是一种轻描淡写的说法。

我祖父的母亲在他还小的时候就过世了,最后成为他继母的女人听起来就像迪士尼电影里的反派。听说这位继母给冰柜上锁,把仅有的食物全都留给她亲生的孩子,所以我的祖父只能挨饿,这或许可以为他的矮个子做出解释。

这位继母每天给我祖父一个5分硬币,对他说:"你可以用这个买午饭或者坐车,你自己选。"

如果他用钱买了午饭,他就只能走路回家,这样一来就经常遭到周围一些恶棍的毒打。如果选择坐公共汽车,他整个白天都得挨饿。

在13岁的年纪,为了挣午饭钱,我的祖父开始上街卖椒盐卷饼。显然,他没有许可证,所以被抓了。

"他被关到监狱里了?"我问卡罗尔姑妈。

"是的,他在监狱里待了一个晚上。他说'那不是特别愉快的经历',他这么说的时候,脸上带着滑稽的微笑。"

我的祖父和他的妻子哈丽雅特,以及他的儿子(我的父亲)阿尼。

第 11 章 善良的家人

"哇。"我说。这是我在这次聊天中说的第四个"哇",除此之外,我不知道应该说什么。我对他经历的艰辛一无所知,像个忘恩负义的人一样,从不询问。此外,我还在想,当我和姐姐抱怨祖母买了 Hydrox 饼干而不是奥利奥时,祖父有何感想。

"他上了法律学院,"卡罗尔继续说,"摸爬滚打了很多年。他和我妈妈的家里没有洗碗槽,都是在卫生间里洗碗。"他最终建起了一番稳定的事业。

在这样的背景下,他若把辛苦挣来的钱看得很紧,也是可以理解的。但是我的姑妈说实际情况并非如此。

"我记得有一次我们坐在车里,红绿灯附近有个喝醉酒的人,恶声恶气地跟我们要钱。我父亲摇下车窗,拿了钱给他。然后他回头对我和阿尼说'这个可怜人弄丢了他的自尊'。"

姑妈还记得另一个故事,是她母亲充满自豪地告诉她的。

"那时候他已经患了痴呆。有一次,我母亲偶然在超市里听到两个女人的对话。一个人说'我需要拟一份遗嘱',另一个人说'我推荐查尔斯·雅各布斯,他做事细心,为人和善,而且几乎不收任何酬劳'。我母亲对后面这个女人说,'我是查尔斯·雅各布斯的妻子,他现在的情况没办法拟遗嘱,但还是谢谢你对他的夸奖'。"

和我的外祖父西奥多·基尔相比,他没那么有魅力。小时候,我不太关注我父亲的父亲。和外祖父基尔不同,我的祖父不会讲和林登·约翰逊(Lyndon Johnson)[1]比大眼瞪小眼的趣事,不

---

[1] 美国第36任总统。(编者注)

穿夸张的红白条纹的运动上衣,也不会带我去见霍华德·科塞尔(Howard Cosell)[1]。

但是在研究家史的过程中,我意识到:他也是一个伟大的男人,只是更朴实一些。我以前竟然没有发现这一点,真是个蠢货。我父亲在颂词中写道,他是"我见过最善良的人"。我希望,如果知道我在支持阿尔茨海默病慈善事业,他会觉得开心,尽管他自己没有患上这种病。

跟姑妈聊完后又过了几周,我在网上的人口普查记录里搜索我的祖父。1920年人口普查,找到了,他当年是12岁,紧挨着他的妹妹罗斯的资料。这个时间,是她母亲逝世前不久。我继续往下看,找到了他母亲的名字,西莉亚,记录写着"子女:3;在世:2"。

噢,天啊!我可怜的曾祖母。一个孩子夭折,没有解释原因或经过,人生多么艰难!

我父亲再过来看我和孩子们的时候,我给他看了电脑上的人口普查记录。

"你知道你还有另外一个姑妈或叔叔吗?"

"我不知道。"我父亲说。

这就对了。和祖父一样,他也更愿意关注美好的事物。而此刻,他的孙子正向他发起挑战,要他去玩多米诺骨牌。

---

[1] 20世纪美国著名的体育解说员。(编者注)

聚会倒计时：42 周

到目前为止，我已经通过 DNA 检测服务和 Geni 这样的网站，联系到数千位远亲，并发出了邀请。我收到了 300 个肯定答复，也挺不错，但与破纪录的 2500 人还有很大的差距。这或许可以解释我最近为什么经常胃痛。

其中一个人在邮件里说，他想扮成死侍参加聚会，死侍是漫威漫画里的反英雄。他要带一张红色面具，背上捆两把剑。他还要将消息传出去，让整个死侍粉丝团都知道，这样一来，另外几十个死侍扮演者就可以跟他一起出现在聚会上。我告诉他，虽然死侍极有可能也是我的亲戚，虽然我的确需要更多参与者，但是聚会上出现一支死侍大军，似乎有点偏题。

不管他和他的翻版们是否会出现在聚会上，他发来的邮件都让我意识到这次活动有多么不受我的控制。这太可怕了！

第 12 章　亚当和夏娃

如果说有哪家的聚会让我因为没能参加而抱憾，那就是我的朋友泰勒家的聚会。那是几年前的事。泰勒的父亲在没有提前通知任何人的情况下，请了两位老演员扮演他已故的父母——泰勒的祖父母。

演员一来到聚会上就充分展现了角色性格。他们的样子看起来和角色本人一模一样。他们拖着脚步在房间里走来走去，因为餐桌上的白鲑鱼而大发牢骚，掐了好几个人的脸颊，把这个家庭里的每一个人吓得呆若木鸡。

泰勒说他的亲戚们都对着味道奇差无比的食物张大了嘴，这场闹剧就是在他们家上演的《希特勒的春天》。[1]

泰勒父亲耍的把戏虽引发了极大不快，却让我灵光一闪。如果我请两个演员来扮演 Y 染色体亚当和线粒体夏娃，会怎样呢？你也许还记得，我曾幻想过用时光机把我们最初的祖先运送到 21 世纪的纽约。这是不可能发生的。但如果是找两个演员呢？这我

---

[1]　指电影《金牌制作人》中的相似情节。（译者注）

倒是能办成。他们可以身穿毛皮，对着聚会上的人嘟囔，为领比利时华夫饼耐心排队。

已经有好几个人跟我说这个点子不好。而且我几乎可以肯定，它确实不好。但是今天我再次有了这个想法，原因是卢卡斯（我的双胞胎儿子之一）的学校组织郊游活动，要去参观美国自然历史博物馆（American Museum of Natural History）里的人类起源展厅（Hall of Human Origins），我已经主动提出在本次活动中担当他和他的同学们的监护人。

展厅是一个陈列着透视画、石斧和化石的黑暗空间。其中一个展示作品名叫"我们的家族树"，特色是一组排列好的原始人类的颅骨，智人位于右上角。

卢卡斯和他的朋友们被一幅透视画吸引。画中是一个留着长发、腰间挂着一块布的人，他正在守着一具瞪羚的尸体，不让饥饿的秃鹫得逞。

"看起来,他在进行旧石器时代饮食。"我对卢卡斯说。卢卡斯有礼貌地点头。

几分钟后,一个女人和她的男朋友从同一幅透视画前经过,我听见她说:"嘿,那才是真正的旧石器时代饮食。"

显然,我是第 80472 个在人类起源展厅里提到旧石器时代饮食法的人。请问蹩脚玩笑有什么进化价值?

我感觉到自己的卑微。这个展厅让我感到卑微,不过,是出于另外一个原因。每次参观这类展览我都忍不住想象,1 万年以后,孩子们看着全息图里的 21 世纪人类,会有哪些想法。"看看这些可爱的智人!"他们会说,"小巧的头盖骨,原始的平板电脑,围绕液化有机物开展的战争。"

年纪越大,我就越发意识到,我们这种智人,只是链条上的一环。未来的智人,会怀着怜悯和优越感看待我们,就像我们看待倭黑猩猩一样。

卢卡斯和他的同学们停在一具人体模型面前,模型代表的人大约生活在 20 万年前。那个时代属于人类最初的祖先,我们的第八千代祖先,Y 染色体亚当和线粒体夏娃。他们生活在非洲。一些科学家过去认为是在东非,但是最近在摩洛哥发现的一批化石表明,他们可能到过非洲大陆上的其他地方。

这里的亚当和夏娃并不是《圣经》里的同名人物,这么说的原因有好几个。首先,他们不是地球上最早出现的智人。我们这个物种的成员出现在非洲的时间,很可能比亚当和夏娃出生的时间早几千年。与亚当、夏娃生活在一起的,还有成千上万的人——

想成为亚当和夏娃的人。区别是,其他人的血统慢慢消失了,亚当和夏娃的存活了下来。他们的后代是你的朋友、爱人、父母,是商店老板、印刷工人,是你会见到的每一个人。

第二点要注意的是,Y 染色体亚当和线粒体夏娃甚至不是一对夫妻。他们可能互不相识。他们可能没有生活在同一个世纪。他们有各自的性伴侣。只不过,亚当和夏娃都拥有经久不衰的 DNA,这些 DNA 至今仍留存在我们的身体里。

他们的后代占领了全世界。起初,一部分子孙为了寻找食物,迁移到了几十英里以外的地方。经历了一代又一代人,部落扩展得越来越广,直到有一群人冒险到达中东。

现实版亚当夏娃理论,具有深远的影响力。首先,它否定了不同种族就是不同物种的恶毒观念。数个世纪以来,许多欧洲人认为,其他种族的人(例如非洲人)属于完全不同的物种,与类人猿接近。

19 世纪,有学者提出人类有多个起源,给这种观念罩上了科学的外衣。一位有影响力的美国学者查尔斯·考德威尔(Charles Caldwell)称,人类分为四个物种:高加索人、蒙古人、美洲印第安人、非洲人。你应该能想到在智力方面,高居金字塔顶端的是哪一种。不同物种世界观为奴隶制和人类的其他恶行提供了正当化的理由。

人们绘制出了亚当和夏娃的巨大家族树,至少画出了主干。几千年里,他们的后代分裂成了数十个单倍群(haplogroup)。同一个单倍群里所有成员,都有共同的标记基因,每一个单倍群都与一个不同的地域相关。

单倍群 P 与东南亚之间的关联性很强。单倍群 A 的成员都与撒哈拉以南的非洲相关。地球上每一个人的 DNA 都可以被划分到一个或多个单倍群里。从母系遗传来看，我属于单倍群 H（中东和欧洲）。从父系遗传来看，我是单倍群 J（北非等）的成员。

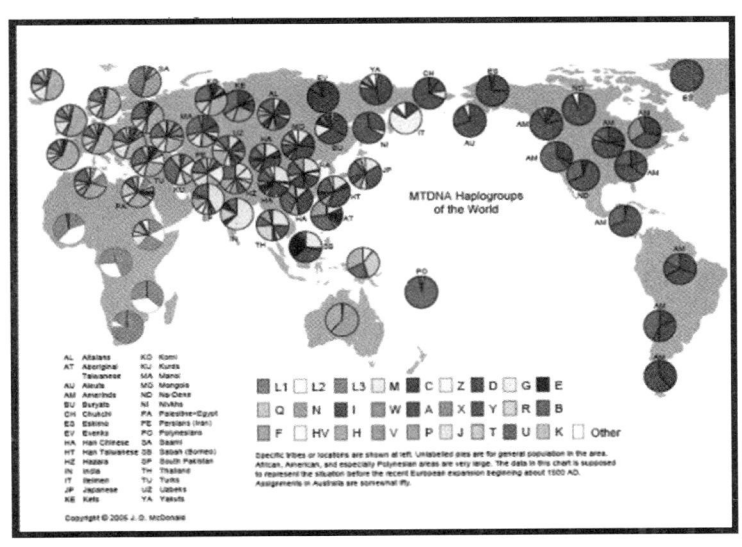

世界单倍群人口分布图

暂时将话题转移回亚当和夏娃身上。他们是什么样的人？科学家们一致认为，他们可能以打猎和采集为生，身穿动物皮做的衣服，而且佩戴饰品。

但学术界也存在分歧。一方面，被我称为"旧石器时代辩护者"（paleo apologists）的人认为，我们最初的祖先多数时候都过着和平快乐的生活。另一方面，"旧石器时代怀疑者"（paleo cynics）（或者实在论者，具体取决于你的看法）认为，他们是残暴、粗野、短命的人。

你可以在前文提到的《亚当夏娃在拂晓》一书中，看到旧石器时代辩护者的观点。作者提出，最初的人类生活在小群体中，彼此之间相互协作，有多个性伴侣。20世纪60年代，佛蒙特州的邻居们，基本上就过着这种生活。作者还说，他们甚至不用很辛苦地劳动，每周花40个小时在狩猎采集活动上。这里说的一周就是车管局的一周[1]。非常符合卢梭的主张。

最近，美国兴起了旧石器时代情怀。旧石器时代饮食法和旧石器时代锻炼法（包括在树林里光脚奔跑）就是证据。人们都感觉我们应该回归更"自然的状态"。

另一方面，旧石器怀疑者并不那么伤感。其中包括哈佛大学心理学教授史蒂芬·平克（Steven Pinker），《人性中的善良天使》(*The Better Angels of Our Nature*) 的作者。这本书的论点是，人类生活在缓慢但稳定地进步，而且这种进步体现在每一个方面：寿命、幸福感、智力水平总体上升，暴力减少。在Y染色体亚当和线粒体夏娃这样的狩猎采集者中，暴力死亡率达到了15%，其中在一些地区和年代高达60%。而今天，即便算上谋杀、恐怖主义和战争，人类的暴力死亡率也在1%以下。

我倾向于站在平克这边。一来，这与大部分科学家的倾向相同。再就是，他的观点支持了我的证实性偏见：地球生活在逐渐进步，时政方面除外。

---

[1] 美国车辆管理局开放时间为每天24小时，每周7天。（译者注）

我相信往昔的好日子其实并不好过。它们是恶劣的。它们散发着臭味，被疾病纠缠，无聊又艰辛。我过去给《心理牙线》（*Mental Floss*）月刊写一个专栏，讲述很久以前的生活有多可怕。我描述过不用麻醉的手术。我介绍过"烟草灌肠"——医生借用一根软管，直接把烟吹进你的直肠，以此治疗多种小病。（也许"blow smoke up your butt"[1]这个短语就是这么来的。）我还写过儿童保育方面的情况，包括中世纪的父母将得了腹绞痛的婴儿弃在树林里，以及19世纪的婴儿含片是用鸦片制作的。所以说，我不属于怀旧派。

此外，我不会美化亚当和夏娃。如果我见到他们，可能会相处得不融洽。我可能会被打得鼻青脸肿，要服好几粒鸦片糖才能康复。

不只是亚当和夏娃，我还怀疑我的所有祖先。请不要误解我：我非常感激他们，以及他们做出的牺牲。我知道我是个幸运的家伙，多亏那些勇敢决定移民、含辛茹苦工作的人，我的生活容易太多了。

然而，如果跟他们进行一场交流，我一定会觉得震惊、可恶，这个事实将我的尊敬复杂化了。以来自立陶宛的曾曾曾曾曾祖父为例，以今天的标准来评价，他十有八九是个性别歧视者、种族主义者，恐同、无知，有可笑的迷信观念。反过来，我会带给他同样程度的惊愕。他会对着我咆哮，怒斥我不应该让朱莉穿得像个荡妇一样，把膝盖露出来。

---

[1] 这个短语是指某人一直说你想听的话，相当于中文里的"奉承""拍马屁"。（译者注）

同样，若我的第十代孙正在读这本书，那么请让我为自己的愚昧无知和不计后果的残忍行为向他致歉。我多么希望我有面积更大的大脑皮层。

聚会倒计时：39 周

另一位聚会组织人答应在聚会上发言。"全球家庭聚会"要变成跟聚会有关的聚会，以自身为主题。他的名字是迪尔克·魏斯勒德（Dirk Weissleder），在世界家谱上，我和他之间隔着 16 个人。他来自德国汉诺威，1990 年，在柏林墙倒塌 6 个月后，他为东德和西德的魏斯勒德家族成员组织了一次重聚。他们之中的大多数人已经 30 多年不曾见面。迪尔克和他的东德表亲为了找到那些亲戚，翻找的电话簿超过 138 本。在一个五月的周末，他们在一个群山环绕的东德小镇上相聚——大约有 50 名魏斯勒德家族的成员。"非常感动，"迪尔克在聊天视频里说，"很多人都哭了。"他伸出两根食指模仿眼泪流下来的样子。"我们不是为了推销冰箱才参加聚会，纯粹出于感情。"虽然迪尔克不能带魏斯勒德家的所有人来参加我的聚会，但是我很高兴他能到场。

第13章 亲密表亲

今天早上,我收到了一封来自俄亥俄州的邮件。

AJ,你好!

我读了所有关于你和你的几千万亲戚的信息。凑巧的是,我正在和我的第二代表亲谈恋爱,但是他的家庭不想和我扯上关系。我想让他的父母知道,他们之间也可能有血缘关系,这样一来他们就会接受我了。你有什么办法吗?

马德琳

我拿不准应该怎么回复马德琳。没错,我们所有人都是亲戚,这是我的计划所表达的观点。没错,从逻辑上说,每个人的恋爱对象和(或)结婚对象都是自己的亲戚,包括我(你也许记得,从 DNA 推测来看,朱莉是我的第七代表亲)。

但是我要做一个积极的近亲婚姻的拥护者吗?如果我想吸引大量观众,公开支持近亲结婚是最有效的方式吗?感觉像是在号召所有人支持吃猫肉的权利。

另一方面，我不想因为第一、二代表亲婚姻不受欢迎，引发不适的级别比较高，就对其不屑一顾。不能以我的厌恶感来判断事物是否合乎道德，否则就有很多东西不合法了，比如水上公园、保龄球鞋、比克拉姆瑜伽。马德琳似乎很痛苦。我想帮她。

回邮件之前，我在网上调查了一番。和料想的一样，网络上有很多人反对表亲婚姻，其中绝大多数人都强调了遗传缺陷。但意外的是，我还发现了一项积极支持表亲婚姻的运动。拥护者声称禁忌已经过时，爱会战胜不适感。他们主张第一代表亲婚姻——像同性恋婚姻一样——应该实现全面合法化。他们将这个倡议称为"婚姻平等：续篇"。现在，各州基本上分成两派。第一代表亲婚姻在 19 个州（从佐治亚等深红州到佛蒙特等深蓝州）是合法的，在其余的州（比如蒙大拿州和印第安纳州）是不合法的。

我得好好思考一番。

首先，两方都认可的是近亲婚姻有很长很长的历史。事实上，据罗格斯大学人类学家罗宾·福克斯（Robin Fox）估计，在整个人类历史上，80% 的婚姻都是第一代表亲或第二代表亲婚姻。虽然难以证实，但是这个估计是有道理的，因为人类在小部落里度过了历史上的绝大部分时间。正如学者斯蒂芬·斯蒂尔斯（Stephen Stills）所言，你会"爱上和你在一起的人"。

地球上的每一个人都是表亲婚姻的产物。不妨做一个思想实验。你的父母是 2 人，（外）祖父母是 4 人，（外）曾（外）祖父母是 8 人，以此类推。人数继续翻倍，推到你的第四十代祖先，人数将超过 1 万亿——远远超出从古到今在地球上生活过的人口的总数。

结论显而易见,并不是每一代祖先的人数都是前一代祖先的两倍。原因何在?表亲结婚的现象一直存在。家族树上存在重复的枝丫。两个互为第一代表亲的人结婚生下的子女,(外)曾祖父母最多为 6 人,而不是 8 人。"家谱折叠"(pedigree collapse)是用来代指这种现象的术语。

欧洲的国王与女王们向来有"折叠家谱"的习惯,在加强联盟的同时,也导致维多利亚女王的后裔成为著名的血友病患者。此外,非王室成员也有这么做的。赫伯特·乔治·威尔斯(Herbert George Wells)、谢尔盖·拉赫玛尼诺夫(Sergei Rachmaninoff)、埃德加·爱伦·坡(Edgar Allan Poe)都娶了他们的第一代表亲(在爱伦·坡的例子中,对方当时只有 13 岁,这件事比陷坑和钟摆[1]更令人毛骨悚然)。

表亲婚姻因文化而异。包括阿米什和正统派犹太教在内的一些文化,一直高度奉行内婚制(你或许还记得,这是近亲交配的得体说法)。

当人类的出行变得更方便时,近亲结婚的现象开始减少。人们规定了禁忌,开着玩笑,通过了法律,开发了 APP。至少有一个这方面的 APP。冰岛由于地理位置孤立,曾经是内婚多发地,如今这个国家有一个 APP,可以告诉可能约会的双方他们是不是表亲。(现在的广告语:"上床之前先上此款 APP")

严格说来,你无法避免与某个远亲结婚,因为我们都是彼此的表亲。地球上与你关系最远的表亲到底有多远? 2007 年,麻

---

[1] 爱伦·坡创作过心理恐怖短篇小说《陷坑与钟摆》(The Pit and the Pendulum)。(译者注)

省理工学院一位计算机科学家表示，答案可能出人意料：不过是第七十代。也就是说，任何两个人，比如一个纽约的对冲基金经理和一个在巴布亚新几内亚种山药的农民，至少都是第七十代表亲，他们有一位共同的第六十九代曾祖父。这位麻省理工研究者在《自然》（Nature）杂志上指出，不同文化间的通婚，从根本上缩小了表亲间的间隔。即便将估测数据翻倍，变成第一百四十代，仍然是个惊人的数字。这意味着人类最近的共同祖先（Y染色体亚当和线粒体夏娃）生活的年代，距今仅有3500年，属于金字塔时代。

态度更谨慎的科学家认为上述估测数据太小。他们称，与你关系最远的表亲可能是你的第五千代表亲（你们有一位共同的第四千九百九十九代曾祖父，他大约生活在20万年前）。

不管最多隔了多少代，随着近亲婚姻的减少，远亲婚姻成了普遍现象，这一点是毋庸置疑的。但近亲婚姻并没有消失殆尽，而是继续在世界范围内被实践，包括在美国。如果你要证据，只需要访问"CousinCouples.com"。这是第一、二代表亲婚恋关系官方网站。权衡所有利弊之后，我认为我需要采访一下该网站的创建者。

我通过电话联系到他，他同意接受采访，但要求我不用他的真实姓名。他曾出现在一些报纸上，还上过一期注定要遭殃的《杰里·斯普林格秀》（*Jerry Springer*），这给他招来了邻居和同事们的强烈指责，所以他更愿意隐姓埋名。

"那么我应该怎么称呼你？"我问。

"KC 怎么样？'Kissing Cousin'[1] 的缩写。"

KC 今年 32 岁，住在北卡罗来纳州。在这里，请让我插一句话。我不想强化一些陈腐的刻板印象，或者开"你可能是个乡巴佬"这样的玩笑，所以我本来希望 KC 能是康涅狄格州的人，但是我只能打发到手的牌。

KC 在学习经商，喜欢钓鱼和淘金。他第一次见到他的第一代表亲（现在的妻子），是在对方 10 岁的时候；在那以前，她一直住在寄养家庭里。"最初的记忆，是她朝我扔水球。她总是能吸引我。在都是十几岁的年纪，我们变得形影不离。"

"结婚的时候你们多大？"我问。

"我 22 岁，她 17 岁。"

好吧，同样的，作为一个对刻板印象心存戒备的作者，我本来希望她至少有 20 岁。但是再说一遍，这些信息就是发给我的牌。

你也许想到了，不是每一个人都赞同他们的爱情。当 KC 和他的未婚妻宣布订婚时，KC 未来的岳母将他撵出了门，尖叫道："我要杀了你！"最后，她没有诉诸暴力，而是求助于药物。

"她那天吃了很多镇静药。"KC 说，他指的是婚礼当天。KC 的岳母同意出席在市政厅举行的典礼，因为她的女儿未满 18 岁，需要有一位监护人在场。她是被迫的。"主持仪式的女士一直在问她'您同意吗，夫人？'"

三番五次受挫之后，KC 又上网寻求支持，却几乎毫无收获。因此，为了提供群体支持和有用信息，他在 1998 年创建了

---

[1] 本指关系很亲密，见面时能以互相亲吻的方式打招呼的人，尤指亲戚。（译者注）

"CousinCouples.com"。此后,他认识了来自全国各地的几十对伴侣。"我见过律师、警察、教师。有很多教师,我不知道是什么原因。"

如果你进了这个网站,你会看到一份教你如何向父母摊牌的指南。你会学到一些隐语,比如"表群"(cuzband)。如果你是和我一样的人,那么你还会花半个小时读留言板上的故事。没错,这么做会带给你一种低劣的偷窥他人隐私的刺激感,但不只是这个原因。那些故事催人泪下——现实中的禁忌之爱,仿佛是在上演普契尼的歌剧。

一个女人写道,二十年以来,她在一次家族聚会上首次见到她的第一代表亲。"我见到他,与他拥抱,这让我有一种很奇怪的回到家的感觉。那个怀抱似乎才是我本应该待的地方。"

还有一个女人向她的表亲坦白了爱慕之情,结果对方与她断绝了一切联系。"过去三个月以来,我每天以泪洗面,"她写道,"这个表亲就像我身体的一部分……我们从还是婴儿的时候开始,就一直很亲密。"

我继续和 KC 交谈,我问他:"你觉得公众的态度有变化吗?"

他说或许有一点,但总的来说,这还是一个很大的禁忌。"我收到的恶意邮件确实变少了,"他说,"以前经常收到,比如'上帝憎恨你''你要下地狱'。我现在还挺怀念的,因为很有意思。"

对我来说,反对表亲婚姻的最有力论据,是潜在的遗传性出生缺陷。这种风险确实存在吗?简而言之,是的,但不像大多数人以为的那么高。

从很久以前开始,近亲结婚的风险就为人们所知了。查尔斯·达尔文娶了他的表姐，他们有 10 个子女，其中 3 人都因健康问题夭折。达尔文终日惶惶不安，担心这是他选择近亲结合的后果。让他痛心疾首的，正是他自己的进化理论。这是一件悲哀的事情。

根据《遗传咨询杂志》（*The Journal of Genetic Counseling*）刊登的结论，第一代表亲婚姻导致出生缺陷的风险，与 40 岁以上的产妇产下缺陷儿的风险大致一样。如果家族中已有近亲结婚历史，风险就会更高。

但是 KC 和其他近亲婚姻的支持者提出了反对观点：我们为什么只针对近亲婚姻呢？如果两个看似没有亲缘关系的人要结婚，可他们都携带着会增加阿尔茨海默病发病率的基因，那要怎么办呢？应该禁止他们结婚吗？既然我们可以通过 DNA 检测预知各种健康风险，那么再坚决禁止第一代表亲婚姻就显得有些武断了。

这是一个有力的反驳。太有力，以至于让我改变了想法。我发现，虽然我会条件反射般地对近亲婚姻产生不安感，但我不能说我出于理性和道德感反对它。

我向朱莉宣告了我新确立的开明立场。"我已经确定我可以接受第一代表亲婚姻，"我说，"所以我死了之后，你想嫁给戴维·朱克曼（David Zuckerman）就嫁吧。"

"挺好。"她说，仍然看着她的 Kindle，头都没抬。这不是她特别感兴趣的话题。

"但是我不认为应该在'全球家庭聚会'上重点探讨这个主题。"

"这也许是明智的。"

现在，再说马德琳。我回了她一封邮件，建议她向可能成为她公婆的人解释，表亲婚姻并不罕见。从历史上看，反而是一种很正常的现象。我给她转发了 KC 的网站链接，和一篇关于 15 位与表亲结婚的历史人物的文章。

几周后，我再次联系马德琳，询问她的近况。她感谢我为她提供信息，但已经决定终止目前的恋爱关系。她无法对抗外界的敌意。所以至少在这个例子中，爱情没能取胜。

第 14 章　最伟大的一代人（以及香烟的正能量）

我们为我的岳母举办了今年的生日宴，朱莉的家人都在，包括她的继父戴维。

"你不是我们家里唯一的老兵。"饭前，我们都坐在沙发上时，我告诉他，"我发现我的外曾外曾外曾外祖父格尔森·弗里登海特参加过南北战争。"

"噢，是的，"戴维说，"我想我认识他。他有多高？"

戴维是一个神态举止都与乔治·伯恩斯（George Burns）[1]相像的人。他今年94岁，很擅长傻乎乎地跟孩子们握手，也是一位货真价实的二战英雄。

"你的大聚会是什么时候来着？"他问。

"明年。"我说。

"好吧，我活不到那天了。"他大笑，"祝你们玩得开心。"

"你能做到，"我说，"你必须做到。我需要你帮我破纪录。"

我告诉他，我其实很想请他在聚会上发言。他诧异地看着我，

---

[1] 乔治·伯恩斯（1896—1996），美国著名喜剧大师。（译者注）

问:"我能讲什么?"

"讲你的故事就可以了,讲战争。"

他摇头说:"年轻一代可不想听那些。"

我说他错了,他的故事以人类的联系和仁慈为主题,既精彩又有启发意义,是最适合这次聚会的。

戴维·哈里森(David Harrison)在接受基本训练。照片摄于1942年。

"什么故事?"贾斯珀问。

"你瞧。"我说,"他们想知道。"

我让戴维再讲一遍,这一次要录下来。

"你想录下来,是怕我活不到聚会那天吧?"我回房间拿录音器的时候,他笑着说。

朱莉起了个头,告诉孩子们戴维曾是一架 B-17 轰炸机的领航员。朱莉的母亲说,这是件好笑的事,因为我们开车去好时公园(Hersheypark)或商场的时候,戴维总是找不到路。

第 21 次执行任务时,戴维的飞机被一架德国战斗机击中,导致引擎着火。

"我们去汉堡执行任务的途中,"戴维开始讲道,"遭遇猛烈火力,我收到了弃机跳伞的命令。"

戴维跳出飞机舱门,打开了他的降落伞。"降落过程中,我看见一群人正跑向我打算降落的地方。果然,我刚着陆,就看见四个农民跑过来,都拿着猎枪。"

"他们对我搜身,动作粗暴。"他似笑非笑地说,"然后,他们把我押进了一个谷仓。那里还聚集了其他人,加起来肯定有二十个。男人们都很愤怒。"

"然后,我做了件事,我永远不会知道我当时为什么那么做。"戴维停顿下来,淡淡一笑。他调整了一下情绪,然后继续讲。

"我找到了一根烟。整理降落伞的人在背带里放了一根。然后我就做了那件蠢事。我把烟叼在嘴里,这个动作把他们惹毛了。那些德国农民认为这是我对他们的蔑视。他们开始揍我。动手的男人一定有三百磅重——他拿步枪砸我。我没有还击,只是努力自卫。

"男人们都在说我是猪猡。但这时,一个女人,她一定是其中一个农民的妻子,她说我太年轻了,还是个孩子。我听到了'年轻'这个单词。她的话救了我的命。

"大概过了半个小时,一个男人开来一辆摩托车,他把我放在后座上,我们去了一个德军军营。在那里,他们把我押上了一辆开往战俘营的火车。我记得,当时是凌晨三点钟。我坐在车厢过道旁的椅子上,然后……"

戴维的沉默持续了漫长的十秒钟。他用手掌揉了揉眼睛,呼出一口气,然后接着讲。

"我看着窗外,陷入了彻底的绝望。我是个俘虏,还是个犹太人。我是说,那是我一生中最坏的处境。这时,坐在我旁边座位上的男人,一名德国士兵……"

戴维的声音哽咽了,几乎是在耳语。

"我回过头,看见他正向我递一根烟。"

戴维·哈里森,照片大约摄于 2007 年。

戴维呼出一口气，调整情绪。

"这一幕让我脱离了绝望。那是我一生中最感动的时刻。那根烟救了我的命。"

他转头看着贾斯珀兄弟几个。

"但是不要学抽烟，这不是这个故事的重点。"

之后我会告诉孩子们故事的重点是什么。至少是我的理解：哪怕是在最冷酷的环境里，你也能发现一点人性的光辉；或许我们人类这个物种终究还是有救的。

在我的鼓励下，戴维讲了后来的故事。他和另外9名犹太战俘一起，被囚禁在一间营房里。他们每隔几天能有一袋土豆吃，仅此而已，他们会花大量时间将形状不规则的土豆分成均等的小份。晚上，他们会讨论如果有一天被放出去了，他们要吃什么。"我在那里第一次知道什么是中餐，"戴维说，"之前根本没听说过。"

几个月后，苏联军队解放了他们。原来的战俘中，有一个人冲进军营办公室，在广播上放了一首歌：平·克劳斯贝（Bing Crosby）的《不要限制我的自由》（Don't Fence Me In）。

我要求戴维回忆他的经历，一定程度上，这使我感到愧疚。显然，这对他来说很不容易。但我又想让孩子们听他的故事，想把故事录下来。

客人都告辞之后，我上网搜索了戴维的信息。我登录Fold3，叫戴维·哈里森的人有几十个，我在"失踪空勤人员报告"中找到了他。

实际上，那是他被拯救后填写的一份调查报告：戴维·H.哈里森，空军少尉，和飞行员一同跳伞。他没有受伤，但是通信员腿部挨了一颗子弹。

我从未怀疑过戴维的故事，但打字机的字体使它显得更真实了。我注意到任务日期：1944 年 12 月 31 日。

12 月 31 日？这是我不知道的。

我给在新泽西的戴维打电话。朱莉的母亲芭芭拉接了电话。

"我找到了一些戴维服役时的记录，"我说，"我之前不知道他是在新年前一天被抓的。"

"噢，是的。他当晚和一位英国女士有约，但他没去成，因为接到了任务。"

好吧，那一定是历史上最有说服力的失约理由。

戴维接了电话。

"战争结束后，你还联系过那位英国女士吗？"我问，"你有没有把没去赴约的原因告诉她。"

"我当时惦记着一堆其他事情。"戴维放声大笑。

我说我也许可以找到她，请她来参加聚会，让他们重聚。

戴维说："我不能保证你的岳母会喜欢这个主意。"

聚会倒计时：38 周

这一周，在演讲者的事情上很是坎坷。之前答应在聚会上发言的演讲者中，有三位放弃了。这令我很沮丧。

但是后来，在一个星期二的下午 3 点 35 分，我收到了一封邮件。邮件发自一个哈佛大学的邮箱地址，发件人是小亨利·路易斯·盖茨。几周前，我一时冲动给他发了邮件，那之后也没抱什么希望。但是今天，他回信道："能在聚会上发言，我感到很荣幸。"

我得强调一下，是小亨利·路易斯·盖茨。没错，这个消息应该用黑体字来宣布，也许还应该放大字号，但我想就算不这么做，你们也能体会其重要程度。他就是家谱界的权威。他是 PBS[1] 系列纪录片《寻根》(*Finding Your Roots*)的主持人，在历史和种族关系方面著作等身。在专业的家史领域，这个消息相当于布鲁斯·斯普林斯汀（Bruce Springsteen）答

---

[1] 美国公共广播公司（Public Broadcasting Service）。（译者注）

应来你的生日会上唱一首《注定逃离》(*Born to Run*)[1]。

我既兴奋又忐忑。现在，我绝对不能把事情搞砸了。这比一支死侍模仿大军更令人坐立不安。

---

[1] 布鲁斯·斯普林斯汀是美国最著名的摇滚巨星之一，"Born to Run"是其成名作。（译者注）

第 15 章　致谢祖先的性行为

我被一个想法搅得心绪不宁。它跟我的存在有关，为了把我的存在变成可能，曾经发生过的性行为之多，是惊人的。

我的父母必须发生性行为——我 8 岁时明白了这个道理，却不得不一直将其深埋在潜意识里。

但是爸妈的性行为只是冰山一角。他们各自的父母要发生性行为，因此，被"载入史册"的，还有我祖父母和外祖父母的性高潮。（我们是按祖父和外祖父最少一人一次算的，如果非要斟酌一番，看在祖母和外祖母的份儿上，我想我会支持翻倍。）我祖父母的父母、外祖父母的父母要发生性行为，也就是说，要再记上 4 场大汗淋漓的交合。再联想到他们的上一代，你发现还得增加 8 次伴随着喘气声的激情相拥。

继续算的话，就是历史上发生过 1632256 场性事。如此多的性行为。追溯到 500 年前，这意味着一场能将萨克拉门托市淹没的纵情狂欢。追溯到 10000 年前，你联想到的画面可比莱昂纳多·迪卡普里奥在度假屋里开的派对还要淫乱。[1]（我这样开玩笑，是因为我是他的表亲。）

问题是，我以前只把他们视为一种固定角色：一本正经的祖先，而非轻浪浮薄的情人。可他们就是情人啊。每次看家谱，我都会意识到，上面的每一条竖线都代表一次性行为。

我希望那些都是甜蜜的、融洽的交流。我确定，其中有些不愉快的性爱，但是其他祖先一定会嬉笑着轻咬彼此的耳垂，还说了些与妻子的裙撑尺寸有关的内涵玩笑话。

我的曾曾曾曾祖父，趴在我曾曾曾曾祖母的身上，除了脚上的毛袜和脸上的大胡子，浑身上下光溜溜，嘴里叫着"Tak Tak Tak！"（Tak 是波兰语，相当于英文里的 Yes）。这不是一个会让人觉得舒服的联想。

很抱歉在你的脑海中插播了这个画面。我知道，它的魅力大概跟数比萨酱里有多少只昆虫，或者和特德·克鲁兹（Ted Cruz）[2] 一起玩密室逃脱差不多。

但我渐渐接受了这样的事，因为它们让我充满感激。如果我的祖先们没有拨雨撩云、暗送秋波，最后除掉贴身衣物，我就没机会在这里犯恶心了。

所以我要对他们所有人说：感谢你们"鬼混"在一起。（我相信，他们在母国时，管这叫"鬼混"。）

如果说，我的孩子偶然读到这本书，我想说：不要担心，你

---

[1] 指电影《华尔街之狼》（*The Wolf of Wall Street*）里的情节。（译者注）
[2] 特德·克鲁兹，美国共和党参议员，2013 年进行了反奥巴马医改法的长达 21 个小时的演说。（译者注）

们是试管婴儿，你们的妈妈和我根本不需要发生性行为。我只要走进一个房间，把门锁起来，然后……好吧，也好不了多少。

想到这些，我开始创建一份清单，记录我在研究中发现的"七个最浪漫的故事"。

1. 最热情的追求

就在你料想的地方——我外祖父留在 FBI 的档案里，我偶然发现了家史上最甜蜜的故事。我的外祖父西奥多·基尔在 2010 年去世了，多亏查看了好几盒文件，我发现他的档案很是丰富精彩：自由党、亲工会、犹太人、律师。我通过《信息自由法》（之后会详说）获取了当时的报告。其中，FBI 的线人讲了 1934 年外祖父在大学里的一个行为：

> 秘密线人 T-1 汇报，基尔经由防火梯进入了一名女学生的房间，该生当时住在康奈尔大学的医务室里。基尔进去时，女学生的母亲在场，后者要求他立刻离开。

我之前听我母亲说过这件事，现在又得到约翰·埃德加·胡佛（J. Edgar Hoover）[1]的证实。故事里的女学生后来成了我的外祖母。她当时得了急性支气管炎，正与她交往的外祖父因为是异性，被禁止去医院看望她。他拒绝迫于迂腐的规则与女友分开，直到被他未来的岳母赶出去。幸运的是，FBI 婉言拒绝将他的浪漫举动

---

[1] 约翰·埃德加·胡佛（1895—1972），美国联邦调查局（FBI）第一任局长。（编者注）

判定为非美国式活动。

我的外祖父母,西奥多·基尔和安·基尔。

> Confidential Informant T-1 advised that KHEEL had entered the room of one of the students, who was at the time in the infirmary at Cornell University, by means of a fire escape. He stated that the girl's mother was present at the time of KHEEL's entrance, and had requested that he leave immediately.
>
> Later in the afternoon, KHEEL had obtained permission to visit the girl at the infirmary, in her mother's presence, but in the evening of the same day, he again attempted entrance into her room by means of the fire escape, at which time the girl's mother persuaded him to leave.
>
> Confidential Informant T-1 further advised that because of this occurrence KHEEL had been reprimanded.

2. 最奇特的邂逅

我从口述家史中,得知了我的曾姑婆萨拉与她丈夫在1894年相遇的情景:

"萨拉在波兰和一个邻镇的年轻人订了婚。婚礼当天,宴席都准备好了，拉比也在等着，新郎却没出现。等了几个小时，她的家人看见一个陌生的年轻人出现在镇上，便问他是否已婚。他说没有，他们又问他想不想结婚。他说想。于是，他和萨拉就在当时当地完成了婚礼。萨拉与她原来的未婚夫从未谋面，因此这样办跟原计划也没什么差别。那位原来的新郎次日登门，说他的马车坏了，但已经太迟了。萨拉和施米尔的婚姻持续了60多年。每逢周六下午，他们会在餐厅里玩纸牌游戏。"

当然，我不会用我玩纸牌赢来的钱，压这个故事绝对属实。但是即使它只有一点真实性，也足以表达，家谱的形成过程中有多少偶然性和歪打正着。

3. 最理想的物化

其中一个家族故事，讲述了我的外曾外曾外祖父母，索菲·金斯巴彻和莫里斯·金斯巴彻的相遇：

1881年，索菲到匹兹堡拜访她的姐姐，期间经过莫里斯的珠宝店，被他"注意到"了。"莫里斯见她走近，便叫上他的员工们，一起目不转睛地看着她。"所以说，情况基本上就是，莫里斯不仅自己盯着她看，还让他的伙计们一起盯着她看。以21世纪的标准来看，这也算一种侵犯，不是吗？

我把故事讲给朱莉听，想听一听女权主义者的看法。"我不会太气愤，"她说，"我想那个年代的女性，还有比这更重要的仗要打。"

"那这样呢？"我继续说，"他看着她，大喊'我的上帝，鬈发真不错！'我认为这在19世纪，就和我们现在说'这个架子真

我的外曾外曾外祖父母,莫里斯·金斯巴彻和他的妻子索菲(帽子遮住了传说中的鬈发)。

不错!'是一样的。"

"我不知道,只能说,如果一定要将身体的某部分物化,我想头发是最好的选择。"

感谢朱莉对外曾外曾外祖父的宽容。

4. 最劣质的爆料

"娶了小姨子的男人",这个标题出现在1934年的《威尔克斯-巴里论坛报》（宾夕法尼亚州）上。那篇报道的主人公是我的外曾外叔祖利昂·桑斯坦。没错，在前妻去世多年之后，他娶了前妻的妹妹。标题显得耸人听闻。这种事自古以来便有。在《圣经》里，寡妇甚至必须嫁给已故丈夫的兄弟。（这并不意味着我赞成强制性婚姻）简而言之，对于蜜月中的他们来说，这可不是一篇有意思的报道。

5. 最佳助攻

我找到一封外曾外祖父拉扎勒斯·桑斯坦的信，写信人是他的朋友，当时他们都已年过八十。这位朋友在信中追忆他们当年的恋爱高招，那便是美化彼此的形象。两个人在女士面前互夸，说对方长相英俊、懂礼貌，是合适的交往对象。他写道："如果乌鸦和猪说对方洁白无瑕，有些女孩子就会信以为真。这个办法非常高明，让我们找到了很好的老婆。"

6. 最动人的临终遗嘱

我很欣慰地发现，在我外曾祖父萨姆·基尔的遗嘱中，除了乏味的法律术语外，还有两句情话：

> 我不为年幼的孩子做明确安排，不是因为吝惜爱和关怀；事实上，我一生中最宝贵的财产，就是我的妻子和两个孩子。这么做是因为我对亲爱的妻子凯特·基尔有绝对的信心和信任，因为她是聪慧、公平、正直的人。

萨姆把钱全部留给凯特，没有多余的指示或限制。非常贴心，如果忽略他将妻子称为"财产"这一点的话。

7. 最亲密的夫妇

弗里登海特夫妇的 60 周年结婚纪念日上，有一份清单，记录了值得纪念的家族事件，其中有一条 1859 年 8 月 23 日的记录："范妮和格尔森分开了 5 分钟。"

我把这个发现告诉朱莉，她说形影不离听起来也挺可怕的。我的妻子需要个人空间，但我认为祖先们喜欢这种相处方式。

在"全球家庭聚会"上为祖先的性欲干杯，会不会不太合适？

第 16 章　生物家庭和逻辑家庭

我的妈妈对跟家谱有关的重要信息一直很上心，她之前发给我一个链接，是 20 世纪 40 年代的一首歌曲，叫作"我是我自己的外公"（I'm My Own Grandpa）。

这是一首滑稽歌曲，创作基础是马克·吐温写的一个有趣故事，而这个故事，又是以 19 世纪发生在英国诺里奇的真实事件为依据的。

歌词大意："我"娶了一个寡妇，寡妇有个已成年的女儿。"我"的父亲娶了寡妇的女儿，所以"我"成了我继母的继父。像维基百科上介绍的，将"作为修饰成分的'继'字视而不见，'我'成了'我'自己的外祖父"。考虑到你跃跃欲试的心情，维基百科还提示读者，这种结合是完全合法的。

接下来的半个小时里，我试图用笔记本上的家谱软件绘制"我是我自己的外公"。最后，软件拒绝合作，它的意思是"我不知道你是怎么想的，但是我要把时间用在更有意义的事情上。"好吧，算你有理，软件。混球。

事实是，我们需要更灵活的家谱软件。因为我们的家族树

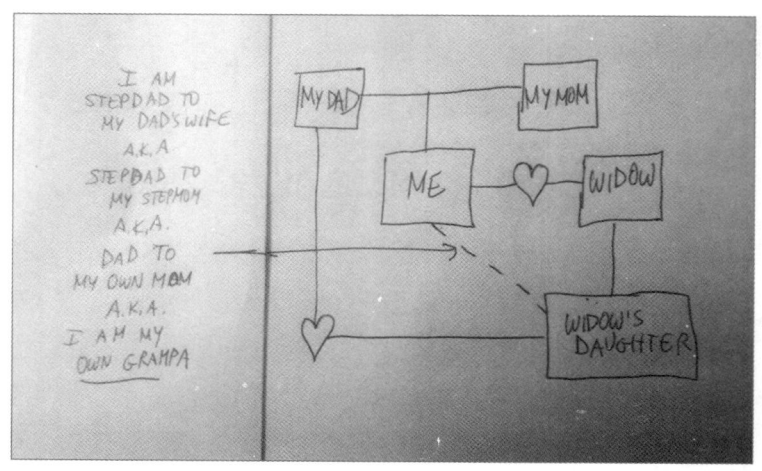

手绘版"我是我自己的外公"示意图

会越来越复杂,不按常理生长。皮尤研究中心的数据表明,当前,传统核心家庭(父母与亲生子女)所占的比例已经低于50%。1960年为73%。

哪类家庭的比例上升了?由继父母和继子女组成的混合家庭。而且这类家庭也只是一部分。我们这个时代,新增了大量富有创造性的、不符合传统标准的家庭结构。

同性父母和变性父母越来越常见。还有开放式收养、代孕妈妈、多父母寄养之家和捐精者。新词汇"dibling"指生父为同一捐精者、母亲却不同的兄弟姐妹。他们在Facebook上创建小组,并举办同父异母同胞聚会。

此外还有其他家庭类型。几年前,《幸福家庭秘籍》的作者布鲁斯·法伊勒被诊断患有癌症,他最后幸运地活了下来。但是,在他以为自己会死的时候，他组建了一个"父亲会"，由答应按时帮他照顾女儿的6位朋友组成。（碰巧，布鲁斯同意到聚会上发言。）

前不久诞生了一项新技术，举世为之震惊：2016年，世界首个有三位生身父母的婴儿出生。科学家将婴儿母亲的一个卵子、婴儿父亲的一个精子与另一位女性的DNA结合，用这种方法，替换掉婴儿母亲携带的能引发遗传性疾病的基因。母亲、父亲和一位助力母亲。在《银河系漫游指南》(*The Hitchhiker's Guide to the Galaxy*)里，有两个角色是亲属，因为他们共有三位相同的母亲。不久以后，这种情况就会出现在我们的星系里。准备好吧，冥顽不灵的软件。

一些保守的亲戚将新型的大杂烩式家庭视为威胁。我本人是喜欢多样性的。我的看法是，家庭构造特别一些并不会产生太大影响。孩子可以有两位父亲，或者一位母亲加一位祖母，或者一位养父加养父前妻的叔叔。关键在于，监护人要提供足够的爱、关注、引导、稳定性和威信。

一如往常，如果能找到更多研究结论来支持我的论点，当然再好不过。可获得的数据普遍都不一致，一定程度上要看是谁开展的研究。可以明确的是，"传统"核心家庭（一父一母，几个亲生子女）既不是上帝的选择，也不是进化的选择。事实上，这个模式是一种更现代化的安排。

在工业化之前的社会，"传统"核心家庭并不是标准家庭。当时的标准家庭是大家庭：住在同一个茅草屋顶下的，有父母、祖父母，或许还有几个叔叔、阿姨和表亲。随着工业的崛起，人们为了工作往城市迁移,开始从大家庭中分离出去。这个转变开创了核心家庭时代,父母带着亲生子女,住在理想的、"正常的"木瓦房里。如今,那样的时代正在走向尽头,这要归因于多种因素,包括新的生育技术、上升的离婚率、同性恋人士的权利、逐渐消失的收养禁忌。

其中一个重要的结果是什么?"家庭"的概念逐渐与DNA分离开。共享染色体不再是成为亲属的必要条件。

如果走极端的话,这意味着你可以选择自己的家人。我提到过,作家阿米斯特德·莫平将这样的选项称为我们的"生物家庭"和"逻辑家庭"。有时候,两种家庭是有重合的,有的时候没有。

你的逻辑家庭可以由任何人组成,你可以与他们分享(几乎)无条件的爱和支持。他们可以是亲密的朋友,也可以是你工作上的"家人"。甚至可以是你前夫的父母,我的朋友奥德丽就是一个例子。"我跟我的丈夫离婚,不是跟他的父母。我依然爱他们。"莫平的逻辑家庭,由一群志同道合的男同性恋组成,因为在他那一代人中,同性恋常常遭到亲生父母的排斥。

作家安德鲁·所罗门(Andrew Solomon)用了另一种说法。他提出了"水平家庭"(与你分享兴趣、世界观或者境遇的人),和"垂直家庭"(父母、子女、祖父母等)。

世界家谱将大大促进逻辑家庭和水平家庭的构建。地球上的每个人都是你的家人,开始选择吧,按你的愿望,组建你内心渴望的家庭。

聚会倒计时：37 周

  不堪回首的一周。我访问了吉尼斯世界纪录网站，想再看一遍"利利家族聚会"的评介，却没有找到。它被新纪录取代了，打破最大规模家族聚会纪录的，是来自法国西海岸的波托-布瓦勒夫家族。他们的聚会迎来了 4514 位亲戚。什么？几乎将利利家族 2585 人的纪录翻了两倍。太可怕了。或者说是法语里的"太可怕了"。[1] 不久前，我的人生变得加倍艰难。我得让 4515 位亲戚齐聚皇后区？和目前已经答应前往的人数之间，还差着 4000 多人。一直以来，我给潜在资助商的说法都是我们会打破世界纪录。现在，我不那么确定了。

---

[1] 英文里表示"可怕"的单词"terrible"，在法语里有"太棒了，太了不起了"之意。（译者注）

第 17 章　埃利斯岛

我现在要让孩子们了解他们的祖先。这天是周六，朱莉和我准备带小伙子们去埃利斯岛，让他们看看"SS 拉普兰号"（SS Lapland）在 1910 年 10 月抵达的地方，因为当时那艘船上有个俄国乘客，名叫沙亚·弗拉格，是他们的曾曾外祖母。

"多久能到那里？"去地铁站的路上，卢卡斯问。

"大概 40 分钟。"朱莉说。

"你们知道吗？"我说，"你们的曾曾外祖母为了去埃利斯岛，花的时间还要久一些。"

卢卡斯没有追问，但我就是要告诉他。"两个月。她带着孩子，花了两个月，坐马车、坐船、步行，才从波兰来到纽约。全程没有可以打发时间的屏幕。"

我们到达曼哈顿南端，出地铁，排队坐渡船。

"你们知道吗？你们的曾曾外祖母也必须排队。"

贾斯珀上钩了，问："排什么队？"

"在埃利斯岛上，她要排队接受疾病检查。医生会用一个金属钩子撑开她的眼皮，检查她有没有眼病。他们不常清洗这种钩子，即便她本来没得眼病,也可能在检查的时候染上。"

"行了,A.J.,"朱莉说,"说得有点过了。"

她说得也有道理。"我只是想让他们知道,他们有多幸运。"

"我们知道,爸爸。"贾斯珀说,"我们再也不抱怨了。"

渡船突突突地出发,经过了自由女神像。我近来在读一本关于移民历史的书,文森特·卡纳托(Vincent Cannato)著《美国通道:埃利斯岛的历史》(*American Passage: The History of Ellis Island*),从中发现,美国政府的最初打算,是把美国移民中心与自由女神放在同一座岛上。

但这个计划没有实现。自由女神像的作者弗雷德里克·奥古斯特·巴托尔迪(Frédéric Auguste Bartholdi)对此表示强烈反对,他写信声称这么做是对女神像的"亵渎"。政府转而选了埃利斯岛,与女神像相隔半英里。

这位巴托尔迪老兄的强硬态度一定能让你惊叹。"把颠沛流离的难民对自由的渴望给我[1]——但是不要让他们靠近我那美丽的雕像。我不希望他们用肮脏的、充满渴望的手触碰我的雕像。"你看,一个小故事便总结了社会对移民的抵触情绪。

渡船抵达埃利斯岛时,我决定再讲一遍祖先的故事。这一次,我要用恐怖故事的讲法,因为有些事情,的确有被写进剧本的价值。

我们的祖先中,有一个人没有离开波兰的合法文件,她不得不把几个孩子藏在一辆马车里,用干草堆掩护。她8岁的儿子坐在一辆轻便马车前面,假扮德国车夫的儿子。当时的男孩们都被

---

[1] 自由女神像底座上的铭文。(译者注)

严加监控,因为他们是俄罗斯军队潜在的未来士兵。

另外,还有孩子们的曾曾外祖父哈里·弗拉格。他离开了尚被俄罗斯帝国统治着的波兰,在 1904 年来到美国。那个时候,狂暴的俄罗斯士兵已经屠杀了几千犹太人,哈里是逃到美国的。他有很多朋友、邻居甚至家人都惨遭杀害。

哈里是一个裁缝。工作 3 年后,他赚够了妻子沙亚和几个孩子的船票钱。沙亚带着孩子们去汉堡乘坐"拉普兰号"汽船,10 天后到达纽约。在一个寒冷的十月天,他们终于来到埃利斯岛,和其他 342 名乘客一起,排队进入喧哗的大厅。按照原计划,哈里应该去接他们。

但是他们没看到他的人影。

试想他们当时的心境:刚到一个陌生国家,不会说当地语言,被戳戳点点,被审问,孤立无援。

沙亚陷入恐慌中。哈里不要他的家人了?他还活着吗?沙亚的一个女儿开始啼哭,抱怨着他们会被遣回波兰,其他几个孩子也跟着哭起来。虽然埃利斯岛的留宿处给他们提供了行军床,但我想他们应该难以入睡。

哈里究竟在哪儿?

其实,很久之前我在第 1 章里提到过,他在喝汤。哈里和他的姐姐一起住在纽黑文,她做了午饭,端上桌的时候,汤洒了。"我再给你烧一碗汤。"她坚持道。于是,哈里喝了第二碗汤。但是据说,他喝完汤的时候,已经错过了去纽约的火车。

我希望那是东欧烹饪史上最好喝的汤,我希望它的味道堪比西班牙名厨费兰·阿德里亚(Ferran Adrià)亲手做的特餐。因为那碗汤造成过极大的痛苦。

卢卡斯深受触动。

"曾曾外祖母联系不到他吗?"他问。

"没有手机。"

"但她最后没事了,对吧?"

"是的,她生了更多孩子,包括你的曾祖母哈丽雅特。"

他看上去放心了。

"所以你们应该说什么?"

"谢谢你,沙亚曾曾外祖母!"卢卡斯说。

他知道这是我想听的话,我知道他是开玩笑,但不全是。

我们继续看陈列品。在其中一个玻璃柜里,我们看到了一些题目,来自移民必须接受的"心理缺陷"测验。他们必须匹配相同的图案,按事情发生的先后顺序排列一些鸡和农民的图像。

我们看到了医生给移民做疾病检查的照片。他们列出了170多种可能把你送回大西洋彼岸的疾病:肺结核、流感、开放性溃疡、疣,等等。根据《美国通道》的讲述,在埃利斯岛的历史上,曾有一个可怜人因为手淫被遣返。对此我有很多疑问。他们到底是在哪儿把这个男人抓个现行的?在他排队做卫生检查的时候?他回欧洲之后怎么跟朋友解释?

"发生什么事了,维托?"

"噢,有些复杂。"

我们在一台电脑上填了一份当时的移民必须亲手填写的问卷:"你是一夫多妻制的支持者吗?""你是无政府主义者吗?""你会一个人唱歌或自言自语吗?"这个问题让我犹豫了。

"爸爸,你总是自言自语!"赞恩说。

的确如此。自言自语让我觉得很自在。但是显然,在 20 世纪早期,这是心理疾病的征兆。一旦被发现,我就得打道回波兰了。

朱莉和孩子们参观完医务室时,我走进调查中心。"这个怎么用?"我问坐在桌子后面的女士。

"你可以花 7 美元用电脑,上网搜索你的祖先。"她说。

"好的。"

"你要知道,你可以在家里免费操作,访问埃利斯岛的数据库,一样的信息。"

我的曾外祖父母哈里·弗拉格和沙亚·弗拉格

噢，所以我们根本没必要跑这一趟，至少不用来这里查资料。但是我不打算告诉孩子们。此外，来埃利斯岛做调查要有实感得多。因为我的祖先并不能在家办公，不是吗？他们不能访问"纽约小贩网"（nypeddler.com），查询在哪个位置叫卖不用付费。他们去了现场。我们也一样。

聚会倒计时：34 周

几年前，我的朋友，销售天才戴夫·克彭和卡丽·克彭，说服几家公司赞助了他们的婚礼。一家鲜花速递公司、一家礼服出租店和一家面包房都为婚礼提供了商品，作为回报，媒体报道那场赞助婚礼时，不可避免地提到了这些公司的名称。

拉赞助对于我来说不是一件轻松的事，大手笔地自掏腰包也一样。因此，我请教了一下戴夫。他说："先搞定一家大的，剩下的会不请自来。"

我采纳了戴夫的意见，锁定了一家"大"企业：谷歌。他们看起来很有钱，我想也许愿意给我一点。我确实可以联系到谷歌的管理人员，在纽约安排几次面谈。我为此准备了一个幻灯片，提到了"媒体印象"和"媒体墙"。最后，请求没有通过。那么微软必应呢？如果是必应的话也不丢脸呀！可他们同样不感兴趣。

打了很多电话、发了很多邮件之后，我终于说服了大型家谱公司 FamilySearch International。FamilySearch 答应为聚会出资，条件是我们要将公司名称印在横幅和海报上。它还愿意为聚会提供一顶巨大的帐篷。接到他们的电话通知时，我几乎要喜极而泣。

戴夫是对的。很快,同行业其他公司也提出要赞助聚会。包括 Findmypast、23andMe、Family Tree DNA。MyHeritage 答应成为主赞助商之一,尽管它的劲敌 Ancestry 跟这次聚会没有任何关系。或许我们都是一家人,但这和共产主义是两码事。

第 18 章　尼安德特表亲

赞恩（双胞胎之一）想到一个创业点子。他最近读了一篇关于杂交动物的文章，想创建一个杂交动物玩具生产线。他还给我看了一张"斑驴"（zonkey）的照片。斑驴是真实存在的、斑马和驴的杂交种，是一种长相怪异的生物：褐色的驴身，带黑白斑纹的腿。

另外，雌狮和雄虎的杂交种，被称为"虎狮兽"（tigon）；雄狮和雌虎的杂交种被称为"狮虎兽"〔liger，因为出现在电影《大人物拿破仑》（*Napoleon Dynamite*）中而走红〕。这是两种不同的生物。

我告诉赞恩，我已经做好了投资准备。

"你知道吗？我们跟斑驴是类似的。"我说，"因为智人曾经和被称为尼安德特人的类人物种交配，后来尼安德特人灭绝了。也就是说，我们与尼安德特人有几分相似。"

赞恩说这很有趣，但不太适合纳入他的市场计划。

"智人"有一部分尼安德特人的血统，我第一次听说，是在一次医学会议上。我那时候刚写完一本健康方面的书，受邀参加会议，简单聊一聊自己的经历。

结束发言后，我回到座位上，听下一个人的演讲。那是一位遗传学家，他测定了重金属乐歌手奥兹·奥斯朋（Ozzy Osbourne）的基因组序列。这位科学家同奥兹都出席了会议，他们并排坐在台上。关于他们的对谈，我记得两件事：

（1）科学家询问奥兹的健康状况，奥兹说他尽可能不吃加工食品。"我同意刚才某个兄弟说的，美国的饮食非常糟糕。"

我立刻反应过来，就在奥兹之前，我在演讲中谈到了美国的饮食。他说的"某个兄弟"，就是我。摇滚传奇奥兹·奥斯朋引用了我说的话，太值得激动了。当然，他不记得我的名字。但是摇滚教父不仅注意到了我，还没有记错我的性别，我这个平凡的、无名的"兄弟"永远不会忘记。

（2）科学家在介绍奥兹的基因组时，揭晓了一小部分尼安德特人的DNA。事实上，大多数智人都拥有一小部分（约2.5%）尼安德特人的DNA，因为几十万年前，智人和尼安德特人进行了交配。后来尼安德特人消失了，但我们遗传了他们的基因。

奥兹欣然接受了尼安德特人的血统，因为这恰好符合他不羁、疯狂的个性。奥兹认为他的狂野和"重金属"性格都可归因于尼安德特人的DNA。遗憾的是，嗯……这基本上是一种主观臆断。首先，这是人们对尼安德特人的刻板印象。也许他们更喜欢舒缓的爵士乐。谁知道呢？

几年后，23andMe揭晓了我的尼安德特人血统。与其他人相比，我的尼安德特人DNA非常少，少于世界上63%的人。我尽量不把这当成阳刚之气不足的证明，尽管检测出更多尼安德特人

DNA 的朋友们会趁机奚落我。

尼安德特人是什么人？我一直以为他们本来是一种原始人，经过数千年的进化，智力提高，站得越来越直，逐渐变成了我们。事实并非如此。尼安德特人没有进化成我们，他们灭绝了。智人和尼安德特人生活在同一时代，却是完全不同的物种，类似于狐狸和狼、驼鹿和白尾鹿。大概 4 万年前，尼安德特人灭绝，但是在此之前，他们与智人的杂交已经发生了。

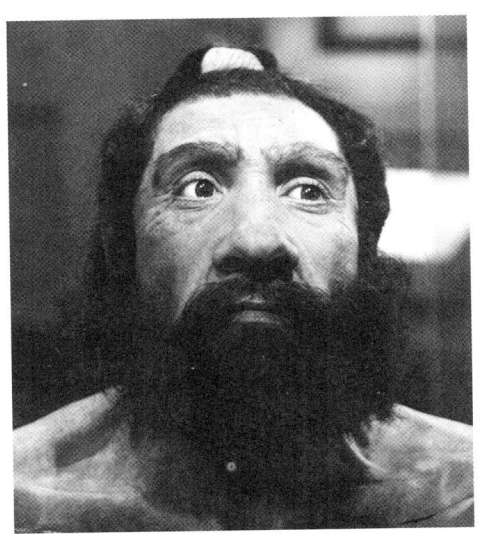

美国国立博物院（Smithsonian）展出的尼安德特人祖先模型（照片由蒂姆·伊万森拍摄）

尼安德特人生活在欧洲和亚洲，与来自北非的现代人类杂居。今天地球上的所有人，除了撒哈拉以南非洲人以外，都有尼安德特人的 DNA。我的第一万五千代祖先中，至少有一人是尼安德特人。对于我来说,这是惊喜。对于在意血统纯度、担心种族混合的人来说,这好比惊醒。十有八九,你不是单一种族的后代。你甚至不是单一物种的后代。你是一个杂交种,是一头"斑驴"。

尼安德特人是怎么变成我们的祖先的?我希望这个过程是一个爱情悲剧。尼安德特罗密欧和智人朱丽叶坠入爱河。双方父母强烈反对,扬言要剥夺他们继承蛤壳和石头工具的权利。但是这对情意绵绵的灵长类依然坚决地完成了交配。

不幸的是,实情可能并非如此。哈佛大学遗传学家乔治·丘奇告诉我:"我不认为那是一个甜甜蜜蜜、两情相悦的爱情故事。"不清楚哪个物种是攻击者,哪个物种是受害者,也不清楚这种结合是只发生在两个人之间,还是发生在几十个人之间。

无论如何,最近的研究都表明,尼安德特人的坏名声与事实不符。他们并不像我们以为的那么粗鲁、原始。一些科学家认为,尼安德特人会埋葬死者、照顾伤者、佩戴首饰。尼安德特人甚至可能拥有语言天赋。《纽约时报杂志》(*New York Times Magazine*)上的一篇文章写道:"他们可能有尖细的嗓音,就像朱莉娅·查尔德(Julia Child)[1]。"(免费给美食频道出一个主意:制作旧石器时代烹饪节目,让尖嗓子的尼安德特大厨教我们炖猛犸象。)

关于这一古老的人科分支,未解之谜还有很多。比如,我们继承了尼安德特人的哪些特征?一些文章说,从抑郁人格到尼古丁上瘾,都是受尼安德特人 DNA 的影响。但是充其量只能找到一些含糊不明的证据。我们不知道尼安德特人灭绝的原因。被智人

---

[1] 朱莉娅·查尔德(1912—2004),美国著名厨师、作家及电视节目主持人。(译者注)

杀光了？死于疾病？

但我们知道，智人的确和尼安德特人交配过，我们是两个人种的后裔。意想不到的是，在我们的家谱上，尼安德特人不是唯一的非智人。我们的旧石器时代祖先，至少还与另一个已经灭绝的人种杂交过，甚至有可能是另外三个。

其中之一是丹尼索瓦人。他们生活在5万年前，与西伯利亚的智人杂交。部分东南亚人和澳大利亚人，有3%-5%丹尼索瓦人的DNA。可能就是在这些DNA的影响下，在更寒冷的气候中生存的人，体内脂肪的比例才更高。

在《祖先的故事》(*The Ancestor's Tale*) 中，理查德·道金斯 (Richard Dawkins) 谈到了"间断思维的专制"。他要说明的是，现实中通常没有分明的界线。物种互相交融，我们所说的种族也一样。世界不是由井井有条的文件柜搭建的。世间万物几乎都是连续的统一体。否认世界的微妙联系，不仅错误，而且危险，有可能导致种族主义、原教旨主义，以及区分"我们和他们"的思维。

这样看来，也许赞恩生产杂交动物玩具的确是个好点子。它能帮助我们看到介于黑与白之间的颜色。显然胜过他老爸想出来的尼安德特人烹饪节目。

聚会倒计时：33周

很多朋友已经对聚会失去兴致，嘲笑它的"水瓶宫时代"氛围。我听《到这里来》(Kumbaya)[1]的频率似乎太高了。

---

[1] 非裔美国黑人的一首传统圣歌。（编者注）

也有人反馈这是一次法西斯事件。好吧，也许不是法西斯。然而，我这周在一所纽约高中做了演讲，并向观众展示了"全球家庭聚会"的图标。那是一颗树冠呈球形的树，描绘了用树叶拼成的西半球。演讲结束后，一个学生走过来问我，为什么图标上只有西半球，东半球去哪儿了？为什么将半个世界忽视掉？你知道，她说得很有道理。但是我太累了，懒得制作两款图标。

第 83 个例子，证明我们不可能取悦每一个人。

第19章 世仇

我坐在贾斯珀的床上,给随机挑选的表亲们发邮件。与此同时,贾斯珀在做英语课作业,读《罗密欧与朱丽叶》。他中间休息了一会儿,我趁机告诉他,关于该戏剧,我想向他讲明两点。

"首先,不要学罗密欧。他是一个糟糕的榜样。"

"好……的。"贾斯珀说,不确定我接下来要说什么。

"罗密欧热情过了头,他的行为像个疯子。爱上一个人或许是件好事,但若注定没有好结局,就应该尝试放下。"

在我看来,如果罗密欧没有反应过激,他最终还是会遇到另一位美丽的、穿白纱裙的维罗那姑娘,并爱上她。朱丽叶也会振作起来。

时隔几年,罗密欧可能在某个舞会上偶遇朱丽叶。他们客套了一番。当年在花园幽会,罗密欧呼唤朱丽叶,就像公猫看见发情的母猫,甚至把邻居吵醒。想到这些事,他们可能会发笑。罗密欧和新婚妻子一起,坐在回程的马车里,此时,他可能在暗自思索:"我曾对朱丽叶着迷,这难道不奇怪吗?我的意思是,她的确是个可人儿,但是她有时候也很招人烦。比如她不断说那些自命不凡的关于呼唤鹰儿归来的隐喻，记得吗？"

"好……的。"贾斯珀又说。

我说我只是开个玩笑，但这不是实话。

重点是，虽然不能为孩子们提供铜墙铁壁般的保护，但是我可以尽量缓和不可避免的情感冲击。

被第一个女朋友（那时以为是"命中注定"）甩，就像迎来世界末日。我消沉了几个星期，除了掉眼泪，就是看电视上关于一起谋杀案的报道：网球兄弟枪杀了自己的父母。多一点判断力或许会有帮助。

至少在一定程度上，我要怪罪可恶的灵魂伴侣论，这个观念已经渗透了美国文化。

"就算不跟你妈妈结婚，"我告诉贾斯珀，"我也可以和其他女人一起幸福地生活，这样的人有几十个、几百个，甚至几千个。"

贾斯珀瞪大眼睛看着我。

"你这么想，妈妈知道吗？"

"噢，是的！"我说，然后嘱咐他不要告诉朱莉。

我犹豫了。这番劝告是否明智？我希望他日后受挫时别太痛苦，但与此同时，也许在他开始约会之前，我已经破坏了他对爱情的幻想。也许我应该放下这个话题。

相比之下，我非常肯定地发表了第二个观点。"你还要知道，世仇是要命的，非常可怕。莎士比亚是对的。你必须学会迅速、轻松地宽恕他人。不应该等惨剧发生后，才想到和解。"

启动全球家庭计划后，我时常想到"世仇"和"宽恕"，尤其是最近。前不久，我收到一封有趣的邮件。发件人来自北卡罗来纳州，41岁，名叫罗恩·麦考伊。

哈特菲尔德家族与麦考伊家族的纷争，是美国历史上最著名的家族世仇。原来，罗恩还据此写了一本书，他和妻子波比打算在"全球家庭聚会"上发行。（他是我岳母这边的亲戚，在家谱图上，我们之间隔着13个人。）

几星期后，我和罗恩安排了视频通话。当时他在家里，正坐在砖砌的壁炉前。他戴着椭圆形的眼镜，穿一件可以扣到领口的红色衬衫，看起来像一位随和的会计师。其实他就是一名会计师。

"我很晚才知道，我是那个麦考伊家族的后代。"他告诉我。

罗恩的父亲和祖父都在他年纪还小的时候就去世了，都没有跟他讲过家族的过去。他们都是坚忍克制的军人，从不热衷于老调重弹。（罗恩后来得知，他的祖父甚至拒绝说出哈特菲尔德这个姓氏。）

罗恩35岁的时候，在他祖母家的阁楼上找到一本破旧的书，是他们家的祖先名册。经过一番调查，罗恩发现他是一个养猪农民的曾曾曾孙。这个人名叫伦道夫·麦考伊，在那段著名的家族纷争中，他是其中一位当家人。

"在35岁知道真相，是什么感觉？"我问。

"对家史一无所知让我感到羞愧。在此之前，我没有意识到与历史严重脱节的感觉。"

在那之后，过了几星期，罗恩去了肯塔基州的派克维尔。下飞机后，他把车开到一个野草过膝的偏远地区，然后去了山坡上的一座墓地。他想看看伦道夫的坟墓，那是一块简洁的花岗岩墓碑。

"我记得我跪在墓碑前,一边哭一边道歉,说'对不起,我应该早点来'。"

罗恩跟我讲这些的时候,他的声音哽咽了。我不想催促他,但我仍然告诉他,我对他如此激动的原因感到好奇。

"我自己也很意外,"他说,"我想是因为这件事让我有了信念。我想,我应该继承使命。把故事讲下去是我的责任和荣幸。"

"你觉得这很重要,为什么?"我问。

罗恩沉默了一会儿。"我觉得伦道夫的失落感太沉重了。我不能体会他活在痛苦和绝望中的心情。我认为这是我欠他的。听说他常在街上游荡,逢人就说两个家族的血仇、他的家族的损失。直到后来再也没有人愿意听他说这些。"

19 世纪 60 年代到 70 年代,几起事件引发了两家的纷争。其中包括:争夺一头猪的所有权;哈特菲尔德家族男性成员和麦考伊家族女性成员的心酸罗曼史；在选举日的酒后斗殴事件中，哈特菲尔德家族一男性成员被捅了26刀；矛盾升级，麦考伊三兄弟被绑在树上，身中50枪；哈特菲尔德家族袭击麦考伊家族的木屋，两个孩子被杀害，伦道夫的妻子遭到步枪枪托的毒打。暴力争斗持续到1901年，导致至少十余人丧命。

凯文·科斯特纳（Kevin Costner）主演过一部迷你剧，改编自真实的哈特菲尔德-麦考伊家族世仇，我问罗恩是否看过。

"我买了蓝光碟，但是一直没看。"

为什么？好吧，是因为罗恩听别人说，麦考伊家族在剧中遭到了不公平的对待。科斯特纳饰演的哈特菲尔德家族的当家人，是一个富有魅力的木材商，人称"恶魔安斯"。

罗恩说，麦考伊家族总是处理不好公共关系。在《再聚首：哈特菲尔德家族与麦考伊家族》（*Reunion: Hatfields & McCoys*）中，他写道：

> 近一个世纪以来，在所有关于两家世仇的描述中，"老伦道夫"总是以负面形象出现：他是保守的原教旨主义者，见相邻的哈特菲尔德家族生意兴隆，他便心怀怨恨；他的良心已被嫉妒吞噬，被恨意烧光，为了贯彻自己心目中的公道，不惜牺牲子女的性命。
>
> 相反，人们认为"恶魔安斯"是个高尚的人物，一个无畏的登山能手，一个技艺娴熟的山民，一个勇于创新的企业家。

罗恩说，问题在于哈特菲尔德家的人要合群得多。面对记者，"麦考伊家的人守口如瓶，哈特菲尔德家的人却邀请他们共赴晚餐，秉烛夜谈。"

人们对待麦考伊家族的态度让罗恩感到难过，我能感觉到，在一定程度上，他仍对哈特菲尔德家族的祖先心存不满。但出人意料的是，在过去20年里，他一直在想办法克服这种不满。

故事续篇开始于1998年，罗恩与另一位麦考伊表亲达成合作，决定举办麦考伊家族的聚会。他们将消息告诉当地美联社的一名记者，希望她能对聚会进行详细报道。

"会邀请哈特菲尔德家族的人吗？"记者问，"如果会，那就是个大新闻。"

罗恩和他的表亲略做停顿，答道："当然了！"

因此，"哈特菲尔德-麦考伊聚会"诞生了。

"我这人有很多不足，但我看到了和解的必要。两个家族是拴在一起的，哈特菲尔德家族与麦考伊家族紧密相连。我们有共同的历史。"他说。

罗恩和他的表亲找到了一些哈特菲尔德家族的人，他们答应参加聚会。罗恩第一次见到哈特菲尔德家族的成员，是在肯塔基州派克维尔市的一个公园里举行媒体招待会，宣布聚会消息的时候。这位成员是82岁的保罗。

"你对麦考伊家族的任何人都没有敌意吗？"一个记者问。

"完全没有。"保罗说，尽管他后面还说了麦考伊家族的人应该"为无能的螃蟹打理住所"。

罗恩当时蓄着浓密的胡须。哈特菲尔德家族的人仍然知道怎么娱乐记者。

几个月后，2000年6月，聚会在派克维尔一个大型运动场里举行。参加人数有5000左右（但是他们没有提交给吉尼斯世界纪录）。除了烧烤和啤酒，他们还举行了一场拔河，一场垒球比赛，后一项比赛的结果是麦考伊家族15：1获胜。"直到现在，仍有哈特菲尔德家族的人说我们队里有人违规参赛。"

总体上，罗恩认为那次聚会取得了巨大成功。

"我可以骄傲地说，我有很多哈特菲尔德家族的朋友。没有一个哈特菲尔德家族的人对我说过难听的话。"

初次聚会过去3年后，一个哈特菲尔德家族的人找到罗恩，提出他们应该以正式、公开的方式，终结美国典型的家族世仇。因此，在2003年某天上午8点30分，在之前宣布聚会消息的公园里，他们选了一个观景亭，当着近百名哈特菲尔德家族成员和麦考伊家族成员的面，签了一份协约。"我们不是说你们不必争斗，因为有时候你们不得不争斗，"里奥·哈特菲尔德在签字时说，"但是你们不必无休止地争斗。"

"最重要的瞬间，是我9岁的儿子签字的时候，"罗恩说，"当时，我在心里说：这是我要留给他的东西。"

罗恩说，他会带着签过字的协议参加"全球家庭聚会"。

"我见到信仰不同的人互相残杀，我不理解，"他说，"我见到越来越多的分歧；这个现象让我觉得不安、害怕，真的。这是家族世仇的爆发。我坚信人类是一个大家庭。我希望人们认为，好吧，如果哈特菲尔德和麦考伊这两个家族都能和好，我们也可以。"

这是妄想型乐观。但说实话，我完全赞成保持一定程度的妄想。有时候，我认为这是我们唯一能做的。

结束通话之前，我问罗恩他发起的聚会是否还在继续。

他说是。虽然不是他主持的，但是现在每年都有两次这样的聚会。两次互相竞争的"哈特菲尔德-麦考伊聚会"：每年10月在麦考伊家族所在的肯塔基州举行；每年6月在哈特菲尔德家族所在的西弗吉尼亚州举行。

我向罗恩道谢，然后结束了通话。我开始利用妄想型乐观，尽量不去在意两次分开举行的哈特菲尔德-麦考伊聚会。噢，天啊，就连聚会也不能保持统一。

聚会倒计时：32周

这是一次正式聚会。斯莱兹姐妹答应参加"全球家庭聚会"，并演唱《我们是一家人》。这让我惊喜欲狂。三姐妹中的乔妮·斯莱兹（Joni Sledge）打来电话，说她喜欢"全球家庭"这个想法。[1]"不是上好的主意，"她说，"是上帝的主意。"乔妮成了我的新偶像，要知道，我最近听到了太多不怎么积极的评价。

---

[1] 乔妮于2017年离世。被她当成大家庭里的一员是一件乐事。安息吧！（原注）

第 20 章　父亲是谁？

星期二下午，我的姐姐贝丽尔打来电话。我当时正在给一位表亲写邮件，一位第四代表亲——也可能是第五代。

"我的检测结果出来了。"她说。为了举行"全球家庭聚会"，我要想办法联系到更多表亲，因此几个星期前，我让贝丽尔也去做个 DNA 检测。终于，她收到了 23andMe 的邮件。

但是她的声音有些反常，听起来非常慌乱。

"你看一下我的亲属页面。"

"稍等。"我打开她的页面，查看贝丽尔的近亲属。我的名字在最上方。

"看到第二列了吗？"我姐说，"我们有 50% 的 DNA 是相同的。那另外 50% 呢？难道妈妈……"

她的声音越来越低，不敢大声说出心里的怀疑。

"不会，"我说，"不可能。"

我仔细看网页上的信息，脖子发烫，心跳加速。她说的没错，是 50%。我和我姐是同母异父？我感觉我的世界观突然被颠覆了，就像看《黑镜》（*Black Mirror*），结尾出现大转折。我妈会出轨？

我爸可能不是我爸?

贝丽尔和我看上去的确有很大不同。她有一双蓝眼睛,脸部线条比我柔和,比我漂亮得多。

"等一下,"我说,"50%,等一下,我想……"

我立刻在网上查了下。

"没错!"我说,"应该是这样的!应该是50%。如果是100%,我们就是同卵双胞胎。"[1]

"噢,谢天谢地。"

我的脖子恢复到正常温度。10秒钟以前,我觉得自己身世成谜。现在,我觉得我是个十足的白痴。拜托!我应该知道的,只是一时没有反应过来。

我的DNA之谜只是虚惊一场,但是类似情况也可能发展成另一种局面。越是深入家谱世界,我就越常听到被DNA检测揭开的意外故事。

这些故事可能朝两个相反方向发展。我见过姐弟相认的兴奋场面。我采访过一个88岁的老人,他很高兴知道他有个66岁的女儿。但我也收到过伤心的邮件,比如,弗吉尼亚州的一位女士写信说:"我们做了DNA检测,发现我的弟弟和我的父亲没有血缘关系。这个结果拆散了我们的家庭。我父亲再也不想跟我母亲说话了。"

在家谱学上,这种意外被称为"非亲生"。这种说法,比"其

---

[1] 要解释一下:地球上的所有人都有99%到99.9%的DNA是相同的。但是,另外大概0.5%的少量DNA中的一部分,是我们与近亲共有的。因此,我的姐姐和我共有99.5%的DNA,但也共有那0.5%的DNA的一半。(原注)

他男人睡了你母亲"更委婉。

"非亲生"事件有多普遍？一个常被引用的推测数据是全世界出生人口的10%，也就是说，每10个婴儿中有1个生父不详。这也许是夸张了。更新的推测是2%。

仍然是个庞大数目，超过1亿人口。几十年前，我们只能依靠谣言和小道消息来分辨。西方有句古话"母亲的baby，父亲的maybe"。DNA检测改变了这个状况，没有"maybe"（也许）了。

随着DNA检测服务的普及（我写这句话的时候，已经有200万人完成了对自身基因的分析），需要修改的家谱成千上万。这会衍生出财产纠纷、亲子鉴定节目《莫里秀》、Lifetime女性台的电视剧。连王室都可能受到影响。英国女王最近宣布，DNA将成为处理遗产纠纷的证据。

和贝丽尔通完电话后没过多久，我开始收听家谱学电台《极端的基因》（*Extreme Genes*）。主持人声音低沉，是犹他州的一位研究者，名叫斯科特·费希尔（Scott Fisher），他已答应在"全球家庭聚会"上担当主持人。

这天，斯科特的嘉宾讲了一个震撼人心的故事，完美概括了DNA检测可能带来的幸福和痛苦。我想知道更多细节，并想尝试邀请他为聚会做演讲。我给这位嘉宾打了电话，问他能否将故事完整地讲一遍。他同意了，但告诉我不要透露他的真名。至于原因，你很快就会知道了。

61岁的迈克尔（化名）在科技领域工作，很爱穿格子呢衣服，长得有点像比尔·默里（Bill Murray）[1]。他告诉我，他来自威斯康星州的一个大家庭——有9个孩子。他的父亲是个好人，虽然他长期不在家（以推销消防车谋生），且嗜酒。他的母亲在用钱方面不太理性，曾刷爆16张信用卡。但她很用心养育迈克尔。

迈克尔第一次意识到他的家庭可能不完全符合传统，是在他13岁的时候。那一年，他的哥哥肯尼思遭遇车祸，伤得很重。"一辆拖拉机从他身上压过去，导致他进了医院。医生通知所有家人去输血。到我父亲的时候，医生说他的血不能用，因为他和我哥哥的血型不匹配。"

从那时起，孩子们开始怀疑肯尼思的父亲另有其人。

"你的家人是如何应对这件事的？"我问。

"我们真的很擅长掩饰，"迈克尔说，"我们对这件事只字不提。我们不想闹大。"

又过了30年，真相才第二次显露。姐妹中的一人与父亲发生激烈争执，然后对母亲说："我真希望他不是我爸。"

听到这句话，母亲说："我要告诉你一件事：他确实不是。"

她的亲生父亲是住在附近的一个农民，不是肯尼思的父亲，而是另一个跟她母亲发生关系的男人。第二个男人。

过了几年，另一个女儿质问这位母亲，那些有关她生父的传言是否属实。他们的母亲坦白，她确实还有一个情人。第三个。

9名子女中，已知3人为同母异父。还有比这更离谱的事吗？

"2007年，我父亲去世了，我们聚在殡仪馆，为他举行葬礼。"

---

[1] 比尔·默里是美国喜剧明星。（编者注）

迈克尔说,"我哥哥扎卡里把我拉到一边,他说父亲下葬后,就没有机会拿到DNA样本了。"

因此,迈克尔的兄弟找到承办葬礼的人,问他是否能在下葬前,偷偷拔一点他父亲的头发。对方答应了。其他家人离开后,扎卡里收到一个装着头发的信封。虽然这么做有些奇怪,但是扎卡里认为,总比永远不知道答案好。

迈克尔并不担心他自己,他知道他现在的父亲就是他的生父。他们的言谈举止一模一样,包括像机器人一样的直腿走路姿势。做DNA检测的目的,是想知道其他几个兄弟姐妹中,是否还有人不是他们父亲亲生的。

几个星期后,扎卡里打电话给迈克尔,他拿到检测结果了。迈克尔的DNA和他父亲的DNA是不匹配的。你可能料到了,迈克尔很震惊。他飞到威斯康星州找他母亲,她否认了。

第二天,她母亲打电话给他,让他再去一趟。"我们需要谈一谈。"她承认,迈克尔的生父是肉类加工厂的工人,叫布赖恩。但也有可能是布赖恩的兄弟,她不确定,那段时间她和两个人都发生了关系。

"我讨厌这么说,但是我当时的第一反应就是'噢,我的母亲是个堕落的人,她是个不检点的妈妈!'"迈克尔说,"我的母亲让我非常愤怒。我都不知道,一个人可以让我那么愤怒。我感觉自己遭到了彻底的背叛。知道真相的时候,我可能表现得不太善良,不太像仁慈的信徒,或者不太有同情心。"

迈克尔从小所受的宗教影响并不多,但他在20多岁时皈依了摩门教,至今仍是该教信徒,这或许可以解释为什么他用的最重的表达是"不检点"。

"这个结果似乎告诉我,'你是不正当关系的产物'。这让我很反感。想到我很在乎的两个人,现在我觉得,'噢,他其实不是我的父亲……'"

事情并没有到此为止。很快,他们拿到更多 DNA 证明,听到更多来自母亲的坦白,得知还有更多神秘的亲生父亲。

我采访迈克尔的时候,他已经把这本账算清楚了:子女 9 人,8 个不同的生父,1 个母亲。(只有肯尼思和扎卡里的亲生父亲是同一个人。)一个父亲抚养了 9 个孩子,却没有一个是自己亲生的。

那些亲生父亲的情况各不相同。其中一人是士兵,曾与迈克尔的母亲发生一夜情。另一个人常到家中"帮妈妈搬家具",是父亲最好的朋友。还有一个人,是一家糖果店的老板,总给并且只给其中一个男孩准备很棒的生日礼物。

迈克尔的生父曾在一家肉类加工厂修理机器,当年是个体格健壮的年轻人。迈克尔就知道这么多。

真相曝光后,曾经出现过的蛛丝马迹开始拼凑在一起。迈克尔记得在一次节日聚会上,他们的父亲(消防车销售员)走到扎卡里身边,对他说:"扎卡里,我想介绍一个人给你认识。扎卡里·彼得森,这是扎卡里·本内特。扎卡里·本内特,这是扎卡里·彼得森。"扎卡里·彼得森说:"噢,这个名字很好记。"

扎卡里后来告诉迈克尔:"我一直觉得这件事有些奇怪,直到知道他介绍给我认识的人,是我的生父。"

其他事情也不言而喻了。"我记得我小时候有一些朋友,他们的父母不让他们来我家玩。"迈克尔说,"我永远不会明白是为什么。"

"你是否希望自己在小时候就知道这些?"

"不,我非常庆幸自己以前不知道。如果知道,我可能会感到羞耻。"

所以说,那对父母的婚姻究竟出了什么问题?父亲有不育症?夫妻俩约定好的?父亲对真相了解多少?迈克尔的母亲不愿意回答这些问题。迈克尔永远不会知道确切原因。

他只知道,他的家谱是全美国最错综复杂的。"人们都说这是他们听过最离奇的故事。其实,也是我听过的最离奇的故事。"[1]

故事令人震惊,但我发现同样令人震惊的,还有迈克尔的宽容,他的同情。接到我的电话后,迈克尔说的第一句话是"我不想丑化我的母亲"。

"她犯了很多错,但她也有一些非常好的品质。"迈克尔说,"她是一个很不错的女人。我一定不会选她这样的人做朋友,但是在我的成长过程中,她帮助过我。有时候,她的教育方式非常好。"

"比如?"我说。

"我小时候有口吃,个子又长得非常快,所以我看起来非常笨拙。我不得不复读二年级。但我母亲总是告诉我,'听着,迈克尔,你有天赋,你有才能,你可以成为你想成为的任何人'。后来,我拿到了两个硕士学位。"

迈克尔每周都会给他母亲打电话,直到她去世。他仍然尽可

---

[1] 迈克尔将他的离奇故事写在了一本书稿里,如果任何出版人有兴趣,请联系我。另外,迈克尔从他父亲的电动剃须刀上采集了皮肤样本,再度检测了他父亲的DNA,仍然不匹配。(原注)

能着眼于她的优点。他说她有一段混乱的童年，猜测她经历过性虐待。"她犯过错，但我也犯过错，上帝可以作证。"他说。

作为热衷于家谱学的耶稣基督后期圣徒教会的成员，迈克尔很熟悉他父亲的家谱。得知他没有继承那些祖先的基因时，迈克尔非常失落。"我的曾祖父是来自挪威的移民。他们是种地的农民，虽然从不富裕，但是他们都很友好、善良、慈祥。他们是正派的人。然后，我就想，'噢，他们再也不是我的家人了'。"

至少，这是他的第一反应。"后来，"迈克尔继续说，"一个朋友告诉我，'他们仍然是你的家人，他们永远是你的家人'。"

他的父亲仍然是他的父亲。"他是把我养大的男人，在我心中，他就是我的父亲。"

不是每个人都能像迈克尔一样应对。几兄弟中，有一个人断绝了母子关系。

"我的兄弟不能原谅母亲做过的事，"迈克尔说，"这种心情影响了他的生活，一直纠缠着他。"

姐妹中有一人仍然不知情。"因为我不认为她可以承受事实。"迈克尔说。

因此，迈克尔不让我使用他的真名，以及令人遗憾地，他不能参加"全球家庭聚会"并发表演讲，尽管他的发言会很精彩，并且可以带来一大群亲戚。

故事讲完后，迈克尔说："再看我自己的（核心）家庭时，我觉得挺单调的。"他和他的妻子有4个孩子。当然，全都是迈克尔亲生的。

我问迈克尔，在他看来，"家庭"是什么意思。

"他们说家庭是永恒的,我想的是,你们在开玩笑吧。"他说,"现在有那么多家庭,是异常的、不健全的,或者虚假的、非传统的。非传统的,也许这是最合适的描述。"

聚会倒计时:31周

我最喜欢的赞助商之一,是一家生产胡姆斯酱的公司,或者曾经是。公司营销人员第一次打来电话时,跟我说了她的观点:食物可以把人聚集起来。"听起来可能有些夸张,但是你想一下,中东人都喜欢的一样东西是什么?胡姆斯酱。"她说的有道理,用鹰嘴豆维护和平。为什么不呢?原计划是这家公司会给参加聚会的每一个人分发样品,听起来很有趣。

然而,最近传出了在全国范围内召回这种胡姆斯酱的消息,原因是沙门菌感染的爆发。打那之后,这位推销员就不回我电话了。看来我们必须换一条通往和平的道路。至少,我不会毒害我的家人。

第 21 章　美国革命的女婿

美国革命女儿会纽约州分会邀请我做演讲。你也许听说过 DAR，她们是参加过美国独立战争的士兵（或者鼓手、吹笛人、准备茶会的人——任何为推翻乔治三世出过力的人）的后代。

就性质而言，DAR 是一个"家系协会"。也许是最有名的家系协会，但远远不是唯一一个。在美国，这类协会有数百个。只要你的家系符合条件，你就可以加入：

酒壶和木盘协会：殖民时期酒馆经营者的后代（The Flagon and Trencher Society: Descendants of Colonial Tavern Keepers）

全国卡尔文·库利奇子孙协会（The National Society of Calvin Coolidge Descendants）

王室私生子协会：不列颠国王非婚生子女的后代（The Royal Bastards: Descendants of the Illegitimate Sons and Daughters of the Kings of Britain）

海盗及私掠船船员子孙会（The Order of Descendants of Pirates and Privateers）

……

这样的协会，可以创建无数个。如果感兴趣的人足够多，我打算为患有痔疮、肛裂或相关疾病的勇敢幸存者们创建一个子孙会。如果你想加入，请联系我。

一方面，家系协会与我的计划刚好相反。家系协会是排外的、受遗传基因限制的群体，而不是包容的。家系协会的目的，是彰显其成员独有的与历史之间的联系，我却认为，只要考虑到婚姻或者旧石器时代的祖先，每个人都是革命士兵的亲戚。

另一方面，DAR 有 18 万会员。如果我能让她们参加"全球家庭聚会"，我们的人数会大量增加，她们还能提供几桶苹果酒。因此，我愉快地接受了邀请。

中午的会议在曼哈顿中心区的国家艺术俱乐部（National Arts Club）召开，参会的约有 30 位革命女儿〔实际上是第八代或者第九代（外）孙女〕。

到达目的地之后，我看到了很多意料之外的东西：丝巾、珍珠项链、美国国旗式样的胸针。我们背诵了《效忠誓词》（Pledge of Allegiance）。女会员们讨论了她们"对祖先负有的责任"。她们对一位新成员的加入表示欢迎——要知道入会考核是非常严格的。（你要提交每一代祖先的出生证明、人口调查表等文件；可接受 DNA 证明，但只是作为上述文件的附加资料。）

然而，我没有预料到的还有其他情况。比如该协会的纽约州分会副会长，威廉明娜·罗兹·凯莉（Wilhelmena Rhodes Kelly）。威廉明娜是一位美丽热情的女士，她坚持要给我倒一杯红酒。

另外，她还是非裔美国人。

这让我感到意外。我一直认为 DAR 是最"白"的组织之一，多样性的缺乏程度可以匹敌猫王的电影和威瑟乐团（Weezer）的演唱会。事实上，DAR曾在1939年引发了一场声名狼藉的有关种族的论战。当年，著名非裔女歌唱家玛丽安·安德森（Marian Anderson）想在华盛顿的宪法大厅举办音乐会，DAR作为宪法大厅的所有方，奉行"只接受白人歌手"的政策，拒绝了她的请求。

这件事让当时的第一夫人埃莉诺·罗斯福（Eleanor Roosevelt）感到震惊和反感。她退出了DAR，并帮玛丽安·安德森在林肯纪念堂前的阶梯上举办了一场音乐会，吸引了75000名观众。

虽然DAR事后道了歉，但是它的名声已经受损。

想到这一历史事件，我问威廉明娜她怎么会加入DAR。她说她一直对自己的家史感兴趣，她的祖先中，有布鲁克林人，也有弗吉尼亚人，既有白人，也有黑人。15年前，她去参加一届家谱学大会，目的是搜集18世纪以来的家史信息。在那里，她看到了DAR的展位。

"当时我妹妹也在，我告诉她'我要去跟DAR的人聊聊'，她对此表示怀疑，说'你真想这么做？'，我说'没错，我需要信息'。"

DAR的志愿者不仅为她提供了帮助，还查到威廉明娜的一个祖先支持过美国革命：那个农民为爱国者捐献了2000磅牛肉，以及一些草料和步枪。最后威廉明娜加入了DAR。她妹妹也加入了。

这位捐牛肉的祖先是英裔白人的后代。威廉明娜的非裔血统是通过这个人的孙子获得的，他是一位弗吉尼亚州的律师，名叫爱德华·哈姆林。爱德华是白人，但他的人生伴侣多莉·斯科特是非裔美国人，原本是哈姆林家的奴隶。

威廉明娜·罗兹·凯莉,美国革命女儿会成员。

我们很难知晓他们的关系是由什么力量驱动的。但是据威廉明娜所说,那是一个你情我愿的爱情故事,而且爱德华把所有钱都留给了他们的孩子。威廉明娜说多莉救过内德[1]的命。"内战期间,联邦军去了他们家,仅仅是为了取乐,就准备对内德处以绞刑。多莉从房子里出来苦苦哀求,联邦军才放了他。总之,流传下来的故事是这样的。"

在我小时候,我的祖父是一个高等英裔白人新教徒乡村俱乐部的首位犹太会员。我记得有些犹太人无法相信他真的加入了。我问威廉明娜她是否对 DAR 存有疑义。

她摇了摇头。相反,她希望她可以一点一点地弥合分歧。"我

---

[1] 爱德华的昵称。(译者注)

加入 DAR 的部分原因,是想改变 DAR 的公共形象,避免这个国家再走革命的老路。我的目标是让大家认识到,我们拥有共同的历史。"她说独立战争是真正的第一次世界大战,卷入其中的,不仅有英国人、美国人,还有法国人、德国人、印第安人、非洲人和拉丁美洲人。她的使命是让这些人都成为 DAR 的成员。

目前的 DAR 会员名单依然是"白色"的,不会被当成是黑人娱乐电视大奖(BET Awards)庆功酒会的宾客名单。但我赞赏她们为了添加颜色做出的努力。另一位会员告诉我:"有的人听说我是 DAR 成员,就胡乱发表议论,这种时候,我会告诉他们'我是四分之三个犹太人,我们分会的领导是黑人'。就这样,辩论结束。"

我非常欣赏威廉明娜,当她说她愿意在"全球家庭聚会"上发言时,我对她的欣赏只增不减。DAR 决定参加我的聚会了。

在午餐会上,我们吃了沙拉和饼干,之后就轮到我上讲台了。

"我不是美国革命的女儿,"我说,"或许也不是美国革命的儿子。但我一定是美国革命的女婿。我叔叔的妻子的祖先参加过特伦顿战役。"

革命女儿们礼貌地点头。

我介绍了我的"全球家庭"计划,顺便宣传了海姆·所罗门(Haym Salomon)的英勇事迹,他是独立战争时期的犹太英雄,曾为乔治·华盛顿的军队提供 20000 美元贷款,从而挽救了美国。最后,所罗门在贫困中离世,因为他借出去的钱都没有收回来。他是我第三代表亲的妻子的曾曾曾曾叔祖的祖父。

结尾时,革命女儿们纷纷鼓掌,看上去很满意。如果我做的事不是讲话,而是假装用萨克斯风演奏《星球大战》里的酒吧背景乐,她们也许一样会鼓掌。她们就是太懂礼貌了。谁知道呢。

告辞之前,威廉明娜又提出了一个问题。她说:"你的计划以促进世界团结为目的,你还提到了'世界公民'。我担心,世界公民的身份会削弱美国公民的身份。"

这是一个有趣的问题。你可以既是爱国者,又是全球公民吗?

"我想同时拥有这两个身份,"我说,"我非常喜欢多重身份。我是人类的一分子,也是美国人。我认为,群体意识只要不演变成种族意识,就是美好的。"

我不确定她是否满意我的回答,但是她点头了,毕竟摇头会不太礼貌。

聚会倒计时:29 周

我在本周的《纽约时报》(New York Times)上看到一篇讲社交网络的文章。相传,如果两个中世纪骑士不期而遇,他们会停下来自报家系。"如果在两人的家系中发现了一位共同的叔祖,或者同一位国王的家臣,他们会下马拥抱,宣誓效忠……如果没有发现共同点,他们会进行决斗,不死不休。"

我因此产生了两个想法:(1)如果中世纪骑士有 Wi-Fi 和 Geni 网的账号,就可以避免很多流血事件;(2)能不能开发一款 App,让"全球家庭聚会"的参与者用手机查看彼此间的亲缘关系?我联系到年轻的家谱学家兼创业者韦斯利·埃姆斯(Wesley Eames),他有同样的想法。我们决定一起开发一款 App。我的意思是,他负责编程,我负责偶尔发送一下鼓励邮件。

第 22 章 巨型家谱革命

朱莉和我带孩子们去洛杉矶度假,和往常一样,这是一次适合 13 岁以下儿童的旅行:被好莱坞环球影城的机器人下巴惊呆,想在圣塔莫尼卡码头买一些不赞赏抽烟的 T 恤。

到达目的地后,兰迪·勋伯格——我的第十四代表亲,也是 Geni 网的开发者之一——邀请我们去他家中用餐。

他有一座不错的房子。在其中一个房间里,我们看到一幅镶了框的装饰画,原作是克里姆特的《金衣女人》(众所周知,这幅曾遭纳粹盗取的画后来被兰迪索回,物归原主)。兰迪办公室的墙上,挂满了他的祖父——作曲家阿诺尔德·勋伯格的照片。孩子们最着迷的,是一张带自动发球机、能帮助你训练正反手击球的乒乓球台。

我们一边吃烤鸡大餐,一边聊电影、乒乓球,还有兰迪的姓。他的姓刚好也是我妻子的娘家姓,但目前还没有发现他们有共同的血亲,也就是说,可能是两个没有血缘关系的家系用了同一个姓。

吃完甜点后,兰迪的妻子开车带他们的孩子出门,去参加傍晚的篮球练习。因此,留下来的只有兰迪和我们一家人。

"你的手怎么了？"贾斯珀指着兰迪右手的吊腕带问。

"我有肌腱炎，"兰迪说，"网球肘。"

"你经常打网球？"我问。

兰迪说不是。他认为他受伤的部分原因是打字太多。他每周都花好几个钟头往 Geni 网上输入姓名和出生日期。

"看到了吗？"我对孩子们说，"家谱工作也是有危险的。"这样一来，他们也许会认为我的新爱好也很惊险刺激，和摩托车越野赛或者攀冰岩一样。

"事实上，"兰迪说，"我真的洗不了盘子……"

"所以……我们要干活了？"朱莉说。

"可以吗？"他问。

接下来的半小时里，我和朱莉负责把盘子刷好，码在洗碗机里。虽然有点奇怪，但也是非常合时宜。世界家谱代表的就是协作和贡献。要"举全村之力"，才能使人类团结起来，分担饭后的清洁任务。再说，兰迪可能是在输入我的祖先的信息时受伤的，我帮他洗盘子是再公平不过了。

兰迪在我们打扫卫生时讲了他开发 Geni 网的经历。Geni 的总部设在洛杉矶，自 2007 年创立以来，已经累积了 1100 万用户。它是三大合作性巨型家谱之一，另外两巨头是 WikiTree 和 FamilySearch。三个网站有各自的忠实支持者，正争相朝着把全人类连接起来的目标前进。截至本文发表时，Geni 网的世界家谱已经连接了 1.14 亿人，WikiTree 连接了 1300 万人，严格说来，FamilySearch 是最大的家谱，已经连接了 2.4 亿人。（尽管网站导航用起来要困难一些。）我之前已经说过，Ancestry 网提供最便利的家谱服务,但与以上三大网站不同。Ancestry 专攻更小的私人家谱——"盆栽"。

兰迪介绍了 Geni 网的两大魔力。首先,当你输入名字后,比如输入"马克斯·普朗克"(Max Plunck),Geni 会在成百上千万份资料中自动搜索,看世界家谱上有没有另一个马克斯·普朗克。如果有,而且和你搜索的是同一人(出生日期等信息一致),你就可以将你自己那份包括马克斯·普朗克在内的家谱,与另一个人的家谱合并起来。瞬间,你的家谱图就长出了新的分支。比如说,你原来有 100 个亲戚,合并之后,人数涨到了 200。只要一直合并,你最终一定会连接到那棵大家族树,新增亲戚成百上千万。

Geni 网的第二个魔力是凯文·贝肯六度分隔游戏一样的连接。如果你在家族树上找两个人之间的联系,Geni 会进行几十亿次运算,找到最佳路径。最后,你会发现,原来林肯是碧昂丝的亲戚。

Geni 网的支持者说合作性在线家谱之于传统家谱,相当于 NASA 的火箭之于早期的大小轮自行车(penny-farthing bicycle)[1]。Geni 网用户,新泽西律师亚当·布朗(Adam Brown)告诉我[2],他妻子的祖父是纳粹大屠杀的受害者,他在 Geni 网上搜了他的名字。亚当的妻子以为她没有还在世的表亲,她几乎可以肯定,她的所有血亲都被纳粹杀害了。

几个小时后,Geni 找到了几个她从没听说过的第二代表亲。这个发现让她十分欣喜。很快,幸存的表亲们含泪团聚。"如果没

---

[1] 一种前轮大后轮小的自行车,盛行于 19 世纪 70 年代至 90 年代。(编者注)
[2] 亚当·布朗每年有几个月在南极洲做报员。他是 Antarctica Jewish Genealogical Society 的创始人,该学会致力于研究南极洲的科学家和其他工作者的家谱。(原注)

有 Geni，我们得花好多年才能找到他们，"亚当说，"有可能根本没法找到。"

一些科学家也是世界家谱的拥趸。雅尼夫·埃利希（Yaniv Erlich）是哥伦比亚大学的遗传学家，他整理了 Geni 网上 1300 万人的数据，借此研究人类的迁移模式。在 YouTube 上搜索雅尼夫·埃利希，你可以看到他制作的效果绝妙的延时动画，展现了人类向各个大陆扩散的过程。

雅尼夫研究 Geni 树的另一个目的，是寻找遗传线索。他正在准备一篇论文，内容与世界家谱告诉我们的长寿秘诀有关。（取得联系后，他说他还不能告诉我秘诀是什么，因为他发给《自然》杂志的稿件还没有刊登——希望能在我死前刊登。）他说，这些家谱最终会帮助我们理解和治疗致命的疾病。

同时，犹他大学的科学家们发现某个家庭的结肠癌基因，是来源于 1614 年结婚的一对英国夫妇。现在，他们的几千名子孙收到了去做结肠镜检查的建议。

对于我这种不是博士的人来说，巨大的家族树有时正好能派上用场。有一天，孩子们在学校里学了约翰·亚当斯的生平，我趁机向他们证明，他不仅仅是一个有些无聊的作古之人。在家谱上，他和我们是连在一起的，我们是历史的一部分。他是约翰叔叔！我还收到学校的邀请，为与我的孩子同年级的学生们讲解不同的人是如何发生联系的。事情进行得很顺利，直到我证明了卢卡斯和赞恩与泰勒·斯威夫特之间的联系——后来有人告诉我，这是世界历史上最尴尬的事。

世界家谱的完成速度只会越来越快。在我的想象中，20 年后，全世界70亿人几乎尽在一棵家族树上。你戴着一副有Wi-Fi信号的隐形眼镜外出就餐，见到一位朋友的朋友，你的眼镜会对其进行面部识别和搜索，找到你们在巨大家族树上的联系。"嘿，很高兴认识你，差三个辈分的第四代表亲。"

这种情景要么有趣，要么可怕，要么既有趣又可怕。

即便是今天，批评巨大家族树的人也不在少数。几年前，我在一个家谱学大会上参加了主题为"在线家谱：万恶之源？"的讨论。很多人担忧网络巨型家谱预示着隐私的终结。他们害怕自己的数据被盗用。（关于这一点，我会在第26章进一步说明。）

此外，准确性也是一个问题。准确性始终是家谱学的隐患。家谱永远有可能错误百出。其中大多数是无心之过：谁都知道人类的记忆是会出错的。就连官方的记录也不一定完全可信。人口普查人员把名字拼错；复印件被弄得模糊不清；不同语言体系的音译难度很高。

另一些错误完全是欺诈行径的结果。19世纪有一群形形色色的美国商贩，他们帮有钱又渴望地位的客户捏造家谱，借此机会大发横财。"明白了吗？就是这样，你成了马尔伯勒公爵（Duke Marlborough）的亲戚。"

在这些欺骗行为中，我最看好的是一个善举。20世纪70年代，苏联允许境内犹太人移民以色列，条件是他们必须能证明自己在以色列有近亲属。以色列政府为此成立了一个部门，专门负责伪造出生证明和人口普查记录，建立不存在的家庭关系，帮助苏联的犹太人移民。

巨型家谱的准确性是否比精心制作的私人家谱的更低呢？这

要看你问的是谁。

兰迪认为，Geni 家谱的准确性实际上要高于一般的家谱。"有几百万双眼睛为我们找错。"他说。Geni 网还有一个支持团队，成员被称为"护林人"，他们会搜索出每一条新添加的家谱信息，评估其真实性。

如果你信任网站的支持者，那么其家谱的精确性就一定会提高。世界家谱已经在给很多家谱信息添加证明文件——人口普查记录、遗嘱等。最重要的是，现在的家谱结合了人们的 DNA 检测结果，有助于查出错误的家系信息。

但就连兰迪也不得不承认，追溯的年代越久远，Geni 网提供的家谱信息会越不可靠。事实上，在某种程度上，Geni 家谱上的一些分支纯粹是虚构的。笃信宗教的 Geni 用户在家谱中添加了《圣经》的人物，没有提供任何证明。结果就是，我的家谱显示，我是以色列大卫王第九十八代孙。我的信任到此止步。我只相信一定年代以内的 Geni 家谱。如果我运用"六度分隔理论"联系到了梅拉尼娅·特朗普（Melania Trump），这中间的家谱信息必须是年代较近且有证明文件的，否则我不会相信这是真的。

很多传统家谱学家认为，大卫王的信息并不是唯一存在的问题。他们说，尽管"护林人"努力维护，巨型家谱中的错误仍然比比皆是，准确性问题已经严重到他们没办法纠正。

他们断言，大多数 Geni 网用户都没有遵守"家谱学证据标准"（Genealogical Proof Standard）。该标准包含一系列严格规定，顽固的家谱学家们认为，为了核实一个祖先的信息，我们需要提供人口普查记录、结婚证明、DNA 检测结果、口述家史等等。

受人敬重的家谱学家加里·莫科托夫（Gary Mokotoff）也是批评者之一，他在一本家谱学杂志上发文评论 Geni 等网站："合作家谱不属于家谱学范畴，它需要另起名称。家谱学不是把世界上所有人和他们的祖先连接起来的活动……连接世界上的所有人并不是一项科学研究。"

对此，兰迪在 Facebook 上回应道："真有人同意吗？我不理解一个人看到了我们在 Geni 网上完成的东西，怎么还能说它不属于家谱学。"

兰迪说问题的症结是控制权。"一些人不喜欢别人来改变他们所理解的'我的家谱'，"他说，"他们把'我的'理解成占有（代表所有权），而不是归属（代表包容）。但人类做出的任何尝试都存在同样的问题。有时候，为了完成更宏大的计划，你不得不放弃一部分控制权，开始与其他人合作。这就意味着，你要面对一种可能性，那就是合作者（搭档或者员工）犯的错误会影响到你。但是假如这种合作从不存在，我们会怎样？住在洞穴里，以采摘的坚果和浆果为食？"

家谱学家亚当·布朗的回应显得他更像一位哲学家："我会把我们的爱好称为'量子家谱'（quantum genealogy），我们永远不能真的知道事实，我们只能推测属实的概率。"

Geni 及同类型其他网站还有另一个严重的弱点，那就是世界家谱的严重不平衡。一些文化和民族在世界家谱上占据了一席之地，包括英裔白人新教徒、犹太人，以及因为某些原因壮大的挪威人。其他群体所占的比例则偏小，包括亚洲人和非洲人。家谱学家们正在下苦功调整，但是他们要走的路还很长。

第 23 章　我们的动物亲戚

我在我的犹太会堂里介绍了"全球家庭聚会"。结束后,一位个子娇小、留着红色长发的女士急匆匆朝我走过来。她脸上带着一种表情,看起来不像是要请我在书上签名,或者告诉我她最喜欢的一位白俄罗斯叔祖是谁。

"我不同意你的计划。"她说。

"为什么?"

"你说我们应该关心家庭成员。那不在我们家庭里的呢?我不应该一样友好地对待他们吗?"

"可我的意思就是,世界上的每个人都是你的家人呀。"

她叹了口气,摇头说道:"不,你要知道,我是一个喜欢动物的人。我爱动物。你觉得我应该怎么对待它们?"

其实我一直在等别人提出这个反对意见。

"动物也是家人!猫、狗、猴、疣猪——追根究底,我们都是一家子。"

她看起来还是不相信。

"我们有一样的 DNA,"我继续说,"所以说,带你的动物亲戚来参加聚会吧！事实上，我或许应该核实聚会地点的宠物政策，之后我再答复你。"从她的态度判断，我应该不用着急答复她。她或者她的狗、疣猪都不可能来参加我的活动。

人类和动物之间的基因相似度

倭黑猩猩⋯⋯⋯⋯⋯⋯98.8%
老鼠⋯⋯⋯⋯⋯⋯⋯⋯88%
奶牛⋯⋯⋯⋯⋯⋯⋯⋯85%
狗⋯⋯⋯⋯⋯⋯⋯⋯⋯84%
鸭嘴兽⋯⋯⋯⋯⋯⋯⋯69%
果蝇⋯⋯⋯⋯⋯⋯⋯⋯47%
酵母⋯⋯⋯⋯⋯⋯⋯⋯18%

数据来源：贾维尔·埃若雷、欧洲分子生物学实验室、卡尔·齐默、《国家地理》杂志、美国自然历史博物馆。

动物是我们的亲戚，关于这个观点，我已经思考过一阵子了。家谱不应该只连接两足动物，最好是能覆盖每一个界、门、种。

查尔斯·达尔文早在《物种起源》里就说了，所有生物，所有种类的生命，都是"第一百万级的亲戚"。

数据证实了这个观点：人类 DNA 的 98.8% 与倭黑猩猩相同，88% 与老鼠相同，84% 与狗相同，47% 与果蝇相同，18% 与酵母菌相同。给你一个热情的拥抱，酵母表亲！

我最近读完了理查德·道金斯的《祖先的故事》，学到了一个新词：concestor，指两个物种的共同祖先。比如，狗和现代狼的共同祖先是一头原始狼。

道金斯用了倒叙手法,从智人开始往回叙述,从一个共同祖先到另一个共同祖先,从一种动物到另一种动物,从一种鱼到另一种鱼,最终追溯到代表一切生命起源的细菌。"我们可以非常确定,这颗星球上现存的所有生命类型的确都有个共同的祖先,"他写道,"证据就是所有已经检查过的生物都有……相同的遗传密码;遗传密码的各个方面都非常精细复杂,不可能被发明两次。"

道金斯和那位喜爱动物的红头发朋友给了我启发,我决定在客厅里张贴一些祖先的肖像。孩子们放学回家后,我向他们展示了我的新作。

"这是我们的祖先墙。"我说。

我打印了大概20张黑白图像贴在墙上。一头是孩子们的祖母,她面带微笑,穿着白色绞花针织毛衣;另一头是一个圆形细菌的特写。

"这是谁?"

"那是我们的第十一亿代祖先。"

"它是圆的,和你一样。"朱莉拍拍我的肚皮说。

"真幽默。"我说。

"你有它的基因。"朱莉又说。

"它叫卢卡(Luca),"我说,"代表所有生命的最初共同祖先(Last Universal Common Ancestor)。"

相似的名字似乎让卢卡斯很高兴。

"卢卡大约生活在40亿年前,它喜欢在有热岩浆喷出的深海火山口活动。"

赞恩说:"所以它是我们的曾曾曾曾曾曾曾——"

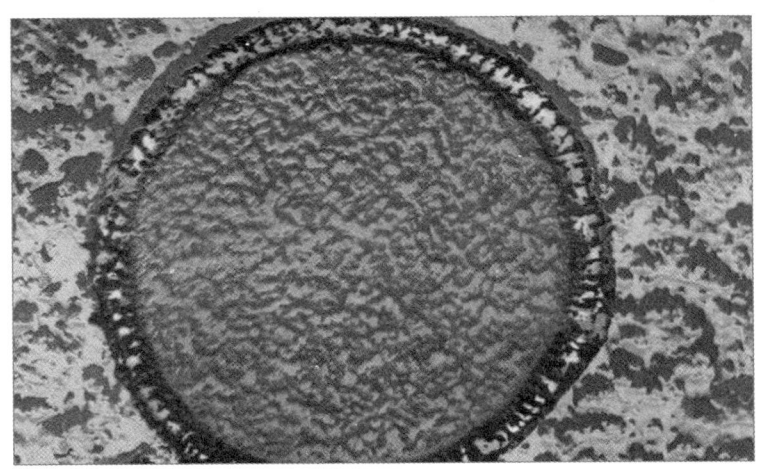

一切生命的起源——卢卡（Luca），形态或许与本图相似。（沃尔夫冈·鲍迈斯特/科学图片库）

"你知道吗？赞恩，"朱莉说，"如果你能在心里推算，那才是最棒的。"

"——曾曾曾曾曾曾曾——"

伴随着赞恩念叨，我带他们依次认识了那些遥远的祖先。

其中包括他们的第两亿五千万代祖先，形似绦虫、不分节的无脊椎动物。

我使出浑身解数，像个傻瓜一样，用滑稽声音模仿无脊椎动物。"在我生活的时代，没有你们这么高级的呼吸器官，没有你们所说的肺。我们直接从泥里吸收氧气。我们喜欢氧气！"

除了连绵不绝的"曾曾曾"以外，没人作声。

"这位是你们的第五千五百万代祖先。"

我让他们看一个貌似鼩鼱的生物，一只真兽亚纲动物。"它大概生活在一亿零五百万年前,所有哺乳动物都是这个家伙的后代。它的一些后代脖子很长,后来变成了长颈鹿;一些有胡须,变成了猫;还有一些有语言和眉毛,变成了人。"

我又向他们介绍了另外几位祖先。他们的第八千五百代祖先,一位弓背、多毛的老兄,我们叫他南方古猿(Australopithecus);另一位背更直、毛更少的老兄,我们叫他能人(Homo habilus)。

一直介绍到他们的曾外曾外曾外曾外祖父格尔森·弗里登海特、曾外曾祖父萨姆·基尔、祖母埃伦·基尔·雅各布斯。"他们都是你的家人!多么帅气的组合啊!"

第五千五百万代祖先,真兽亚纲动物。

实际上,关于祖先墙,我的想法是矛盾的。一方面,我想让孩子们知道,在浩瀚的生命海洋中,他们只是极小的一部分。我希望他们因此更有同情心,更清楚地意识到自身与外界的联系。

另一方面,我稍微有些担心他们会因此过分贬低自己。万一这使得他们妄自菲薄呢?就像生物学家通常说的,人类只是生命树上的一根"细枝"。大部分树枝都被细菌占据了。

《银河系漫游指南》里有一种刑具,叫作"透视机"。人进入受刑间,戴上头盔,便能感受到自己的生命和广阔的时空以及生物种类相比,有多么微不足道。受刑人会因此变得萎靡不振。

我写过一本关于《圣经》的书,与神创论者分享时,我发现最让他们不安的就是进化问题。其中一个人告诉我:"'我们是从池塘里的浮垢进化来的。'我们这么说时,是在轻视人性。说我们是偶然和随机过程的产物,能带给年轻一代多少意志和希望呢?"

我认为神创论者的推论是无稽之谈,但是我能理解,当我们如道金斯所说,只是"名字好听些的肺鱼"时,就会出现尊严的维护问题。

很久之前,我在写一本跟《大英百科全书》有关的书时,读到了哲学家罗伯特·阿德里(Robert Ardrey)说的一段话。他精妙地总结了,为什么即使起源于污秽,我们仍然应该为自己是人类而骄傲。因此,我将这段话读给孩子们听,以此结束观览祖先墙的活动。

> 我们的祖先是站立的类人猿,而非堕落的天使,此外,类人猿还是手持武器的杀手。[1] 那么我们该为什么而感到惊奇?是我们的谋杀、屠杀和导弹……或者是我们的条约,不管它们有怎样的价值;是交响乐,不管演奏的频率多么低;是和平的土地,不管它们多么可能变成战场;是我们的梦想,

---

[1] 我在《智高无上》(*The Know-It-All*)中也引用了这段话。事实上,坦白说,我以前的书中有与本书中一小部分段落极其相似的内容,包括对叔叔吉尔、《家族新闻》的描述,以及末尾讲述的伊塔洛·卡尔维诺的故事。我希望你和我一样,将这视为效率,而不是懒惰。(原注)

不管是否能实现？人类的奇迹不是陷入了多困难的境地，而是多么出色地战胜了困难。群星知晓我们，是因为我们的诗，而不是我们的尸体。

"把'诗'换成'超级马里奥银河游戏'。"朱莉说。真是一针见血。

聚会倒计时：26 周

我这周花了很多时间申请旅游签证。签证是给一个挪威人和他的菲律宾女朋友的，他们都住在马尼拉。他们已经订婚了，想在"全球家庭聚会"上举行婚礼。这是一个非常棒的计划，与聚会相得益彰。因此，我给好几个政府机构写信，希望爱情的气息能软化他们的官僚主义心肠。目前还没有好运降临，我想是不会来了。

我把这次多半会失败的事告诉孩子们，就像我会告诉他们我的所有失败经历一样。这样的经历有很多：查尔斯王子不会给我发视频消息；我们不能做出世界上最大的土豆沙拉。每想出一个成功的办法，我就告诉他们不成功的办法有九个。所以说，如果幸运的话，在十分之一的时间里，你是成功的。（我不是说这对情侣的婚姻，婚姻失败的概率更接近 50%。）

第 24 章　大爱

非传统家庭成了不断被提起的话题。《纽约时报》上的一篇文章，讲了康涅狄格州一个遭到众人谴责的家庭的故事。他们的邻居想将他们驱逐出去，原因是他们的集体家庭有违正统：两对夫妻，两个单身人士，5 个孩子，都住在一所单户住宅里。

接着，我又看到马萨诸塞州某周报上的一篇文章，题为"餐具、宴会和性"。该文章报道了一个多夫多妻家庭，4 个成人共享伴侣，共同抚养 3 个孩子。他们 4 个人一起参加家长会："妈妈""爸爸""这个也是妈妈"，还有"老爹"。

我的计划包括了所有类型和规模的家庭，多夫多妻家庭似乎尤其新潮。一位从事科技工作的朋友用一句话总结道："多夫多妻就是新的旧石器时代婚姻。"性学专栏作家丹·萨维奇（Dan Savage）说，在社会的接纳程度方面，现在的多夫多妻群体相当于二十年前的同性恋运动。

更不用说一些多夫多妻家庭会为"全球家族聚会"的参与人数创造奇迹。

我在网上发现，本地多夫多妻互助小组"开放的爱，纽约"

要组织一场讨论会，以完全符合小组性质的多夫多妻家庭为主题。两周后，我出现在市中心某办公楼中的一个大房间里。房间里大概有30人围成一圈，坐在折叠椅上。这天的会议领导是热特（Gette），她戴着一副眼镜，穿了一双紫色的彪马运动鞋，带着几缕蓝色的头发盘在脑后。她看上去可以在《衰姐们》（Girls）里扮演莉娜·邓纳姆（Lena Dunham）的姐妹。

我们按座位顺序，依次做自我介绍（姓名，以及希望别人用他、她、它还是其他代词称呼自己）。参会人员的构成，与拉瓜迪亚机场候机室里的情况没有多大不同——大约一半男性，一半女性，年龄分布在20多岁到70多岁，与文身抽样调查的范围相符。

我说我是一位"他"，不是多夫多妻主义者，但我正在写一本跟家庭有关的书。（我还补充道，只有在得到他们允许的情况下，我才会在书中引用他们说的话。）我注意到，围成一圈的人都客观地点头。那也许是我待过的气氛最客观的一个房间。当晚，有人会用一种最客观的说法："我不是在评价你的评价。"

热特为新来的成员快速地总结了一下多夫多妻制的概念。从根本上说，它是"负责任且合乎道德的非一夫一妻制"。在多夫多妻关系中，你可以有多个伴侣——可以是2个、3个、17个等等——但是你必须对所有伴侣保持忠诚。你要遵守规则和指导方针，有时甚至还要遵守白纸黑字的合同。

人们通常把多夫多妻与伴侣交换行为相混淆，其实两者之间有一个很大的区别。伴侣交换行为只以性为目的，多夫多妻却与伴侣关系有关——身体亲密与情感并重。

随着讨论会的进行，我了解到多夫多妻生活至少要应对四大挑战：

1. 时间管理

　　一位长得像女演员艾米·亚当斯（Amy Adams）的女士说："爱和赞美是无限的，但时间不是。"多夫多妻关系中的人通常会共享谷歌日历，其复杂和鲜艳程度堪比拜占庭镶嵌画。

2. 规则

　　伴侣们一起制定规则时，关键在于具体、明确。调动你身上律师般的敏锐。如果规则是"在和别人睡之前，你需要提前告知我"，那么具体意思是什么？在钻进情人的被窝之前，迅速发一条通知短信？还是说你需要提前一周得到明确的许可？

3. 社会接纳

　　美国对多夫多妻人群的包容是有限的，欧洲国家表现得更开明。"我听说在法国，有专门为多夫多妻关系提供的健康保险。"一位女士在讨论会中说。我们纷纷点头，听起来很像法国的做法。对于那些认为他们行为反常的评价，多夫多妻群体正在进行反驳。事实上，有位留着胡须的房地产经纪人与他的亚洲伴侣手牵手，说："也许古怪的是一夫一妻制。"

4. 嫉妒

　　你也许想到了，这是一场持久战。讨论会中有位名叫凯文的光头男士，他在经历了三段失败婚姻后成了多夫多妻群体里的一员,他说关系中最重要的一点是要反抗自己的嫉妒情绪。他们甚至专门用"compersion"一词来指代这种心理,意思是因为伴侣的快乐而快乐,哪怕对方的快乐来源于跟其他人发生关系。我希望我在情绪上足够成熟,能感受到"compersion"。可一想到朱莉亲别的男人,各种情绪立刻涌上心头——难过、愤怒、缺乏安全感——没有一种情绪与快乐沾边。

"多夫多妻的一大好处,"凯文说,"是你可以通过不同伴侣满足不同需求。"前一周,凯文飞去布法罗见他其中一位女友。谁出钱为凯文买的机票?他女友的另一位男友。两个男人的共同女友想去看一场戏,凯文是个戏迷,另一个男人完全不是。因此,那个男人打电话让凯文替他去。多夫为妻为你提供了另一个类别的家庭成员,他们被称为"metamour",意思是你的情人的伴侣。

闲谈一阵子之后,我们进入了主题:多夫多妻家庭。热特说很抱歉没有邀请到更多多夫多妻家庭的成员。一些人的青少年子女本来要参加,但后来因为一些原因只能取消。不过,我们之中的确有一些多夫多妻关系中的父母。其中包括曾是文身师的杰茜·卢。她穿着一件粉色毛衣,金色头发梳成马尾。她先开了个头。

杰茜·卢说她和丈夫有一个9岁的女儿,还有一个尚未出生的宝宝。她还有其他男友。她本来有一个交往了7年的男友,但最近对方搬去了得克萨斯州,这次分离让她和她的女儿都很难过。

在女儿还很小的时候,杰茜就向她坦白了自己的伴侣关系。"我用4岁儿童的语气,说'妈妈喜欢爸爸。可以吗?'她说可以。我说'妈妈喜欢罗宾(她的男友)。可以吗?'她说可以。我说'妈咪可以亲爸爸吗？'她说'咦呃——'我说'妈咪可以亲罗宾吗？'她说'咦呃——'"

杰茜·卢说她没有想到的是，至少在布鲁克林，做多夫多妻关系中的妈妈也没什么大不了。"我收到了很多回应，人们的回应是'那又怎么样？'在我们学校，人们对找印第安人代孕生下双胞胎的同性伴侣感兴趣得多。"

另一位妈妈接过了话头，她看上去年龄更大一些，留着卷发。她说她的经历不如前一位妈妈顺利。好管闲事的邻居给了她一些负面反馈。一位爸爸也说，他的孩子在学校常被欺负。

不是所有地方都和布鲁克林一样。

杰茜·卢说多夫多妻没有影响到她对子女的养育。"孩子们只需要知道你爱他们；不管他们要做多么古怪的事情，你都支持他们；他们放弃一件古怪的事，继续做另一件古怪的事时，你也支持他们；当他们犯错的时候，你会教训他们。其他都不重要。"

她树立了一个好榜样。几年前，看 HBO 的电视剧《大爱》(*Big Love*) 让朱莉觉得找个姐妹共侍一夫似乎是个好主意。她觉得生活中有另一个女性会是一件美妙的事，如果是一个比我更会修洗碗机的姐妹就更好了。她说她的理想人选是米歇尔·奥巴马。但这只是说说而已，我们俩都处理不好多夫多妻关系。不说别的，光是时间安排就已经让人备感压力。

但多夫多妻显然很适合其他人，所以我不打算评价他们或他们的评价。

不过，我的确有一个担忧。如果多夫多妻成为流行，不出众的人是否会吃亏？对多夫多妻世界的设想之一，是所有人都平等地分享伴侣。另一个设想是,有钱有魅力的男女坐拥几十个伴侣,剩下的人只能打单。这是动物世界里的常态:领头的麋鹿占有所有雌性麋鹿,其他雄鹿只能终日无所事事地角斗。这么看来,一夫一妻制虽然不自然,但也许更公平。

我跟热特提了我的担忧。她表示能够理解,她说我的担忧是出于"匮乏心态"(scarcity mentality)。也许她是对的。

聚会倒计时:25 周

我在和一位叫亚伦的活动策划人合作。[1] 他制作了很多电子表格,用"赶秀"这样的表达,让我意识到自己有多么没见识。

亚伦和朱莉都说,在感恩节大游行结束后,我们必须加大宣传力度。因此,我报名参加了孩子们的学校里举办的科学展。作为其中一部分展品,我买了 1000 粒果冻糖,将其中 999 粒放在一个瓶子里,剩下 1 粒放在另一个瓶子里。含义是,据估计,不同人之间有 99.9% 的 DNA 是一样的,那 1 粒单独摆放的果冻糖代表你和地球上其他任何一个人之间的小区别。(细小差别却形成了可见度极高的特征,比如肤色,我一直为此感到遗憾。如果那一小部分不同造成的特征是看不见的,比如脾脏大小,情况或许会更好。但这或许只意味着,我们的世界里会出现"只接受大脾脏会员"的乡村俱乐

---

[1] 他是 Revolution Marketing 的亚伦·费希尔(Aaron Fisher)。如果你要办一个大型活动,他是你该找的人。我懒得注册 Yelp 账号,所以请将这段话作为我在 Yelp 上对他的点评。(原注)

部。)

我想自己原本应该预感到后面会发生的事。同学们快活地享用DNA，一口一口地把人类分开。

分别用999粒和1粒果冻糖展示99.9%是什么概念。这是对人类共有DNA比例的一种推测（第20页注释部分有更多信息）。感谢贾斯珀·雅各布斯和赞恩·雅各布斯。

第 25 章　连接号的另一头

朱莉从卧室里出来。她刚接完电话，此时眼里有泪水。

我一下子便看出来，她这一次流的不是平常的"我的客户是个顽固的混蛋"的眼泪。

"怎么了？"我问。

"是戴维。"

"他去世了？"

"还没有，但是快了。"

戴维·哈里森，他是二战英雄、慈爱的继父、糟糕的司机。噢，天啊！几周前，我们还一起去埃里克家吃过午饭。他当时在读一本间谍小说，说一些老爷爷爱开的玩笑话。（"你要把我放在书的封面上，对吧？"他问我，"我哪边脸拍照好看，左边还是右边？"）对呀，他已经 94 岁了，只是看起来至少年轻 20 岁。在所有年龄段的人中，他是我最喜欢的人之一。真糟糕。

一周后，戴维去世了，葬礼在新泽西一所犹太会堂里举行。葬礼上有很多奶酪。人们频频拥抱，流下不少眼泪。戴维的家人和朋友中，有六七人宣读悼词。

戴维的女婿（来自他的第一段婚姻）讲了一段动人的话，让我更加欣赏戴维。我们从中得知了戴维的一大秘密。原来，每隔几周，戴维就会早早起床溜出门，在车道上、花园里、草坪上撒一些5分和25分的硬币。

他的妻子芭芭拉最喜欢的事，就是在街上捡到25分的硬币。她为此感到高兴，可以愉快好长时间。

因此，为了让她的生活充满阳光，戴维会在地面上播撒几美元的零钱。他从没告诉过她。这是他为妻子偷偷准备的礼物，也是我听说过的最浪漫的举动。

之后，戴维的一个战友讲了他如何展现最面无表情的幽默感。在二战中被俘后，戴维被关押在德国北部的一个战俘营里，同一间牢房里还有另外8个犹太人。

头一天，另一个俘虏杰克·基尔希走过去对戴维说："嘿，你看起来面熟。你是不是新泽西州威霍肯高中的1938届毕业生？"

"不是。"戴维说。对话到此为止。

好几个小时过后，俘虏们吃了剩下的土豆，都一言不发地坐着。

终于，戴维抬头说："但我的确是1939届毕业生。"

我很佩服他将一个玩笑延长了几个小时。我猜他是知道他们不缺时间，所以何必着急呢？戴维和杰克成了最好的朋友，每周三都约在泽西城的一家餐厅里吃午饭，直到几年前杰克去世。现在戴维也去世了。他曾半开玩笑地保证会死在"全球家庭聚会"到来之前。我真讨厌他的言出必行。

就算在戴维去世之前，我也每天都会花一些时间进行与死亡有关的讨论、思考和阅读。死亡是家谱学的一大组成部分，因为我们绝大多数亲戚都已经不在人世。

家谱学家钟爱条件好的墓地。"我把它们当作户外美术馆。"戴维·兰伯特（David Lambert）说。他是新英格兰历史家谱学会（New England Historic Genealogical Society）的首席家谱学家。"我从小时候开始就常去。我的数学就是从用卒年减生年开始学起的。"

在帮助人们核实姓名、出生日期、死亡日期和子孙后代方面，墓地的作用与人口调查表和报纸一样重要。

出入墓地的爱好并不像定点跳伞一样危险，但也有一定的隐患。我读过一本小说，书名为《血的故事》（*A Tale of Blood*），主人公是一位头发灰白的家谱学家兼侦探，他身上有一道疤，是一次溜进墓地的时候被狗咬伤留下的，因此我们应该知道，该主人公是有现实原型的。非虚构作品里也有类似情节。纽约家谱学家奇普·罗告诉我，在一次纽约北部地区家庭公路旅游途中，他注意到某家人的后院里有几座坟墓。

"我走过去问那家人，可不可以给他的地产上的那些坟墓拍照。他生气极了，说'你这是非法进入他人住宅！'，我说'我只有进来了才能问你我可不可以进来！'奇普被赶出去了，但是在此之前，他像狗仔一样偷拍了几张模糊的墓碑照片。"

（顺便说几句，奇普的职业生涯比我认识的任何一个专业家谱学家都更奇怪。在转行成为全职家史学家之前，奇普的工作是为《花花公子》杂志的读者解答性爱方面的问题。我问他这是否是一种转型，他说："之前有很多关于避孕的问题，所以我想我之前的工作,是帮助把世界家谱变小,现在我的工作是要把它变大。")

奇普和其他家谱学家把自己拍的墓碑照片,提供给世界性数据库"寻找坟墓"(Find A Grave)。这是一个规模巨大的合作项目,目前已经搜集了100多个国家的1亿5900万座坟墓的信息。其中还有一部分有趣的碑文,比如一位棋盘游戏爱好者的墓碑上刻着拼字游戏式的字母,而献给一位《星际迷航》粉丝的墓志铭说,亡者会"大胆前往无人涉足之地"。(仔细想想,这话其实不是很正确,想必已经有几十亿男女大胆地去了同一个地方。)

"寻找坟墓"果然名不虚传,我通过它找到了好几个祖先的坟墓。我想,在钻研家谱学的过程中,我至少应该亲自去其中一个人的坟前祭拜。

因此在一个星期二的下午,我和朱莉乘地铁前往布鲁克林的华盛顿公墓。5号公墓,467号标志桩,第1排,3号坟墓。在56,860块长方形墓碑中,它只是一方简单的灰色石头,上面刻着"塞缪尔·基尔,亲爱的丈夫和父亲,1885年3月25日—1945年2月20日。"

朱莉和我站在变成棕色的草地上,沉默地看着墓碑。70年前,在这个地方,我的祖先被下葬。

在回家的地铁上,朱莉问我心情是否还好。我点头。我很好。奇怪,看见外曾祖父的坟墓时,我并不觉得多么感动。事实上,是我的无动于衷让我稍感不安。

我知道在这个时候,我的反应与大部分人不同。我知道对于很多人来说,墓地或许是美丽的、让人感到悲伤或者恐怖的地方。但我很清楚,能影响我情感的,并不是看见掩埋祖先尸骨的土地,而是聆听他们的故事，目睹他们的容颜，体会他们的文字，得知他们曾为了爱人将硬币撒在地上。

年纪轻轻的亚伦·基尔揣着30美元，从俄罗斯来到美国，在纽约西村开了一个报刊亭，用挣来的钱支持一家布朗科斯[1]的孤儿院——读到这个故事时，我很感动。即使只是看着他的照片，我也能感受到更多与他之间的联系，这是在墓地感受不到的。我看见他的样子、他清爽的胡子和灰色软呢帽，就会想象他早餐吃什么，出门前会对他妻子说什么。

等孩子们大一点之后，我打算告诉他们，我不是特别在乎他们怎么处理我的尸体。如果他们想省钱，可以用宜家的碗柜当我的棺材，或者把我的骨灰装在水槽下面的密封塑料袋里。我不在乎。

但是我希望，时不时地，他们能翻看我们一家人扮演马可·波罗时拍的照片，读他们在度假营时我写给他们的信，或者看我们尝试吹迪吉里杜管[2]但以失败告终的录像。

聚会倒计时：24周

"亲戚连接计划"让我惊慌了一回。我本来以为把每个人连接到世界家谱上是一件容易的事，但实际上并不是。

幸好，我聘请了一位家谱学家，她叫伊欧玟·朗霍夫（Eowyn Langholf），住在新墨西哥州。（顺便解释一下，"伊欧玟"并不是新墨西哥州一带的传统名字，而是"中土世界"

---

[1] 布朗科斯是美国纽约市最北端的行政区。（编者注）
[2] 澳大利亚土著部落的传统乐器。（编者注）

中的传统名字。她的父母最喜欢的书是《魔戒》,"伊欧玟"是书中"持盾之女"的名字。)

伊欧玟的工作是担任"首席表亲协调员",也就是说,她要说服几十名志愿者,请他们帮忙研究聚会参与者之间的潜在亲缘关系。他们利用 Geni 和 WikiTree 等网站,以及人口普查记录、出生证明和 DNA 检测报告,创建了庞大的电子表格(伊欧玟是制作 Excel 表的米开朗琪罗)。此外,他们还可以使用我们的网站接收到的信息。已经有几千人填写了调查问卷,提交的信息包括祖先的姓名,非常有名或还算有名的亲戚的姓名,由于名人的信息往往比较全,因此连接起来更容易。(其中一位女性是演员丹尼·布纳德斯的妻子。另一位网友写道:"我的祖父创办了爱荷华州第二大灭鼠公司。")

伊欧玟和她的团队几乎总能成功完成连接,但每连接一个人就要花好几个小时,甚至好几天时间。如果我们在聚会结束后再来连接一些亲戚,算是作弊吗?

第 26 章　隐私

"我们是否比祖先们享有更多隐私?"

家谱学家托马斯·麦肯蒂(Thomas MacEntee)提出了这个问题。关于这个人,人们熟知他的夏威夷衬衫、樱桃红眼镜和在线研讨会。麦肯蒂已经同意在"全球家庭聚会"上发言,我正在看他的研讨会视频,抓紧时间了解他的观点。

说到他的疑问,"我们是否比祖先们享有更多隐私?",我怀疑这是一个陷阱问题。我知道这是一个陷阱问题,因为就在上个星期,我黑进了麦肯蒂的笔记本电脑,把他为研讨会准备的所有幻灯片都看了一遍。我开玩笑的!但我的回答是肯定的。麦肯蒂说,在 21 世纪,就算 Facebook 可以准确预测你妻子的更年期,我们享有的隐私仍然比 100 年前多。

麦肯蒂认为,我们的祖先不像我们一样看重隐私。他们的生活要开放得多。世界被好事者操纵。地方报纸写满了老百姓的私事,以今天的标准来判断,其详细程度足以构成严重的隐私侵犯。

（在 HIPAA 法案[1]颁布前）你能在报纸上看到某人因为某种小病住进某家医院的信息。社会版面往往登着酒店房客的姓名和家庭住址。

我在一定程度上同意麦肯蒂的观点。我在查找与家人有关的旧报纸时，偶然发现了一些令人震惊的侵权信息。比如1904年7月18日的《圣路易斯先锋报》（*Louis Pioneer Republic*）上，有一篇文章报道了我曾姨婆的婚礼。那是一场盛事，但我从那篇报道中得知的远不止这一点，其中有太多个人信息，让我几乎以为作者署名是埃德加·胡佛。

《先锋报》罗列了每位宾客的姓名；描述了每位女宾的服装和首饰（"本·布莱思太太着一袭大气的绿色斜纹针织长袍，内搭米色衬裙，腰系金色穗带……"）；列出了完整的礼物清单，其中包括一座青铜钟（有用）和一把金制的冰激凌勺（超有用）。

最怪异的是，这篇刊登在人人都能阅读的公共报纸上的文章，还揭晓了每位宾客送给新婚夫妇的礼金。

巴尔的摩的努斯鲍姆家赠送55美元。大方！

马里兰州的罗斯诺尔家是25美元。还不错。

巴尔的摩的迈耶家？噢，迈耶家，他们送得最少：20美元。非常感谢，吝啬鬼！希望大众让你尝到了丢脸的滋味。

显然，隐私在以前并不是非常被看重。但是现在不一样了，我一直在思考家史所涉及的隐私问题。这是一个棘手的问题。

首先要思考：已逝祖先是否有隐私权？我母亲的确认为有。

---

[1] 全称 Health Insurance Portability and Accountability Act of 1996（《健康保险携带和责任法案》）。（译者注）

她一开始为我的计划兴奋了一阵子，现在却越来越担忧。当我把祖先的照片传到一个家史网站上时，她会感到不安，她认为其中一些照片有失体面。她几乎每周都要提醒我，没有必要将祖先们患过的各种疾病都公开。

我理解她的意思。在某种意义上，家史就是以卖弄知识的方式对逝者进行网络跟踪。它可能很有趣，也可能让你反感。比如，我和一位自愿为"全球家庭聚会"出力的遗传学家有过一段对话。他说："希望你曾祖父母在墨西哥蜜月之旅中过得愉快。"

"什么意思？"我问。

"我之前在研究你们家的历史，发现了你曾祖父母的名字在一艘船的旅客名单里，上面的日期是他们结婚后一周。所以我猜那一定是他们度蜜月时乘的船。"

出于本能，我在某种程度上有被侵犯之感。我知道这种反应是不合理的，因为是我主动提出让这个友善的人去调查我的祖先，而且在热带航游并不是犯罪。但我仍然觉得不自在，就像在飞机上，发现邻座乘客一直盯着你的电脑屏幕。

度蜜月倒还没什么，但如果是有损个人形象的信息呢？一位第三代表亲遇到过这种事。她发现，她的犹太祖先中，有一些人通过与纳粹合作逃过了大屠杀。她给几个亲戚发邮件说了这个发现，几周后，相应信息出现在一个半公开的家谱学网站上。这件事让她极为不安。

你也许还记得，我最喜欢的家谱学电台之一（没错，一共有好几个）的口号，"你的祖先希望有人来讲他们的故事"。这是祖先们的真实想法吗？我不能肯定。试想我的曾曾曾孙调查我的情景，我想让他们偷看我的每一条上网记录吗？（顺便说一下，我可以解释为什么会出现"长得最像阴茎的白蚁丘"这条搜索记录。是为了写论文，真的。）

说实话，我不认为我会很介意这些事。毕竟我那时候已经死了，这是缓解尴尬的最佳途径。此外，我的一部分工作，就是把自己的人生经历写进书里，因此在曝光隐私方面，我已经算是有些例外了。

我想这就是我的结论：赞成适度侵犯逝者隐私。尤其是在家庭名誉问题被解释历史的重要性压倒时。举一个极端的例子：我很高兴我们对萨莉·赫明斯（Sally Hemings）有所了解，尽管这让托马斯·杰斐逊的英名受损。[1]

以上是我对死者隐私的看法。那么活人的隐私呢？这也是家史领域的一大争议。Geni 和 WikiTree 等巨型家谱网站采用了慎重的保密措施。它们不曝光生者的全名。比如，在 Geni 网上，我的名字显示为"[保密]·雅各布斯"，除非得到我的允许，否则你无法看到我的全名。

但用户仍有诸多担忧。我给几百位潜在亲戚发邮件，询问他们的父母及祖父母的姓名，收到了如下回复：

> 你要用这些信息干什么？你是打算盗用我的身份吗？
> 我是不是会收到一家香港电器行寄来的 8000 美元的账单？搞什么鬼？

---

[1] 指美国第三任总统托马斯·杰斐逊与他的有四分之一非洲血统的女奴萨莉·赫明斯之间的"绯闻故事"。（编者注）

一定程度上，人们的反应是分年龄段的。通常，年纪越大的人越谨慎。如家谱学家亚当·布朗指出的，经历过二战的犹太人不情愿提供任何信息是可以理解的。透露过去的详细信息对他们来说没有任何好处。

但是目前为止，我还未听说过有人通过家谱信息盗用他人身份。

兰迪·勋伯格，这位领异标新的家谱学家和律师总能语出惊人。"Facebook 上有人跟我争论隐私问题，战况激烈。"他说，"我把他们称为'妄想型自恋狂'，自恋的一种：全世界的人都想抓住我！如果我泄露了我的母亲是谁，他们会来找我。全世界有 70 亿人，但他们找的是我。"

下面是兰迪在 Facebook 上发的一个帖子：

> 我的生日？就我所知，陪我长大的每一个人都知道。所以说，生日不是秘密。我妻子和孩子的姓名？很难算得上秘密。我们的婚礼上大概有 300 位宾客。我们每年要给 300 多人寄节日贺卡。再次表明，姓名不是秘密。地址呢？电话簿里都有，网上也有。不是秘密。父母的姓名？和我的名字一样，不是秘密。我的社保号码已经被无数家公司和政府机构用过无数次了。我想，也不是秘密。

我远不如兰迪有把握。我读了不少以密码泄露和朱利安·阿桑奇（Julian Assange）[1]的狂妄为主题的文章，因此对黑客心存畏惧。但我认为，在安全措施的保障下，世界家谱的益处将大于隐私危机。

因此，我们要考虑一个终极隐私问题：DNA检测。对此，答应在"全球家庭聚会"上发言的作家莫德·牛顿（Maud Newton）给出了恰当的总结："我认为DNA检测是不理智的，但我已经做了三次。"

这也是我要说的。我做了好几次DNA检测，甚至还做了全套，让纽约大学和哈佛大学的教授解码了我的所有基因组。我的数据处于加密状态，但是这种状态能维持多久呢？麻省理工学院的一项研究表明，一个聪明又积极的黑客不用费大力，就可以获取我的所有基因组信息。

想到这里，脑海中不由浮现出《变种异煞》（Gattaca）里的可怕情节。我的医疗保险费可能变成原来的三倍；潜在雇主可能发现我有盗取办公用品的基因（我没有，这种基因不存在，但有可能存在类似基因）；最可怕的是更多弹出式广告，试想我的DNA数据被卖给商人和制药公司后会发生什么——"您有汗脚基因，请了解我们的芳香鞋垫。"

或者从子孙后代的角度设想。想象50年后的一天，我的孙子正在酒吧和一位可爱的女士攀谈。她上网查了他的基因信息后，发现他遗传了低催产素（所谓的"一夫一妻激素"）水平，便以去卫生间为由离开，一去不复返。

---

[1] 朱利安·阿桑奇被称为"黑客罗宾汉"，通常被视为"维基解密"（Wikileaks）的创始人。（编者注）

我最近对可能出现的糟糕情形略有体会。几年前,我代表《君子》(*Esquire*)杂志采访演员米拉·库妮斯(Mila Kunis),得知她读过并且喜欢我写的书。那是我人生中第 5 个最激动的时刻,排在前 4 位的,是举办婚礼时,以及 3 个儿子出生时。此后,我们邮件交流了几次。

米拉和我一样,也是阿什肯纳兹犹太人,我估计我们有一些相同基因。因此,为了举办聚会,我问她是否愿意对比我们的 23andMe 检测结果。她很乐意。我的猜测是对的:我们有亲缘关系。我们都属于 H7 单倍群,也就是说,我们有一位共同的女性祖先,她生活在几千年前的西亚地区。

问题在于,米拉分享了太多。我让她使用 23andMe 的 "我们有亲缘关系吗" 这部分的信息,她却把所有 DNA 检测结果都截屏发给了我。因此我看到了其他信息,比如米拉的基因数据表明她的耳屎是干的还是湿的。我要把这个秘密带到坟墓里去。

我感觉自己像一个 2.0 版的偷窥狂。

因此,就隐私而言,DNA 检测的缺点有很多。但毋庸置疑,DNA 检测也有非常奇特的潜在益处。我隐约看见了远祖们的生活。我窥见了自己的健康危机,某一天,这会帮助我选择药物和饮食。我参与了哈佛大学个人基因组计划,我的检测结果也许会为医学突破出一份力。

这些益处就是我往试管里吐口水的原因。这么做也许是错误的。也许我的曾曾曾曾孙会看到我写的古老邮件,不仅看到我花了多少时间看别人在跑步机上摔个大马趴,也看到我的母亲警告过我要注意隐私,于是会问 "他为什么不听他妈妈的话?"

聚会倒计时：23 周

卢卡斯告诉我，他想负责聚会的安保工作。虽然他的体重只有 46 磅，但他的确有一根空手道的绿腰带。也许行吧。

最初打算举办聚会时，我希望它是一个家庭计划，和其他人带孩子在地下室里造独木舟一样。造船可能更容易，但是我的家人（有时不情愿地）渐渐展现出应对这一活动的能力。朱莉在策划聚会上的寻宝游戏。贾斯珀和赞恩在为小表亲们设计游戏。我的父亲在审读供应商拟的合同，确保我没有不经意间把自己的基本人权授予移动厕所公司。

虽然不能补偿我为聚会牺牲的陪伴家人的时间，但这对我来说很重要。

第 27 章　艾萨克·牛顿的天才

我想采访著名天体物理学家、国家地理频道纪录片《宇宙时光之旅》(*Cosmos*)的主持人尼尔·德格拉斯·泰森(Neil deGrasse Tyson)。他，当然了，是我的远亲。

我向他的网站发了一封包含聚会宣传的邮件。泰森回复道："同样的话我也对亨利·路易斯·盖茨说过。"（盖茨曾邀泰森录制他的节目《寻根》。）

我对寻根的态度可能有些不同寻常。我不关心。不是消极的不关心，而是积极的不关心。在生命之树上，任何两个人都有共同的祖先，只取决于你追溯的年代有多远。因此我们用线条来表示家系和遗传的行为可谓武断至极。当我在思忖自己能达成怎样的目标时，我不指望从家系中获得启发，我会纵观全人类。这才是我重视的遗传关系。艾萨克·牛顿的天才，甘地和马丁·路德·金的勇气，圣女贞德的无畏，迈克尔·乔丹的战绩，温斯顿·丘吉尔的口才，特蕾莎修女的同情心。我指望人类给予我启发，因为我是一个人。我根本不在乎我的祖先是国王还是乞丐，是圣人还是罪人，是勇士还是懦夫。我的人生由我自己创造。

非常精彩的回答。我问泰森是否可以接受我的进一步采访。他没回复。我没有放弃，请他至少允许我发表他的回信。他同意了，将修改好的邮件发给了我。（他为此给我开了一张 200 美元的账单。我觉得这个做法稍微有点奇怪，但我还是把支票寄给了他。我这本书也不是免费的，所以我不能对他心怀怨恨。再说了，他是家人嘛。）

在这之前，我已经听到过不同版本的"泰森立场"。我的内兄埃里克说，一些祖先与我们共有的 DNA 并不比大街上的陌生人多，人们却对他们着迷，他发现这是一件奇怪的事。一位朋友的父亲直截了当地说："我不关心死人。"

这种立场让我感到困惑。一方面，我承认，"泰森立场"与我的计划完全相符。我们是人类家庭的一部分，因此我应该关注最具启发性的人物，即使这些人不在我的家系中。

另一方面，我被自己家系中的祖先所吸引。也许是出于自恋和缺乏想象力，我对那些给我生命的人更感兴趣。在我看来，这是一个非常普通的特点，也许是根深蒂固的人类天性，并不一定是弊端。它是一种过度依赖，却是有效的依赖。如果没有这种依赖，我可能会忽视我正在研究的历史。它让我更清楚地感觉到自己与外部世界的联系。

我现在无论看到什么，都能联想到自己的家人。今早参观一位朋友的公司时，看到楼梯旁红黄色的出口标志，我瞬间想到外祖父曾告诉过我，启发他为完善劳动法而努力的，是纽约三角内衣厂火灾及工厂紧锁的出口。随后我又想到，我父亲这边的一位表亲和一位韩裔建筑师结了婚，后者曾在三角内衣厂火灾纪念匾额设计比赛中获胜。万事万物都是相连的，没有像孤岛一样存在着的男人、女人或事物。

就连每天早上穿内裤的时候，我也会想到我的家人。这件事并没有你以为的那么怪异。最近发现，我的母亲的母亲的母亲的父亲，曾是路易斯大街一家纺织品百货商店的老板，内裤是该店的商品之一。不是普通的内裤，而是历史上最先使用弹性接缝以达到贴身效果的内裤。我们家的内裤以边缘和背面的粉色伸缩带为特色——与松松垮垮的内裤斗争了一千年，终于实现了飞跃。

这项技术还引发了争议。另外一家公司起诉我的祖先，声称只有他们有权使用"弹性接缝内裤"这个说法。1911年，这场官司一直打到美国最高法院。在这一历史性判决中，我的家人胜诉了。我在网上找到了判决书的复件，想到因为我的家人，大法官奥利弗·温德尔·霍姆斯（Oliver Wendell Holmes）不得不学习内裤设计的细节，我便乐不可支。

当孩子们也跟上了"万物相连"的潮流时，我感到很高兴。前几天在我母亲家里，赞恩尝试了玩杂耍。一个球飞出去，看起来一定会砸中我母亲的小摆件，却砰的一声，落进一只废纸篓里。

"感谢废纸篓。"赞恩说，"感谢祖母，谢谢你买了废纸篓。感谢祖母的父母，谢谢你们生了祖母。感谢祖母的父母的父母，谢谢你们有她这个孙女。感谢他们的父母……"

我希望"万物相连"的观点，不只是他们有朝一日会在寝室里,边抽电子烟边聊起的伪深刻话题。我希望它能提醒他们、提醒我,我们的行为会对他人造成影响,我们应该努力不那么以自我为中心。

也许你听说过印第安人的"七代人"主张:着眼于未来七代人的福祉。说来尴尬,第一次告诉我这个观点的,是一个环保型尿布品牌。(可能与内裤的松紧带有联系?我是不是有点得寸进尺?)无论如何,我喜欢这个观点。

如奥内达加族印第安人首领奥伦·莱昂斯(Oren Lyons)所言:"我们要向前看,这是我们作为首领要履行的首要职责之一,确保我们做的每一个决定都与未来第七代人的福祉有关……第七代人会怎样呢?我们要带领他们走向何方?他们将拥有什么?"

最能影响第七代人的,大概是签署《巴黎协定》这样的重要国际行动。但是,也许微小的行动也有其价值。也许我应该勤快一点,用不锈钢瓶子接水喝,停止购买小瓶波兰泉,因为波兰泉的瓶子终会出现在太平洋垃圾带里。我想让我的第七代孙过好日子,或许他们能穿上更先进的内裤。

聚会倒计时:19 周

负责"分支聚会"的女性们让我心生敬畏。"分支聚会"是志愿者安吉尔·亨德利想出来的恰当说法,与家谱相关,指世界各地同步进行的家庭聚会。分支聚会将直播演讲,鼓励各地参与者与斯莱兹姐妹一起合唱。

我感觉我正在旁观这些女性(安吉尔、伊欧玫、谢丽)使用娴熟技能,玩转统治世界的游戏,看她们征服一片又一片领地。她们目前已经安排了21场分支聚会,每场聚会都由当地出资。

举办分支聚会的地点包括得克萨斯州和底特律,以及秘鲁、荷兰和新西兰,还有俄克拉荷马州的切诺基遗产中心(Cherokee Heritage Center)。

布法罗的分支聚会将在森林草坪公墓(Forest Lawn Cemetery)举办。森林草坪的介绍文里写道"我们永久守护16万灵魂,包括米勒德·菲尔莫尔总统"。伊欧玟问我,为了破纪录,能不能把这16万人也算上。这需要考虑一下。

第 28 章　父与子

我在一个周日外出,去了解我的外曾外曾曾曾曾曾祖父,维尔纳加翁。

在家谱学大会上认识的家谱学家芭芭拉·桑茨邀请我,去一个犹太文化中心听演讲,演讲主题是那位著名的拉比。怎么可能拒绝?我想了解这位才华横溢的立陶宛祖先。再说了,维尔纳加翁的子孙大概有 8 万人,如果我能让其中十分之一来参加"全球家庭聚会",我就破纪录了。

我跟朱莉和孩子们说"一会儿见",然后前往曼哈顿中城——他们也要去市中心的一个街头集市上见朋友。我到的时候演讲已经开始了,但芭芭拉用她的大衣给我占了座位。

演讲人是耶鲁大学宗教学和历史学教授埃利亚胡·斯特恩(Eliyahu Stern),他写过一本书,名为《天才:维尔纳的以利亚和现代犹太教的产生》(*The Genius: Elijah of Vilna and the Making of Modern Judaism*)。斯特恩穿棕色夹克衫,戴黑框眼镜,非常英俊,完全可以在 Netflix 的情景喜剧中出演年轻教授。他还是一位出色的演讲者。

斯特恩介绍道，维尔纳加翁生于 1720 年，有点类似于犹太人中的拓荒者丹尼尔·布恩（Daniel Boone）[1]，但他不是凭借与鳄鱼摔跤才出名了，而是凭借智力，创下了一番丰功伟绩。

据说，他 5 岁能背诵摩西五经，9 岁能背诵整部希伯来圣经。还有一种传言是，他每天的睡眠时间从来不超过 2 个小时，每次睡觉不会超过 35 分钟。

他的名号即是他本人才能的体现：在希伯来语中，"加翁"的意思是"智者"。在他开始解释摩西律法之前，这个词已经几个世纪没人用了。另外，Facebook 上有两个他的粉丝主页，而不是一个。

斯特恩教授在台上讲述加翁的传奇。他说，维尔纳加翁成名的关键，是他把学习变成了一件很酷的事。他将学习行为本身上升为一种目的，而不是完成其他目标的手段。加翁之后，好几百万犹太小朋友都想当学者，就像我的朋友想成为摇滚巨星一样。各个地方的书呆子都欠他一个人情。

还有一点同样重要，那就是加翁通过拓宽范围彻底改变了犹太人的学习。他认为，为了完全理解犹太律法和文化，人们需要接受更广泛的教育——研究数学、天文学、地理、植物学、动物学。因为这一点，我对他很有好感。他引领了闪米特人的文艺复兴。

所以说，他绝对是一位楷模，对吧？别急着做决定，斯特恩说。"他是个有家室的男人。"斯特恩补充道，要知道，加翁共有

---

[1] 丹尼尔·布恩（1734—1820）是美国历史上最著名的拓荒者之一。他的冒险精神与经历曾被许多文学作品用作素材。（编者注）

子女 8 人。"但他是哪一种有家室的男人呢？我来给你们讲一个小故事。"

某一天，维尔纳加翁准备去树林里学习。在他出门之前，他的一个儿子突然病重。加翁的另一个儿子亚伯拉罕，记录了之后发生的事情。斯特恩对其进行了简要复述。

"父亲要去树林里学习。是的，他总是把学习放在第一位。于是他拿着行李进了树林，在里面待了一个月。在这期间，他一次也没有想起过我们，也没有关心过我哥哥。直到有一天，他坐在马桶上想起了我的哥哥，只有在这种时候，他才会暂时把律法放在一边。他说'哎呀，不知道他怎么样了？'，然后站起来，回家了。"

故事讲完了。斯特恩摇摇头说："这也叫父亲？"几乎是吼出来的，"这也叫父亲？"

同感。如果这是场一呼一应的布道，我会高喊"阿门！"。论头脑，维尔纳加翁也许是巨星，但他可能是一个非常糟糕的父亲。

斯特恩又说："这个故事告诉我们，他成名的代价是昂贵的。你想著书立说，想在这件事上超越犹太史册上记载的每一个人？你想成为史蒂夫·乔布斯？你想成为阿尔伯特·爱因斯坦？不要把这些目标与做一个称职的居家男人或者好人混为一谈。我觉得很遗憾，我们的社会，所有的犹太人，都太重视智力成就，以至于有时候忘记了'好事不能两头占'。我们必须反思：我们真心想教给孩子们的是什么？"

噢，天啊！他的话引起了共鸣。显然，工作与生活的平衡是存在了数个世纪的问题。早就存在了，早在一位非常成功的朋友告诉我"家庭是通往伟大的障碍"之前；早在哈里·查宾（Harry Chapin）写出那首与猫、摇篮和银勺子有关的歌曲之前[1]；早在我选择在这个阳光明媚的周日去听演讲，而不是陪家人外出游玩之前。

关于爱因斯坦，斯特恩的判断是正确的。他在给他妻子的信中写道："你要确保我待在房间里也能享用一日三餐。/你既不应该期待亲密关系，/也不应该以任何方式责备我。"尽管他写了这首"温柔的情诗"，他们还是在不久之后离婚了。另一方面，爱因斯坦的优先顺序安排也许是正确的。如果他花更多时间为孩子们做早上吃的薄饼，带他们去瑞士的游乐园玩耍，他也许会忙得没有时间创立相对论。

同为有家室的男人，外祖父西奥多·基尔的表现比爱因斯坦好一些。但他也常把工作放在妻子和孩子之前。我记得母亲曾告诉我，她和 5 个兄弟姐妹在 13 岁之前都没有和父母一起吃过晚餐。作为补偿，他们拥有与父亲相处的"时间"。他们所说的"时间"，是晚上的 5 分钟或 10 分钟。这期间，他们会去客厅接见他们的父亲。他经常出门在外或者工作到很晚，所以这短暂的时间尤其宝贵。

工作与生活不平衡是一个难题，我没有任何解决方法。但我知道，筹备"全球家庭聚会"正在把我变成一个更不合格的一家之主，至少对我的直系亲属来说是这样的。最初给我发邮件的奶农朱尔斯·费尔德曼曾提醒过我。"我的妻子说，'你把那么多时间花在你的第十代表亲身上，把你的老婆孩子都忘了'。"他告诉

---

[1] 哈里·查宾（1942—1981）是 20 世纪美国的一位民谣歌手。他的代表作是《摇篮里的猫》(Cat's in the Cradle)。据说在他的第二个孩子出生时，他因为举办演唱会而不能陪伴在妻子身边，感到十分内疚，于是把当时的感受写成了这首歌。（编者注）

我说。这让我感到内疚。更不用说，我先前还在批评伟大的维尔纳加翁的生活方式，这也让我感到内疚。

几周后，我跟姐夫威利聊起维尔纳加翁，他说："你的祖母一直不喜欢他。"

这让我感到意外。我的祖母极少说家人的坏话。

"她不喜欢他对女人的描写。"威利说。

瞧，这减轻了我对维尔纳加翁的愧疚感。批评外曾外曾曾曾曾曾祖父的同时，我是在向祖母表示敬意。

第29章　双胞胎大聚会

我们参加了另一个破纪录的家庭聚会，多胞胎最多的聚会：双胞胎节。

十年前，我从一位科学家那里听说双胞胎节时，就想去见识见识。今年找到了完美的理由。我希望去那里捕捉灵感，搜索值得借鉴的想法。

双胞胎节起源于1976年夏天，此后一年一度在与节日同名的俄亥俄州双胞胎镇（Twinsburg）举行。世界各地的双胞胎，和少数三胞胎、四胞胎、其他多胞胎一起，纷纷来到这个农业小镇参加为期三天的双胞胎节。这三天里，除了美食、游行、竞赛以外，还有科学家的调查问卷。双胞胎节创下了在同一个地方聚集1181对双胞胎的吉尼斯世界纪录。

在一个周日的上午，朱莉、双胞胎兄弟和我（贾斯珀在参加野营）登上了去俄亥俄州的飞机。我们到达双胞胎镇中学体育馆，在那里领了欢迎礼包和双胞胎节的橡胶手环。

之后，我们就傻眼了。事实上，我们很难不做出这样的反应。我们四人被几百对双胞胎包围了。老年双胞胎、青年双胞胎、大个子双胞胎、小个子双胞胎、金发双胞胎、黑发双胞胎、亚洲双胞胎、拉丁美洲双胞胎、自拍的双胞胎、拥抱的双胞胎、哈哈大笑的双胞胎。我们看得目瞪口呆。还有几对少男少女双胞胎在打情骂俏。

让我们看傻眼的，还有T恤上的搞怪文字。一对双胞胎穿着"节约用水，共用子宫"的配对T恤。两个少女穿着一模一样的T恤，上面写着"我是邪恶双胞胎姐妹的邪恶双胞胎姐妹"。连双胞胎以外的人也掺和到T恤游戏中。我看见一个40岁左右的父亲用婴儿车推着一对双胞胎女孩，他的T恤上写着"真男人生双胞胎"。

这些T恤，我都不会买，因为我的标语必须是"真男人生双胞胎，只因他们有不孕症，只能接受会生出双胞胎的体外受精"。

我为"全球家庭聚会"做了一条笔记：T恤是关键。

第二天，我们参加了双胞胎游行，在他们高声歌唱《当双胞胎来游行》之类的歌曲时为他们喝彩。为了避免多胞胎不足以成为主题，每年的双胞胎节都有一个副主题。今年的副主题是20世纪60年代[1]的双胞胎家族。主办方鼓励（要求）参加节日的双胞胎与自己的姐妹或兄弟穿一样的衣服，因此你可以在游行队伍看到一模一样的"花童""芭比娃娃"和吉米·亨德里克斯（Jimi Hendrices）。

游行结束后，我们一边吃玉米卷一边闲逛。我们给卢卡斯和赞恩买了印着"双胞胎节"的扎染T恤，他们一拿到手就穿上了。

---

[1] 嬉皮士文化兴起的年代。（译者注）

"和平,哥们儿!"赞恩用手比了个"V"。

"和平,哥们儿!"卢卡斯说着,也比了个"V"。

紧接着,他们就开始用这个手势戳对方的脸。这个画面有点像活宝三人组(Three Stooges)来到了海特阿什伯里(Haight-Ashbury)[1]。令我佩服的是,他们能做出古老的和平手势,然后将其转化成暴力。有爱又有冲突,这是对家庭的完美总结。

我们看到了很多比赛:长得最不像的双胞胎、最相似的双胞胎、最古怪的双胞胎、最年轻的双胞胎(刚出生6小时,直接从医院里抱来的)。我又做了一条笔记:多一些比赛,人们喜欢比赛。

卢卡斯(左)、赞恩(右)和嬉皮士双胞胎。

---

[1] 嬉皮士文化起源地。(译者注)

最后一站，是一片被科学家占领的草地。科学家们热爱双胞胎节，在他们看来，这个节日就是小白鼠大会。DNA完全相同的双胞胎，可以帮助科学家解开谜团，找出哪些特征是先天的，哪些是后天的。研究者在这个场地上搭起了帐篷，研究嗅觉、听觉和指纹。

几年前，一位科学家开展了一项与众不同的研究。我的记者朋友凯蒂·巴里和克里斯蒂·巴里已经参加了几十届双胞胎节，她们告诉我，这位科学家的研究主题是"双胞胎的胸围差异"。听起来，这项研究比第八代表亲发来的邮件更可疑。换作是我，我会让这位"科学家"出示学位证书。怎么确定他不是穿着租来的白大褂的13岁少年？凯蒂和克里斯蒂向我保证，他不是冒牌货，而且参与他的研究让她们感到自豪。

尽管存有戒心，我仍然认为我的双胞胎也许能为科学出一点力。于是，我们走向一个测验视力的帐篷，那里有一位胡子刮得很干净的研究者。

"异卵双胞胎？"他问。

我点头。

"抱歉。"他说。

这是双胞胎节不算秘密的秘密。多胞胎有三六九等之分，而且不只是科学家这样认为。异卵双胞胎的等级最低，最不受尊重。如果把双胞胎节比作一个鸟类保护区，异卵双胞胎好比是麻雀和鸽子。

异卵双胞胎之上是同卵双胞胎，相当于红衣凤头鸟和冠蓝鸦。同卵双胞胎之上是同卵三胞胎。最稀有的是四胞胎，不管走到哪儿，都有人跟他们合照，发出惊叹声，好像遇到了象牙喙啄木鸟。

一些朋友认为双胞胎节是一个以榨取资源为目的的节日，太像康尼岛怪胎秀（Coney Island Freak Show）。我却并不为此烦恼。参加节日的双胞胎们都是出于自愿，他们为双胞胎身份感到高兴。他们享受这个节日，那是属于他们的部落。

不是所有双胞胎都乐意成为其中一员。几年前，我的朋友阿比盖尔·波格列宾（Abigail Pogrebin）出了一本很棒的书：《一模一样：我的同卵双胞胎人生，以及我知道的每个人对独特性的追求》（*One and the Same: My Life as an Identical Twin and What I've Learned About Everyone's Struggle to Be Singular*）。为了做调查，阿比盖尔参加了双胞胎节，但她是一个人去的。她没能说服她的孪生姐妹罗宾一同参加，只好向酒店服务员谎称她之后到。当然，罗宾是爱她的孪生姐妹的，但她有时会感觉到双胞胎身份是一道枷锁，阻碍她成为独立的个体。

我理解这种矛盾。一方面，双胞胎是彼此一生的挚友，是牢固的小团体，总共两人，外人无法介入。另一方面，双胞胎总被捆绑在一起。一起开生日会，剪相同的发型，共用一个代词："他们在学校开心吗？"我能理解这种沮丧的心情。

我认为，实际上我们所有人都能体会这种矛盾。一方面，我们想成为独一无二的个体。另一方面，我们想成为家庭、群体和社会的一员。这是一个现代矛盾：既渴望与众不同，又渴望融入集体。

我人生中大部分时候，都太追求与众不同。想要独一无二和脱颖而出的强烈愿望，带来了各种消极结果。（比如：自私地专注于事业，读高中时佩戴愚蠢的银耳饰。）现在，我会要求自己多从人类成员的身份出发考虑问题。虽然仍然有失平衡，但我一直在尝试。

乘飞机离开俄亥俄州之前，我们在机场礼品商店稍做停留。赞恩和卢卡斯买了不一样的纪念品。赞恩买了一顶克里夫兰印第安人队的棒球帽，卢卡斯选了一个印着"克里夫兰最棒"的马克杯。尽管两个儿子都爱要价高的水货，但他们毕竟是不一样的人。

聚会倒计时：18 周

双胞胎节提醒我，T 恤是大型活动的关键。

我和活动策划亚伦花了一天时间，商量要印在 T 恤上的标语。有一会儿，我下决心要用"亲我吧，我是你的家人"。亚伦明智地劝我放弃。他说我和"亲密表亲"打交道的时间可能太多了。

最后，我们选用了几条老少皆宜的标语，其中包括"我是你的第二代表亲的妻子的曾曾姨婆的丈夫的孙子。我们实际上是兄弟（姐妹）！"

可能太长了，但我们不需要按字数付钱。

第 30 章 五位母亲

回到纽约后,关于双胞胎的想法仍然挥之不去,因此我打算把双胞胎作为一个主题运用到"全球家庭聚会"上。最近参加一个派对时,我认识了一部双胞胎纪录片的制片人,她说我可以在聚会上放映她的电影。

她的电影片名为《孪生姐妹》(*Twinsters*)。刚在电脑上打开这部电影,我就明白了她的意思。影片开始播放后,我们见到了25 岁的女演员萨曼莎。她出生在韩国,被一个新泽西州的白人家庭收养,现居洛杉矶。2012 年的一天,萨曼莎帮别人拍了一个跟恋爱陷阱有关的滑稽视频,她在里面用拳头击中了一个追求者的裆部。

该视频被上传到 YouTube 上之后没多久,萨曼莎收到一条奇怪的 Facebook 信息,发信者是一个住在伦敦的法国女孩,名叫安娜伊思。她本来不认识萨曼莎,但是朋友把萨曼莎拍的视频发给她看之后,她惊诧地发现,她们的长相极其相似:一样的鼻子、一样的脸、一样的雀斑。安娜伊思也是被领养的韩裔,且出生日期与萨曼莎一致:11 月 19 日。

"我不想把自己搞得像林赛·罗韩（Lindsay Lohan）[1]一样，"安娜伊思写道，"但是……怎么说呢……我想知道你的出生地是哪里。"

我后来问萨曼莎，刚看到安娜伊思的信息时，她的反应是什么。她告诉我："我努力保持理智。我对自己说'冷静，萨曼莎。我怎么可能有个从来没见过的孪生姐妹呢？这种事太离奇了'。但是另一方面我又隐隐觉得，'这一定是真的'。"

安娜伊思在巴黎长大，如今在伦敦学设计。萨曼莎和安娜伊思开始每天通过视频和短信聊天。两人比较了各自的喜好。她们都把指甲涂成了浅蓝色，都喜欢吃泡菜。她们默契十足，叫彼此"小鱼"，还发明了两个人的问候方式：像鱼一样发出"啵啵啵"的声音。

"你们现在有点儿烦人了。"一个朋友开玩笑地说，他看着她们对着摄像头做鬼脸，还发出奇怪的声音。

她们做了DNA检测。没错，结果表明她们是同卵双胞胎，生母是同一人。

在此之前，萨曼莎和安娜伊思都没有与生母取得过联系。她们甚至不知道她叫什么名字。现在，萨曼莎和安娜伊思让领养机构给她们的生母发了一封短信。然而，那位女士却说她没有生过双胞胎。她说他们找错人了。刚听到这个结果的时候，萨曼莎哭了。"这样也许更好。"萨曼莎后来说，"这样一来，就有很多种希望和可能，比如说，也许她是个超级英雄，所以不能告诉我们她

---

[1] 林赛·罗韩是美国的当红演员、歌手，曾在电影《天生一对》（*The Parent Trap*）中饰演一对双胞胎，一人分饰两角。（译者注）

是谁。"

第一次联系后过了几个月，萨曼莎飞到伦敦，去赴她们的首次面对面约会。

这次见面的录像给人一种既可爱又别扭的感觉。安娜伊思来到见面的房间后，她们基本上没有对话。她们嘻嘻哈哈地笑了大概10分钟。没有深情的拥抱，甚至没有任何长时间的肢体接触。

"安娜伊思对那次见面的描述是最形象的。"后来接受我的采访时，萨曼莎说，"我们像磁极，先靠近彼此，然后开始旋转，想找到在同一个空间内的相处方式。"

最后，两人的朋友让她们背靠背比身高，她们的肩膀碰到了一起。"就像突然注入了一股能量。"萨曼莎说。

失散多年的双胞胎，安娜伊思（左）和萨曼莎

结果是，安娜伊思比萨曼莎高半英寸。（"她经常跟我提这个

事。"萨曼莎说。）此外，她们性格略有不同。就像人们通常认为的那样，加利福尼亚的萨曼莎稍微开朗一些，法国的安娜伊思稍微多愁善感一些。

我告诉萨曼莎，换作是我，如果在成年后发现有人跟我长得一模一样，我会深受打击。如果另一个 A. J. 更成功、更慷慨，还跟奥巴马是一起打篮球的好哥们儿怎么办？我可不想承受那样的压力。

萨曼莎听完哈哈大笑。"别人问我们，会不会因为一出生就被分开而生气，"萨曼莎说，"我却只感到高兴，因为我们找到对方了。我想往好的方面看。"虽然她们被分开了，但是她们各自都有其他家人。"家人的定义在于你怎么看，"萨曼莎说，"不一定要有血缘关系，可以是你愿意接受的任何人。"

最近，萨曼莎和韩裔演员珍娜·乌什克维兹（Jenna Ushkowitz）一起，创办了一个非营利机构，专门帮助被领养到美国的外国人。该机构的名称为"家人"（Kindred），宣传口号是"家人之间没有国界"。"作为一个被收养者，"萨曼莎说，"如果被一个母亲说'噢，我的亲生儿子是我的家人，你是外人'，那是非常糟糕的。"

电影快结束时，萨曼莎说，虽然她没能与生母保持联系，但是她并不缺少母亲。完全不缺。她说她至少有"五位母亲"：她的养母；安娜伊思的养母；在韩国照顾过她几个月的寄养家庭的母亲，她们还保持着联系；合作多年的经纪人，被她称为"代理妈妈"。她还可以继续列举下去。

我对萨曼莎说，她的话让我想到了电影《她》（*Her*），由斯嘉丽·约翰逊配音的虚拟情人说她爱杰昆·菲尼克斯扮演的男主角，但她还爱着另外641个人。

我还没有成长到能够接受朱莉有641个情人，或者说1个也接受不了。但我的确相信，人类的爱比我们想的更有弹性。有时候，我们可以在心里腾出空间去爱其他人，同时不会减损我们原来的重要感情。人与人之间的爱，并不是一场零和博弈。

聚会倒计时：17周

噢，老天，这几天过得真辛苦。如果取消聚会不会让我遭受众人的辱骂和连续几个星期的愤怒来电，我会毫不犹豫地取消。我担心钱的问题。我担心我会比平时更让我的孩子们难堪。我担心聚会上可能发生暴乱。我担心人数太少根本不足以构成一场暴乱。我担心YouTube红人办音乐节（同一天，在聚会地点附近）意味着没人参加我的聚会。

为了邀请发言人和媒体，我每天要被拒绝好几次。脱口秀《视野乐团》（The View）预约我上节目，这本来是一件大事。但是他们在节目开播前取消了预约，原因是主持人担心我会刺探他们的私生活。

最糟糕的是，我对自己的论点产生了怀疑，不确定我们是否应该更友善地对待全球各地的家人。在药店排队时，一个家伙无缘无故地指着我的外套说："我本来打算买一样的外套，但是后来发现太丑了。"我真的要把这个混蛋当成家人？也许老死不相往来更好。

第 31 章　败家祖宗

世界家谱上结了一些坏果子。事实上，是坏透了的果子。我今天怀着不安的心情，花了 45 分钟，在 Geni 搜索栏里输入人类历史上最邪恶残暴之人的姓名。

十有八九，搜索结果会"叮"的一声弹出来，展示我和这些撒旦后裔之间的关系链。

在儿童聚会中扮演小丑的连环杀手约翰·韦恩·盖西（John Wayne Gacy），相隔 14 个人。

残忍的邪教首领吉姆·琼斯（Jim Jones），相隔 20 个人。

每次连接成功，我就会抱怨一声。不到 1 个小时，我抱怨了 25 次。这些关系给我的感觉是肮脏，就像无意中吃了马肉汉堡[1]。理智告诉我，既然我和每一个人都有亲缘关系，那么必然也包括世界上最恶劣的人。然而，清楚地看见屏幕上的几个箭头把我和某些邪恶的人连接起来，则是另外一回事。我只希望世界家谱给予的温馨感能够压制我的厌恶感。

---

[1] 犹太人忌食马肉。（译者注）

搜索了一阵子之后,我告诉自己,不要继续连接罪大恶极之人。若是换成不是非常坏的人呢?换成普通的犯罪分子?这类人比较有趣。我的确希望自己的家谱里有几个这样的人:帮派成员、骗子、贪污犯。

究其原因,我感觉那些无法从道德上判断好坏的祖先,是比较受年轻人欢迎的。而且我也认为,这是一种健康的心态,尽管给人的感觉有些奇怪。此外,家族树上的少许罪犯,能起到民主化的作用,证明没有人的血统是纯洁的。鉴于每个人的家系中都有不受欢迎的人,也许我们不应该急于评价他人。我们的人格不是由祖先决定的。事实上,不论好与坏,他们的存在都有可能启发我们要做更好的人。

这么说,也许只是为了将自己的想法合理化。也许我想要一些帮派成员做亲戚,只是因为电影《好家伙》(*Goodfellas*)是我的大爱。总之,我希望自己的家谱里有一些坏家伙,而且是亲缘关系较近的,不是差六个辈分的第十四代表亲。我想要差三个辈分的曾叔祖和差三个辈分的第一代表亲。

朱莉在这方面占有优势。传言说,她的叔祖曾是黑手党的会计,最后在汽车里被人谋杀。

到目前为止,我还没有发现这类祖先。花了一周时间仔细搜索简报,我只发现在 1924 年,我的外曾外叔祖利昂·桑斯坦,因在匹兹堡盗窃价值 5000 美元左右的显微镜而被捕。显微镜盗窃。好吧,至少是与技术有关的犯罪,我作为科学迷必须向他致敬。后来在 20 世纪 40 年代,利昂成了一个通过玩宾戈游戏行诈骗之实的人,虽也是非法勾当,但仍然不是会被马丁·斯科塞斯

(Martin Scorsese)导演看上的故事。

若说有任何人能帮到我,这个人就是罗恩·阿伦斯(Ron Arons)。他就是我那一次在家谱学大会上看到的,身穿黑白条纹囚服的人。罗恩出生在曼哈顿,身材高大、头发斑白,61岁,现居奥克兰。关于那些胡作非为的祖先,罗恩已经写了几本书,他还创办了一个叫作"犯罪研究"的公司,专门对家族树上的烂果子进行深度调查。

我致电罗恩,问他怎么会做这方面的工作。他给我讲了一个故事。罗恩的母亲从未透露过她的祖父是一名罪犯。罗恩对家族历史有了兴趣之后,会去图书馆查找祖先的人口调查记录。他在一张索引卡上发现,1900年,他的外曾祖父住在一个不寻常的地方:新新监狱(Sing Sing prison)。惊讶之余,罗恩仍然半信半疑。于是他搭乘飞机,去了奥尔巴尼的纽约州档案馆。然后,他开始查找监狱的收监记录。

"不到一个小时,我真找到了。之后就一发不可收拾了。"罗恩说。

没想到,他的外曾祖父犯的是重婚罪:在纽约与两个老婆明来暗往。获罪后,他在一间4×7英尺大小的牢房里度过了4年。

找到记录的当天,罗恩用公用电话联系了他的兄弟。两人因为这件怪事足足笑了好几分钟。但是,这个发现对罗恩产生了深远的影响。

"我有犯罪血统,这是一个改变我人生的发现,"罗恩说,"我从来都只以为自己是个十足的大好人。这个发现极大地改变了我的世界观。"

研究败家祖宗的专家罗恩·阿伦斯

"你的行为有没有发生变化?"我问,"我的意思不是说你会去打劫卖酒的商店,而是说也许这个发现让你变得比之前更叛逆。"

"我想我一定是比以前更叛逆了一点,"罗恩说,"我认为写这本书就显得有点叛逆。"

罗恩的发现给了他很大启发,他开始把全部时间用于研究害群之马。在《新新监狱的犹太人》(The Jews of Sing Sing)一书中,他对那所臭名昭著的监狱里最有趣的犹太犯人进行了描述。

他说,并不是每个人都赞成曝光犹太人里的坏家伙。"有一次在底特律演讲时,一位上了年纪的女士说'你不能讲这个主题'。她说世上根本不存在犹太罪犯。好在各位观众出面解围,对她说:

'闭嘴吧，女士。'"

罗恩的犯罪研究公司所接待的客户，都想调查那些作奸犯科的家庭成员。"今早收到一位女士的邮件。她的父亲告诉她'绝对不能调查威利叔叔！'，她说'这更坚定了我要调查的决心'。"

"我相信，真相会让你释然。"罗恩说。知道他的外曾祖父是重婚者后，他终于理解了童年里发生过的一些事。比如有一次，罗恩开玩笑地问他的外祖母，如果他不听话，她会不会把他送进新新监狱。"我的外祖母说，'你千万别在外祖父面前说这话，他会非常不开心'。"

罗恩认为，他比以前更理解他的外祖父——重婚者的儿子。"他自身经历过悲伤、烦恼的童年，这让他学会扮小丑，逗孙子孙女开心。他走进自己的衣帽间，戴上我姨妈在世界各地旅游时买的帽子，为我们献上滑稽的表演。这就是他应对那段不幸经历的方式。"

罗恩还在几篇新闻报道中发现了那次逮捕的细节。那是一出闹剧，发生在1897年的布鲁克林。罗恩犯重婚罪的祖先为了躲避警察的追捕，居然跳下了电车。被抓进警察局后，他见到了他的两个妻子，她们骂他可耻，其中一个女人抱起罗恩的外祖父说："你不认自己的亲生儿子吗？"

罗恩问我，我们家出过哪些"不法之徒"。

"我的确发现，我的祖父曾经因为无证销售椒盐卷饼被抓。"

"老天，真是太恶劣了。你居然还敢出门！"罗恩说，"真丢人。"

是，是，说的对。罗恩对显微镜大盗也没多少兴趣。他说等他结束了另一个项目，就帮我寻找更合格的研究对象。我问他是

《药商被杀,合伙人被捉拿》

否可以来"全球家庭聚会"上发言,他答应了。

几天后,我在电话上跟朱莉的表亲琼·波拉克(Joan Pollak)聊家谱,她在研究我妻子那边的家史。我告诉她,我的家谱里还差些帮派成员和走私犯。

"其实,有一个伦纳德·约瑟芬(Leonard Josephie)。"

"谁?"

她解释道,伦纳德·约瑟芬是朱莉的亲戚,他们之间相隔4个人。比我期望的要远一点,而且是朱莉这边的亲戚。但这个伦纳德激起了我的好奇心。

琼发了一些剪报给我。1936年,伦纳德·约瑟芬是曼哈顿下城一家药房的老板之一。他与合伙人素来不和,认为对方从他那里敲诈了85000美金。

8月2日,两人在药房发生争吵。伦纳德的合伙人提议去地下室谈，以免妨碍顾客，然后走下楼梯，约瑟芬却没有跟上去。《纽约先驱论坛报》（*New York Herald Tribune*）写道："约瑟芬突然间拔出两把左轮手枪中的一把，开了6枪。然后他收起武器，走到药房入口处……给警察局和他的律师打了电话。"

我把好消息告诉罗恩，他在一天之内回复了我的邮件。他表达了祝贺，并附上了一份伦纳德的收监记录，竟然又是新新监狱。我点开附件。那是一份手写的名单，其中有伦纳德的信息——48岁，希伯来人，每周参加礼拜，被判二级谋杀罪。眼下，伦纳德，世界上最冷静的杀人犯，不得不成为我盯上的不法之徒。

聚会倒计时：16 周

这周很多时候，我都在回复一些远亲出于顾虑发来的邮件，比如：

亲爱的 AJ，我的确考虑过参加你的家谱计划，但是之后我改变了想法。很多年前，我的父亲发现阿根廷有我们的远亲。他带着我曾祖父的照片去了阿根廷，他们交换了很多故事。这件事很有趣，但是也有一个消极结果。和这些人取得联系之后不久，他们开始向我们要钱。总而言之，这就是我的顾虑。如果我参加了你的家谱计划，在那些我根本不认识的亲戚中，是否会有人找我要几百、几千甚至几百万美元？你想过这个问题吗？

我没想过。我每天要担心的事情太多了，时间不够用。

第32章 我的总统亲戚

如果我现在便举办聚会,到场人数或许有1000——不到目标人数的四分之一。

显然,我需要加大宣传力度。不论结果好坏,当今世界最响亮的扩音器都是名人。因此,我决定动员一些有名的表亲,来帮助我传播"天下一家"的福音。

我认识的人里,也有一些名人。我和喜剧演员迈克·比尔比利亚(Mike Birbiglia)已经相识多年,我拍了一张他的照片。他勇敢地举着一张纸,上面是手写的大字:I AM A COUSIN(我是亲戚)。全国公共广播电台的主持人奥菲拉·艾森伯格(Ophira Eisenberg)和演员尼克·奥弗曼(Nick Offerman),也举着"I AM A COUSIN"的标语拍了照片。我爱他们,但我已经决定以国际化名人为目标,一些我的父母一听名字就知道是谁的人,不用问 Siri[1]。最大目标?前总统乔治·赫伯特·沃克·布什(George Herbert Walker Bush)。

---

[1] 苹果公司电子产品中的智能语音助手。(编者注)

我是民主党人，对于住在曼哈顿上西区的人来说，这是法律规定的。但我也是老布什的仰慕者（顺便说一句，和今天的共和党人相比，他像一个支持自由性爱的托洛茨基主义者）。几年前，我为《君子》杂志采访过他，在致力于扫盲的芭芭拉·布什基金会（Barbara Bush Foundation）组织的几次募捐活动中，我也充当过发言人。

因此，我打电话给他的高级助理，询问我是否可以再次采访前总统。我向她解释，此次是为了写一本书和举办聚会，想跟总统先生聊一些与家庭有关的问题。她告诉我，前总统已经很少接受采访了。然后，我开始打亲情牌。

"你该知道，总统先生是我差一个辈分的第一代表亲的丈夫的曾曾曾祖父的妻子的曾曾侄孙。所以说……也许看在亲戚的分上，他愿意帮个忙。"

她笑了一声，说她会回我电话。

一周后，我登上了前往休斯敦的飞机。多奇怪呀，我的招数居然奏效了，世界家谱比领英网（LinkedIn）更管用。本来我和妻子早就计划好，要与她的朋友们聚餐，可如今只能错过了。但是我向朱莉保证，为了这次采访，错过聚餐是值得的。飞行期间，我浏览了几年前代表《君子》杂志采访总统先生时做的笔记，当时是为了做一个叫作"我学到的东西"的专栏，这些笔记让我想起了自己那么喜欢他的原因。

上一次的采访地点，是前总统位于缅因州肯纳邦克波特的住宅。前总统、他的妻子芭芭拉、我，我们在一个能眺望海浪的露台上共进午餐。我请他讲述关于柏林墙倒塌和二战服役期间的记忆。(他驾驶的轰炸机在太平洋被击落,他被附近的美国潜水艇营救才勉强逃过一劫,没有和他所在中队的其他空军士兵一样被日军俘获。)他告诉我,他最喜欢的一个说法是"无法超越的机会"(insurmountable opportunities)。他向我分享了他母亲给过他的最宝贵的建议,"她会说,'学会认可别人,没有人喜欢傲慢的人,乔治'。"

我们还谈到更重要的问题。我认为,作为一名记者,问总统"你最喜欢白宫的哪一个厕所?"是我的义务。

他竟然很乐意回答这个问题。"'王后客房'(Queens' Bedroom)里的,"他说,"乔治(他的儿子)任总统的时候,我们在那里住过。那儿的马桶上有个柳条做的东西。我坐在芭芭拉·史翠珊(Barbra Streisand)坐过的地方。难以置信!"

在所有人中,他为什么会想到《出了什么事,大夫?》(What's Up, Doc?)里的女主角,问他这个问题之前,布什太太说:"不能这么说!是要上杂志的。"

"为什么?有问题吗?"总统先生说。

用餐过程中,就像 CBS 情景喜剧里演的一样,总统先生和他太太的谈吐十分诙谐。也像情景喜剧里演的一样,他们显然伉俪情深。

下飞机后,我乘出租车去前总统的办公室,位置在一座普通办公楼的三层。总统先生的助理是一位年轻的前海军陆战队士兵,我跟着他,经过大厅里的乔治·赫伯特·沃克·布什的半身像(似乎是沙雕艺术),走进一间办公室,里面有一张大木桌,还有一把美国国旗样式的椅子。总统先生坐在轮椅里,他穿着运动夹克、卡其布裤子和一双粉黄相间、带菱形图案的袜子。布什太太带着她的马耳他犬坐在他身旁。

我向他解释了这次采访的原因。"我在参与建立将全世界 70 亿人都纳入其中的家谱。你也在这个家谱里,因为你也是人类的一分子。"

"好的,谢谢你。"前第一夫人一本正经地说,"真是非常荣幸。"

我说他们和我现在是亲戚。"我还以为我们的关系比亲戚更密切呢。"前总统说。听起来,他似乎是真的有点失望。然后,他又说:"家庭就是一切,我有福气拥有一个大家庭。"

我说有些人是他们的远亲,包括比尔·克林顿,他与布什总统是差一个辈分的第十代表亲。

"我总觉得那个比尔·克林顿是另一个女人给我生的儿子,看来还是有道理的。"布什太太说。

布什太太的娘家姓是皮尔斯。我告诉他们,她和第 14 任总统富兰克林·皮尔斯(Franklin Pierce)是血亲。

"这我倒是知道,"她说,"我记得是上中学还是文法学校的时候,书上说他是史上最差劲的总统。当时这让我感到难堪。但我现在不认为这是事实。"

之后,布什总统和布什太太举着"I AM A COUSIN"的标语,看着镜头微笑。算是得到了总统的正式认可。或者说,至少不是反对。

令我惊喜的是,布什夫妇还邀请我一起去附近的牛排餐厅吃

午饭。就餐过程中,我们聊到了各类话题:双胞胎,总统最喜欢的人像画家,还有林登·贝恩斯·约翰逊(他曾经告诉布什,参议院和众议院之间的差别,好比鸡肉沙拉之于鸡粪)。讨论完荒唐的社交媒体和可穿戴技术之后,芭芭拉·布什看着她的丈夫说:"庆幸我们已经一个89岁,一个90岁了。我要在世界变疯狂之前上天堂。"

我不知道该如何或者是否要做出回应。于是,我换了一个话题。我想知道他们维持幸福婚姻的方法。

为《君子》杂志做采访时,听前总统回忆他与未来的第一夫人初次相遇的情景,是我最喜欢的时刻之一。这件事发生在1941年康涅狄格州格林威治镇的一个圣诞舞会上。我问他,是什么让他怦然心动。

"她的美貌。她的十足的美貌。还有她的裙子!她穿了一条红绿相间的裙子,是一位令人眼前一亮的美丽女士。我问另一个人,'那位美女是谁?'对方说,'那是芭芭拉·皮尔斯,怎么了?'我说,'哦,我想认识她。'这个人把她领到我面前。我们打了招呼。其他人开始跳华尔兹。我说,'芭芭拉,我不会跳华尔兹。'她说,'噢,那就坐一坐吧。'于是我们坐了下来,后来的事大家都知道了。这一坐,就是65年。"

比我和朱莉在一起的时间多出50年。我问布什夫妇:"婚姻历久不衰的秘诀是什么?"

布什太太回答:"我认为,你应该像对待朋友一样对待你的配偶。你会为朋友打扫房屋,确保朋友得到照顾。配偶通常位列其次。所以说,要把配偶当作朋友。不要只下50%的工夫,夫妻双方各下75%的工夫就是绝配。"

她的话是至理名言。当晚回家后,我向照顾孩子们的朱莉表达了感谢。我整理了自己的行李,通常这不过意味着把衣服胡乱堆在一起,这一次多亏芭芭拉·布什的建议,我把毛衣叠好,把鞋子放进了鞋柜。我想养成习惯,至少坚持到第75个结婚纪念日。

聚会倒计时:15周

沮丧已经不足以形容我的心情。吉尼斯世界纪录公司似乎保持着尝试向上销售次数最多的纪录。

我给吉尼斯的工作人员打电话,想问清楚怎样做才能让我的聚会被记载进他们的纪录大全。那位推销员说,我的聚会可能需要有一位裁判在场。你猜怎么着?裁判不是免费的。

她发给我一份套餐清单，其中包括使用吉尼斯徽章的许可，价格从 8000 到 20000 美元不等。我尝试讨好她。我告诉她，我要举办的是一场阿尔茨海默病慈善活动。我甚至找到了她和我之间的亲缘关系，可这些都没用。

　　如果要在不雇用裁判的情况下创造纪录，不夸张地说，我必须提交 17 种证据，包括审计公司的报表和出（入）口的视频。我以前听一个朋友说过，吉尼斯"像钢管一样灵活"，我想他是正确的。

　　我的确有另一个或许更灵活的选择。我的一位朋友创办了一家叫作"创纪录者"（RecordSetter）的公司，决心成为吉尼斯的竞争对手。该公司更有自主性，更像维基百科。你需要把活动录像拍下来寄给他们，他们审查完后，就会将其上传到他们的网站上。

　　我朋友说，就当帮忙，他可以派一个人来参加聚会，这个人会穿一件有创纪录者公司商标的黄色复古运动夹克。我爱创纪录者，但它并不是理想的选项。聚会赞助商们期待的，是名声更响的吉尼斯。事情变得棘手了。

　　（备注：几年前，我其实投了一些钱给创纪录者，因此你可以有理有据地说，我有污蔑吉尼斯的动机。但是，如果你不相信我，请亲自和吉尼斯方面洽谈试试。）

第 33 章 传统！

今天，我带着卢卡斯去百老汇看《屋顶上的小提琴手》(*Fiddler on the Roof*)。这可以说，是一个传统。

8 岁时，父母带我看了《小提琴手》，那是我看的第一部音乐剧。关于那场演出，我清晰地记得一件事：5 个女儿的父亲、俄国犹太人泰维的扮演者，讲话非常大声、怪异，非常湿。湿的意思是，他一说话就喷口水。他每次说带 T 或 K 的词，舞台灯光就会照亮口水飞出的弧线。

你可能记得，泰维是一名送奶工人，其中一个场景，是他在搬运几桶牛奶。他一边唱歌一边喷口水，唾沫星子正好降落在奶桶里。这让我感到震惊。作为一个厌恶细菌的小男孩，我没办法把注意力转移开。

我问母亲："客人知道他把口水喷到牛奶里了吗？"

"我不想思考这个问题，"我的母亲说，"专心看戏。"

"他为什么没给桶盖上盖子，那样口水不就不会溅进去了？"

我告诉朱莉这是我对这部剧的唯一记忆时，她说："好吧，我很高兴你发现了这部剧的真正目的：提高关于食品污染危险的公众意识。"

我希望卢卡斯可以从《小提琴手》中得到更多启发。说得具体些,我希望该戏剧能让他对祖先在俄国和波兰的生活有些许了解——尽管稍微有些脱离实际。

我们进入剧院,灯调暗了,表演开始。未料到,演出开始半小时后,我哭得一塌糊涂。我用衣袖擦眼睛,不让自己哭出声来,或者令儿子难堪。这一次,我注意到的不是卫生问题,而是歌曲《日出,日落》(Sunrise, Sunset)。

我的意思是,听啊,它是如此真实!没错,流年似水,光阴似箭。停下来,时间!我看着卢卡斯想,那个坐在我膝头,听我读《拍拍小兔子》(Pat the Bunny),看我翻开毛茸茸的一页,会惊奇地睁大眼睛的小家伙,是他吗?那个想要更多蜜桃片时,会像小亨利八世一样,猛拍高脚椅的小男孩,是他吗?这些情景就像昨天发生的一样。转眼间,他已经在参加标准考试,学《飞出个未来》(Futurama)里的机器人说粗话。我真不记得他们的成长过程。他们是怎么长大的?

我对自己的强烈反应感到惊讶。通常情况下,我只是稍微有些多愁善感,不会像这样泪流满面。我将这个反应部分归咎于长期积压的疲倦感。举办聚会是我自找的事,所以我不打算博取同情,但是准备这个大型活动的确剥夺了我大量睡眠。我经常像《国土安全》(Homeland)里被连续审问了一个月的敌方犯人一样,充满疲惫和迷惘。

《小提琴手》继续上演,几分钟后,我发现自己再次热泪盈眶。这次是被酒馆里发生的一幕感动了。几个俄国男人和几个犹太男人聚在一起，跳各自民族的舞蹈。你看，俄国人和犹太人也许不同，但他们都是人，都戴着帽子、穿着皮靴、拉着其他人的手，享受重重跺脚的快乐。我们都是嗓门大、容易激动、有时候不讲卫生的人。这也是我想借"全球家庭聚会"传播的信息。也许我们应该跳一段《小提琴手》里面的舞蹈，为斯莱兹姐妹暖场？

表演结束后，我问卢卡斯对这出戏的看法。他说总体上非常好，但结局让他耿耿于怀。剧透示警：最后，沙皇的军队将犹太人赶出了小镇，所有犹太人不得不推着锅碗瓢盆，向下一个家园跋涉——就泰维而言，这个地方是美国。

"戏剧一般是中间悲、结局喜。"卢卡斯说，"这出戏是开始喜、最后悲。"

他说的很好。我告诉他，其实不完全是悲剧结尾。对于犹太人来说，被赶出原来的国家是一件祸福参半的事。

我越来越这么认为。我研究了祖先在19世纪东欧的生活。我研究了波兰、乌克兰和俄国的小镇，他们在那里的住宅是简单的木屋。我研究了他们如何经营小商店和务农。我的祖先中，最幸运的一个人找到了向贵族售卖孔雀的活计，这显然是个能挣大钱的工作，让他有机会去更大的城镇。

祖先的生活有美好的一面。"大家互相都认识。"有关我的家人曾经住过的波兰小镇伊兹比察（Izbica）的口述史讲道。村民之间关系亲密。他们互相照顾，没有人挨饿。

亲密的反面是没有放松、没有隐私、没有机会摆脱偏狭的思想。每个人都会插手你的事。伊兹比察口述史的叙述者说："人们几乎都以绰号互称。几个字通常就能准确描述一个人的信仰、社会立场和家系，或者体貌特征。比如'卢梅'（瘸子）和'齐奥巴蒂'（水痘）。我的父亲被叫作'莱贝尔·戈伊'（Leibele Goy），因为他是所谓的自由思想者，不仅吃火腿，而且与基督徒往来密切。"

那段关于绰号的叙述在我脑海里挥之不去。我知道，当时的生活中，这种无礼行为可能较少，但是它仍然引起了我的共鸣。我试着想了想我的伊兹比察绰号会是什么。我想可能是"莫尔·曼"（痣男）。因为在我大部分人生里，我的鼻子上都长着一颗色素痣，直到听说它可能会癌变，我才不得不将其除去，这是那些长痣的祖先们没有的选择。

"在那些小镇中生活很艰难，"我告诉卢卡斯，"你可以这样想，如果泰维的家人没有被赶出去，他们就不会移居到美国。"

在美国，泰维可能居住在下东区，做着小贩的工作。也许，他的儿子上了夜间会计学校，之后开了一家小事务所。他的儿子的儿子上了艾姆赫斯特学院，成了百老汇演员的娱乐行业律师，这个人给他女儿班上的每个同学都买了《屋顶上的小提琴手》的戏票。

"明白了吗？"我说，"之后发生的都是好事。"

他半信半疑地点头。

虽然没有告诉卢卡斯，但是我想象过，有一天，娱乐行业律师的女儿会离开家去上大学，我儿子也一样。如果这位父亲够幸运，每周会收到一次女儿发的短信。日出，日落，时间飞逝。该死，卢卡斯是对的，整件事让人感到悲伤。

聚会倒计时：13 周

  事情开始向奇怪的方向发展。我已经决定了，对任何愿意免费表演的人发出邀请。我们既需要增加到场人数，也需要增加娱乐节目。因此，我们的表演者中，就有了一个要在主场进行以真人大小的折纸艺术品表演舞蹈的人。我看过她在 YouTube 上发的视频，仍然弄不明白这个表演的意义是什么。此外，1995 年的花式飞盘世界冠军加里·奥尔巴赫（Gary Auerbach），会在聚会上给亲戚们传授一些飞盘技巧，还有一位专修进化论的即兴说唱歌手。作为聚会的规划人，我完全不知道这次聚会将变成什么样。

第 34 章　凯文·贝肯妄想

要举办家庭聚会，就要让参加者明白我们为什么是一家人。

从广义上说，每一个人都是我的亲戚。但是为了打破纪录，我们需要提供证据。我们需要连接路径和证明文件。问题远比我预料的复杂。在决定参加聚会的人中，仍有几百人没有连接成功。这着实让我不安。

让我感激不尽的是，我这星期收到消息，世界两大巨型家谱机构都对我伸出了援手。

Geni 和 WikiTree 的网站上都发布了关于"全球家庭聚会"的通知；更重要的是，两个网站都添加了一个选项，方便用户找到他们和我之间的联系。类似于"A.J. 雅各布斯的六度分隔"。这件事让我既喜又忧。一位朋友说："你的计划以促进世界统一为目的。然而，却在某种程度上，将你自己放在了中心位置。"

真糟糕，他说的没错。而且，他的话强调了我一开始关于家史的一个看法：矛盾的追寻，既适用于健康的出发点，也适用于不健康的出发点。到目前为止，我已经发现了三组矛盾。

1. 自恋 VS 谦逊

一方面，家谱研究最能体现一个人的自大。看啊，几千位祖先互相配合，创造了他们的终极作品：我！

另一方面，一旦开始研究，你就会发现，家谱像一棵巨树，而你不过是上面的一片叶子而已。换个视角，你会明白每位祖先都有几千个后人。你不是中心，你不是特殊的。假如你的曾曾曾曾曾曾曾祖母穿越到 21 世纪，在见完她的其他后人之前，她几乎没有时间捏你脸蛋。

尽管就我举办的聚会而言，我就像凯文·贝肯一样处于中心位置，但是总的来说，家谱研究是一项谦逊的活动。我知道，某一天，在一份家谱中，我将只是几百位祖先中的一人，我的生日可能被写错，我的中间名可能被写错。（是"斯蒂芬"，不是"史蒂文"，也许我的后代碰巧在读这本书。）

2. 排他 VS 包容

历史上，家谱是上层人士的工具。使用家谱的目的，是要证明你和王室之间的关系，证明你有资格得到尊重和（或）继承权。

家谱与贵族之间的联系十分紧密，以至于在殖民时代遭到一些美国人的厌恶。他们认为家谱不符合美国习俗，是腐败的英国等级制度的残余。反家谱情绪延续了一个世纪。拉尔夫·沃尔多·爱默生（Ralph Waldo Emerson）写道，我们应该抛弃"父亲的坟墓"，停止"在过往的白骨中寻觅……与家谱学家对话时，我面对的仿佛是一具尸体"。

然而，越来越多的人正出于相反的目的运用家谱：为了证明人与人之间存在广泛联系。如果追溯得够久远，你会发现，几乎所有人的血管里，都流淌着国王或女王的血液，这只不过是个简单的数字游戏。以"五月花号"乘客的后代为例：据估计，今天有2500万美国人是"五月花号"乘客的直系后代，可见我们所讨论的不是一个门禁森严的小团体。如果你和我一样，通过婚姻来计算关系，那么地球上的每个人都将是"五月花号"乘客的亲戚。

3. 科学 VS 优生学

一方面，家史研究有希望推动重大科学发展。你可能记得哥伦比亚大学的教授雅尼夫·埃利希，他一直在研究 Geni 家谱的大数据。为了找到长寿及疾病遗传的规律，他正在处理数百万亲戚的数据。世界家谱是最丰富的人类生物学数据库之一。它可以帮助我们治疗疾病，提高生活质量。

另一方面，家谱学有着漫长而可鄙的、为种族主义者和优生学提倡者所利用的历史。克里斯蒂娜·肯尼利在《看不见的人类历史》（*The Invisible History of the Human Race*）中，谈到了第三帝国的家谱学。为了找出血统不纯的人，纳粹雇用了一批家谱学家。在此之前，这些人的职业被看得无足轻重。当时，有一个家谱学家说："人们用同情的嘲笑来表达对我们的不屑。现在情况变了，多亏阿道夫·希特勒政权，家谱学被委以国家级重任。"

类似现象还出现在 20 世纪 20 年代的日本，人们一度执着于保持血统的纯度。针对可能结亲的男女，支持优生主义的媒人和家谱侦探会仔细调查双方家谱，检查其中是否有祖先不是日本人。

问题延续至今。你也许记得，一些白人至上主义者正在运用

DNA 检测，寻找他们之中血统最"纯洁"的人。

这个复杂的问题，让我想到了整个互联网。最终，互联网提供的连接对于社会而言，是有利的，还是有害的？这是一个开放式问题。喜剧演员库梅尔·南贾尼（Kumail Nanjiani）持悲观看法。他最近写了一条对互联网的评价："希望：互联网让不同背景的人互相沟通和理解。现实：种族主义者找到了同道中人！"

我比库梅尔更乐观，但必然会迎来一场论战。

聚会倒计时：11 周

我们遭遇了一个危机。一位照片墙（Instagram）粉丝达 130 万的明星想参加聚会，却得不到允许，因为它是一只狗，名叫瓦格尔斯的爱尔兰梗犬。我试图请求纽约科学馆变更宠物政策，但是很遗憾，他们不破例。

被细节琐事淹没是我的日常。魔术师戴维·布赖恩（David Blaine）答应参加聚会了，好极了，但他需要一个放自行车的地方。我们找到了一个可以寄存自行车的保卫室，却发现他的车是摩托车。因此，我们不得不解决摩托车停放的问题。

我从来没有策划过大型活动，他们反复告诉我，许多地方都需要变动，但我没有意识到会多到哪种程度。我的大脑不擅长这类工作。还好有伊欧玟、亚伦和"全球家庭聚会"团队的其他人。我向所有活动策划致以无限敬意。

第35章 朝圣之旅

几周前,我得到了职业生涯中最有分量的工作:按计划,我将为唐尼·奥斯蒙德(Donny Osmond)暖场。

这一重大事件将在盐湖城的家史大会上演。届时,我先谈一谈我即将举办的聚会,引出主讲人:一个发色完美、牙齿洁白、穿紫色袜子、骨子里有着摇滚范儿的男人。

此次大会名为"RootsTech"——家史和技术大会,主办方是FamilySearch,一家由耶稣基督后期圣徒教会经营的家谱公司。众所周知,奥斯蒙德是摩门教徒,所以说,他是大会主讲人的完美人选。RootsTech规模宏大,有超过25000人参加,确实很多,但与耶稣基督后期圣徒教会的成员人数相差甚远。如你所知,摩门教徒是家谱界的巨头。他们在该领域拥有最大影响力,就像超模界的巴西人,或者滑雪运动中的奥地利人,或者联想一下佛罗里达人多么擅长一边吸食浴盐一边裸体驾驶。

因此,如果能获得摩门教徒的支持,对我来说将是巨大的帮助。起初,我认为这样的事不可能发生。我认为,他们会与一个支持同性婚姻的世俗犹太人保持距离。接着,我便发现该教会在同性婚姻上的官方立场让人很伤脑筋。但是，全球家庭计划的目的是寻找共同立场。因此我打算试试看，只要没人要求我进行自我审查。

孩子们正在休春假，朱莉和我决定带全家去犹他州度个短假。在盐湖城机场接我们的，是 RootsTech 的工作人员谢丽·布什。谢丽有一头金发，爱笑，行事效率高。此外，她还对自己的工作充满热情。

几周前第一次联系谢丽的时候，她提醒我，她的部分邮件中可能会有很多感叹号。在这一点上，她言出必行。现在，她正张开双臂欢迎我。

"我的兄弟！"说着，她给了我一个拥抱。

谢丽向我展现了满腔热情！！！此处不是讽刺口吻！我爱她的热情！我需要她的热情！真的！过去几个星期里，当我因为可能变成灾难的聚会而烦恼时，谢丽往往会发来邮件，告诉我"我知道活动会办得很棒！！"之类的话。对我来说，她是来自犹他州的帕罗西汀[1]。

谢丽和她的丈夫丹尼斯带我们去杨百翰（Brigham Young）的故居用餐，这个地方已经被改成一家自助式餐厅。我们边吃土豆泥和肉饼，边聊家谱学。原来，谢丽的丈夫是两位布什总统的远亲，这也让他成了我的亲戚。他们从未见过两位布什总统，但是"布什"是一个很好用的姓。"有一次在马里奥特，我们的酒店房间被升级成了总统套房。"谢丽笑着说。接下来的一个小时里，我

---

[1] 帕罗西汀是一种抗抑郁药物。（译者注）

们的话题是家谱。

为什么摩门教徒会对家史着迷？有一部分原因，是每一个家史学家都对我说过的：归属感。家庭就是一切。对那些为了家庭做出大量牺牲的祖先们（摩门教徒确实遭到过迫害），他们充满感激。但是对于摩门教徒来说，这并不是唯一的原因。对他们而言，家史也是信仰的一部分。"感谢为我们铺路的人，这种感恩之情对我们来说是一件很重要的事。"伊欧玟说，她也是摩门教徒。

一个被过度简化的解释是：在摩门教的信仰中，人死后会与家人永恒地团聚。这里的家人不只是父母和兄弟姐妹，也包括所有祖先。

为确保家庭关系能在来世延续，你需要在摩门教堂接受一个仪式——"封印"（sealing）。比如，孩童要接受封印仪式，以延续他们与自己的父母和（外）祖父母之间的关系。

此外，摩门教徒相信，并非只有活着的人才可以选择永恒的家人关系。逝者也可以。生前未受过福音的逝者，被给予了死后的机会，可由他人代替接受仪式。得到家人允许后（假定逝者于过去110年以内去世），摩门教徒会主持封印和洗礼仪式。如果逝者是愿意接受仪式的人，并且后期圣徒教会真的相信他们能做选择，用一位摩门教作家的话说，逝者就会离开"灵魂的牢狱进入灵魂的天堂"。所以说，家谱学不只是爱好而已。你是在研究哪些祖先需要与天堂里的哪些家人团聚。你是在拯救灵魂。利害关系莫大于此。

这也意味着，过去70年间，耶稣基督后期圣徒教会一直致力于建立世界家谱。他们一直在搜集数据，数量之大超乎想象。教会的地下信息宝库固若金汤,位于犹他州的石英山脉一侧。里面保存着 35 亿幅以微缩胶卷、微缩胶片和数字媒体为载体的图像。用一个又一个抽屉、一个又一个服务器,保存来自世界各地的姓名和出生日期。

为了让你对数据库的规模有直观概念,我可以告知的是:数据库里每一年的新增数据,都多过整座国会图书馆(Library of Congress)里保存的数据。

他们从哪儿获取信息?数十年来,负责搜集信息的摩门传教士有数千人。他们分布在世界各地,从泰国到肯尼亚到玻利维亚,阅览数百万页公共记录。他们去非洲农村采访选定的家史学家,这些人的头脑里保存着数百年以内的祖先姓名。数据库里有来自 16 世纪英国教区的记录和公元前中国的家谱。

谢丽说我不能参观数据库,那里是禁止公众进入的地方。叫我喜出望外的是,几乎所有信息都可以在 FamilySearch 的网站上,或者盐湖城中心的家史图书馆(Family History Library)里获取。我认为他们的分享行为值得称赞,和家谱界的很多举动一样。

"他们本可以把所有数据藏起来为己所用,却免费向用户提供,与其他组织分享。在这一点上,这个教会非常了不起。"吉拉德·贾费特(Gilad Japhet)说。他是世界上最大的家史网站之一 MyHeritage 的创始人和 CEO。

在谢丽的建议下,第二天,当朱莉带孩子们去看当地的蹦床表演时,我去了家史图书馆。图书馆是一栋线条流畅的 5 层建筑,由玻璃和白色石头建造,里面有上百万册书籍、数百台嗡嗡作响的微缩胶卷机器和几十位衣冠整洁的摩门教助手,令人印象深刻。

我知道，很多与金斯巴彻和桑斯坦家族有关的记录，就藏在馆内，数十年无人问津，等着被发现。

RootsTech 大会期间，教会偶尔会延长图书馆开放时间，过了午夜仍未闭馆。即使是在那么晚的时候，馆内依然到处是人，就像世界上最安静的狂欢晚会。但我是下午去的，同去的还有伊欧玫。

伊欧玫建议我查找波兰祖先的记录，图书馆里有大量东欧资料。接下来，我花了3个小时装微缩胶卷（自高中结束后就没再用过的技能），滚动一页又一页19世纪以来的婚姻和死亡记录。

当伊欧玫说"等等！那些字像是'弗拉格'"时，我已经开始眼花了。

她没看错。这份来自波兰扎莫希奇（Zamosc）的手写文件里，似乎的确有我祖母的娘家姓。我们将影像放大。是的，我看到清楚的手写字"F-L-U-G"。我们的图书馆助手、说话带波兰口音的玛丽亚，为我们翻译了文件。是的，这是莫谢克·科泽斯（Moszek Kozes）和尚德拉·弗拉格（Szandla Flug）的结婚证明，后者是我曾外祖母的表亲。

"如此美妙的发现！如此美妙的文件！"玛丽亚说，"有些人来这儿好几天也没有任何发现！"她非常激动。

这是真的，这份文件的书法非常华丽，更适合于一份建国文献，而非一纸官僚主义的婚书。

文件对这对夫妇的描述是"旧约"，这是19世纪波兰人对"犹太教"的说法。据记载，新郎的父母是一个酒馆的经营者。他们的订婚通知在犹太会堂的门上连续张贴了3周，就像今天在

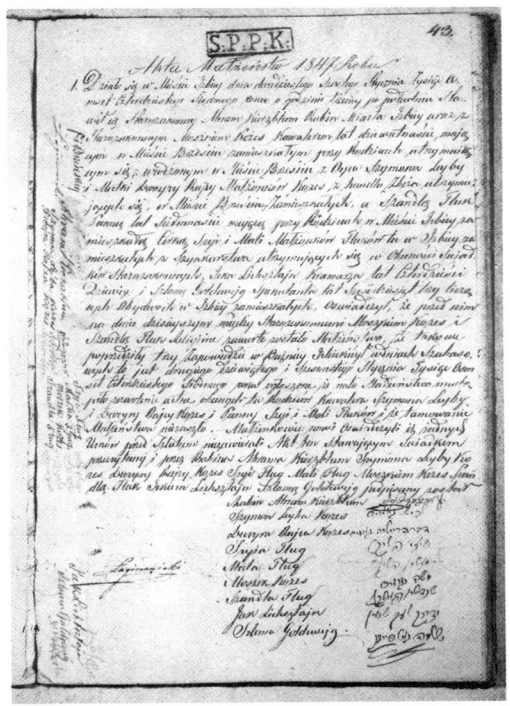

Facebook 上发布消息一样。但该通知有更严肃的目的：提醒其他可能对已订婚男女志在必得的求婚者，在此期间，人们可以提出反对意见。幸运的是，没人这么做。

我想我应该为莫谢克和尚德拉感到高兴。他们结婚了！然而，我却感到伤感和担忧。文件记载，当时，莫谢克19岁、尚德拉17岁。太年轻了！我19岁的时候，几乎连下决心买黑光海报都做不到。

对已经死了一个世纪的亲戚流露出父爱，现实吗？但这正是我此刻的感受。我想拥抱他们，告诉他们一切都好。或者提醒他们一切都不好，逃出去，因为下一个世纪不会善待扎莫希奇的犹太人。未来会发生大屠杀。第二次世界大战的可怕程度无法用言语形容，扎莫希奇不能幸免于难。在扎莫希奇的街道上，纳粹射杀了 500 名犹太人，然后将他们的尸体扔在乱葬岗。

天啊，这些想法都来源于一份婚姻证明。

接下来的一天，谢丽载我去参观一个摩门教站点，这件事是预先安排好的。她把车开进一间工厂，里面有一些戴着发罩的志愿者，他们正忙于把要分给穷人的苹果酱装进罐子里。我看见成千上万件 T 恤和成千上万双袜子，都是要发往第三世界的。我见到一众摩门教男女信徒，熨得笔挺的衬衫上别着黑色的长方形名牌。"我们的工作是给饥饿者食物，给无衣者衣物，不管他们是不是我们的教众。"一个人告诉我。

谢丽为她的信仰感到骄傲，尽可能从最好的角度向我展示她的集体。

因为摩门教的公共关系并不总是最好的。很多批评都指向教会与同性恋者权利有关的政策。和大多数福音派基督徒及极端正统派犹太教徒一样，后期圣徒也反对同性婚姻。摩门教网站上写着："只有合法结为夫妇的一男一女之间的性关系才是正当的。其他任何类型的性关系，包括同性之间的性关系都是犯罪，会损害神造的家庭制度。"

在某些方面，我的计划与摩门教的目标完美契合。他们也相信人类是一个大家庭。他们也异想天开地认为陌生人应该可以不那么恶劣地对待彼此。

但是另一方面，我的论点与摩门教的教义完全不一致。我接受所有类型的家庭结构，包括同性婚姻和同性双亲。地球上的每一个人都是家人，事实上，我希望这个观念可以削弱"传统"家庭的重要性，让人们接纳上千种其他可能。

第一次向教会代表介绍我的聚会时，我告诉他们，我会在活动中倡导拓宽对家庭的定义，包括支持同性婚姻。值得称赞的是，他们并没有发出抱怨。部分原因可能在于摩门教徒不是一个僵化的庞大集体。和大部分组织一样，你会发现，摩门教徒的信仰也分为很多种。在 RootsTech 大会上，我遇见了埃丽卡·芒森（Erika Munson）女士。几年前，芒森参与发起了一项叫作"修建桥梁的摩门教徒"（Mormons Building Bridges）的运动，强烈要求摩门教会接受更多同性恋者和跨性别者。她认为这么做不光符合道德，也是把年轻人留在摩门教的关键。她的 5 个孩子中，32 岁的儿子离开了教会，原因之一就是摩门教对待男同性恋和女同性恋的政策。埃丽卡的组织参加了犹他州骄傲游行（Utah Pride Parade），举办了介绍同性恋和异性恋摩门教徒互相认识的活动，让人们品尝她所说的"和谐炖锅"。另一个叫作"平等的摩门教徒"（Mormons for Equality）的组织，正为在教堂举行同性婚姻的合法化而战斗。

目前为止，支持同性恋者权利的摩门教徒仍是少数群体。但是如果一定要打赌（我想这在摩门教也是不允许的），我赌后期圣徒教会最终会接受同性婚姻。这也许是一个狭隘的自由主义者的妄想型乐观，但我的猜测是从长远出发的。毕竟，摩门教的教义确实在变。1890 年，摩门教徒宣布多配偶婚姻不合法。（虽然少数激进的小派别仍在实行多配偶制,但是主流教会已经将其摒弃。)1978年,摩门教徒最终允许非裔美国人成为神职人员。宗教通常(虽然不总是)都会选择适应主流。

第 36 章　亲戚汇成的人海

今天,是我在 RootsTech 大会上登台的日子。我早早到达大会堂,这是一个大到让我怯场的空间,似乎有 6 个高中体育馆那么大。

"会来多少人?"进入休息室后,我问谢丽。

"我们预计的是 8000。"她笑着说。

8000,也可以说,比我平常演讲时的观众多 7900 人。

我需要帮助。不过才 10 点,我已经开始违反摩门教义。我拿出两个不锈钢水瓶,偷偷摸摸地交替痛饮——里面分别是我在酒店里灌满的咖啡和白葡萄酒。是的,我知道。我罪孽深重。

几分钟后,伴随工作人员的骚动和低语,唐尼·奥斯蒙德走了进来。[1] 他穿着一件黑色皮夹克,现年 57 岁,却仍与少年时一般帅气,但也带着倦容。他前一晚还在拉斯维加斯演出,早上就乘私人飞机来了盐湖城。

---

[1] 在盐湖城的时候,摩门大教堂合唱团邀请我参加合唱彩排。我认为拒绝显得失礼。我们唱了一首关于鸟、蜜蜂和花朵的歌。为了不捣乱,我认为我已经足够小声了——基本上跟低声咕哝差不多。然而,指挥中断了彩排,宣布男高音里有人走调。虽然他没有指名点姓,但我并不认为这是一个不解之谜。(原注)

我做了自我介绍,然后我们摆好姿势合影。我非常确定,唐尼知道我正因为要为他暖场而紧张,因为他特意安慰了我。他把胳膊搭在我肩上,告诉我:"这会是件非常美妙的事,AJ。"

接着,我们聊起了家庭。众所周知,他有一个大家庭。

"我的父母决定要孩子后,头两胎生的都是聋哑人。"唐尼告诉我,"别人告诉我的父母'不要再生了'。但是他们没有放弃,我很高兴他们没有生了6个就不生了,因为我是第7个。"

现在,唐尼自己已经有5个子女和一群孙子孙女。我问他婚姻长久的秘诀是什么。

"我总对人们讲,如果黛比和我发生争吵,而且我知道过错在我,我会勇敢地认错……但是,如果我知道我是对的,我也会勇敢地认错。"

这是一个典型的犹太笑话,也许比较适合他在70年代主持的综艺节目。但我现在需要幽默感,来者不拒。

"你和你的妻子是怎么认识的?"

唐尼说,很奇妙,他刚好是在这个会议中心遇到她的。当时,他和他的一个兄弟带着各自的约会对象,一起去听艾尔顿·约翰(Elton John)的演唱会。

"我的兄弟正和这个叫黛比的女孩约会。艾尔顿坐下来唱《你的歌》(Your Song)时,我记得我看向她,心想'有一天,我要和我兄弟的约会对象结婚'。如今,我们已经结婚 37 年了。"

噢,我没料到唐尼·奥斯蒙德会讲这样一个具有丑闻性质的约会故事。

"那你的兄弟呢?"我问。

"自那以后,我们就没说过话。"他停顿了一下,"骗你的,我们的关系还是挺好!"

接下来的半小时里,我坐在休息室的沙发上,一边抖腿,一边低声念讲话稿,喝光了瓶中的葡萄酒。终于,RootsTech 的组织者希普利·芒森(Shipley Munson)过来通知我上台。

"好的,各位,请举起你们手上的标语!"

我抬眼望向唐尼·奥斯蒙德的 8000 粉丝,他们同时举起 8000 张写着"I AM A COUSIN"的卡片。是的,谢丽和 RootsTech 的工作人员将标语发给了每一位到场观众。这是一个让人眼花缭乱的场面,一排接一排的标语,几乎一眼望不到头。我感觉自己像一个南美洲的独裁者。

我看向谢丽。她待在前排,眉开眼笑,如果她的头顶上方有个气泡框,里面一定装着几百个感叹号。如果没有她,眼前这一

幕根本不会发生。谢丽旁边是朱莉和孩子们。虽然不确定,但我似乎在他们的脸上看到了不寻常的神色。是骄傲吗?或者是尴尬?也许都有。

我的演讲进行得很顺利。我向观众们解释了我们是一家人的原因,并邀请他们参加"全球家庭聚会"。我祈祷着,今年夏天,这些人中至少有一部分会出现在纽约。

之后,伴随着唐尼的出场,场内响起震耳欲聋的欢呼声。我不得不告诉自己:在摩门教徒居多的人群中,人气不如奥斯蒙德并不是一件丢脸的事。

聚会倒计时:9周

发现我正在筹办聚会,我的朋友安迪给我打了电话。

"你在开玩笑吧?"他说,"你是最不适合举办世界级聚会的人!你是一个又内向又厌世的人。"

他的话部分属实,这样一来,从表面上看,我的计划就显得讽刺——好吧,显得荒谬。不过,请听我解释。是的,如果放任我自行其是,我的确有可能长期待在家里,除了偶尔与印度餐厅的送餐员打交道以外,谢绝一切人际交往。

但我是清楚的,这种状态并不利于我的精神健康。独处时,我的大脑会变得阴暗:担忧、焦虑,幻想对六年级时取笑过我龅牙的人实施报复。如果长期独来独往,我会对包括自己在内的整个人类产生强烈的厌恶感,厌恶有缺陷的大脑、残忍的行为,以及在电梯里大声咀嚼苹果的习惯。

我的工作也没帮上忙。写作的职业性危害之一,就是孤独,这也许可以解释为何有那么多作家选择自杀(此处不是在开玩笑)。

还好有朱莉。朱莉是天生的外向者。她强迫我走出家门,与她的朋友和同事聚餐。我事先会发牢骚,但几乎总能收获惊喜。我意识到,实际上,大多数人并没有我想的那么坏。他们有自己的阅历和想法,总体上都愿意做好人,可能不知道我很讨厌在电梯里吃苹果的行为。回家时,我的心情会比出门前好很多。

婚后生活对于我来说,就像持续了 15 年的认知行为治疗。她督促我社交,让我更快乐。几年前参加一场婚礼时,她甚至劝我跟她一起跳滑步舞,不过这远远超出了我力所能及的范围。

从很多方面来说，筹办聚会意味着压力和恐惧，好比要同时举行一百场受诫礼。但就像朱莉一直以来所做的那样，它逼迫我与他人交往。唯有选择外向，我才不会失败。每天睡醒时，我会对当天的会面充满畏惧，但通常，每次会面结束后，我就会充满干劲。也许"通常"一词用在这里太夸张。应该换成"时常"或"有时"。

第 37 章　为逝者干杯

我需要做一个选择：有酒还是无酒？"全球家庭聚会"应该供应啤酒、葡萄酒和烈酒吗？还是说只应提供果汁和柠檬汽水？

我有两方面的考量。一方面，这次家庭聚会将有很多活蹦乱跳的孩子参加，因此不应该供应酒精饮品。另一方面，虽然有很多活蹦乱跳的孩子，但是这些孩子的父母需要饮酒，所以应该提供酒精饮品。

另外还有摩门教的问题。摩门教义禁止饮酒。如果进展顺利，将有几百名摩门教徒参加聚会。虽然参加者中也有非摩门教徒，但我料想摩门教徒不会在聚会中破戒。

我打电话给谢丽，她是我重点联系的摩门教徒。我问她，摩门教徒是否会介意我为聚会提供酒类饮品？她说不介意。与活动策划亚伦详细讨论后，我们决定供应啤酒和葡萄酒。

细想之后，我们发现这是一个非常恰当的方案。我的家史与酒密不可分。首先，我在家庭档案里发现了一首诗，是写在1922年给我曾曾祖母的80岁生日派对的。其中一节写道：

> 我们无视蓝色的法规,
> 我们行一英里路去买醉。

接着,是恰巧与我同名的外曾外叔祖,A.J. 桑斯坦。禁酒期开始之前,AJ 是匹兹堡的酒商。我找到了一张照片,你可以在上面看到 AJ 的商店和他的员工们。他们留着八字胡,戴着圆顶礼帽,显得有些恼怒,身边堆满了装威士忌的酒桶。(当时,这家店位于匹兹堡一个叫"坦珀伦斯维尔"的地方。AJ 已经表现出对戒酒人群的蔑视。)

禁酒期开始前的几年里,AJ 几十次出现在不同报纸上。他发表了一些慷慨激昂的反禁酒社论。他说酒馆经营者有自我约束力,是有责任心的人,不会把威士忌卖给任何危险人物。

然而,反酒馆群众并不买账,其中一个人在报纸上发表了一篇驳斥文,题为《桑乔·桑斯坦的天真》(The Naïveté of Sancho Sunstein)。该文章断言,"当人类能从黄瓜里提取阳光,当猪会穿衣打扮,当刺蓟上能采到无花果,当树上长出美元,当永动机的奥秘被发现,我们就能指望酒馆具有自我约束力和自愈能力。"

在我的亲戚遭到的所有讽刺中,这一段是我最喜欢的。

AJ 也行过善事。我从报纸上得知,他为许多慈善活动做过贡献,包括帮助俄国犹太人逃离大屠杀。但说得好听一点,他可能并不是十足的光明磊落之人。1919 年 7 月,AJ 因为销售酒精浓度为 2.5% 的啤酒,被联邦探员逮捕,当时法令规定的最高酒精浓度是 2%。

此外,1924 年的《匹兹堡邮报》(Pittsburgh Post-Gazette)头

版,报道了桑斯坦出席与酒业价格垄断有关的参议院听证会,标题为"桑斯坦告诉委员会他已烧毁'挡道'文件"。参议员们似乎很不满意 AJ 的解释,然而,有谁不喜欢通过烧毁可疑的文件来保持办公室的整洁呢?

A.J. 桑斯坦和父亲共同经营的酒类商店,摄于 1905 年前后。

禁酒结束后,AJ 的店也停业了。但是别担心,其他亲戚仍在罪恶行业里坚守阵地。我的外曾外曾外祖父莫里斯·金斯巴彻,创办了一个雪茄厂,叫"金斯巴彻父子雪茄"。

可见,我们家有丰富的烟酒历史——与 ATF [1] 沾边的东西中,三样占了两样。目前还没发现军火商,但我仍在寻找。

---

[1] 美国烟酒及爆炸物管理署。(译者注)

据家庭档案里的一封信件透露，金斯巴彻的工厂曾雇用过一名卷烟工人，名叫塞缪尔·冈珀斯（Samuel Gompers）。也许这个名字听起来耳熟，那是因为他后来发起了一场美国工人运动，强烈反抗工厂主的腐败和严酷。

所以说，莫里斯也对家史做出了一大贡献，推动了工人运动！

此外，不要忘了我的外曾祖父萨姆·基尔，他做的是动物毛皮生意。我找到一篇文章，讲了他怎么从欧洲运回4万张兔皮（并目睹另一个毛皮商人被杀，这个人被指控从事间谍活动）。每次读到与萨姆有关的信息，我就会想到姨妈马蒂，她是一位动物权利保护者，多年前死于白血病，关于她的祖父，她知道多少呢？

我的直系祖先里，真正的恶人似乎并不多，比如职业杀手、放高利贷的、TMZ[1]的编辑。与此同时，他们也不全是致力于研究小儿麻痹症疫苗，或者利用业余时间在萨尔瓦多挖井的人。我不会把祖先挣的钱说成是赃钱。但这些钱无疑是带着污点的。另一方面，如果没有这些钱，我的祖先就没有能力送他们的子女上大学，没有这个优势，我就没有上大学的机会，我就做不了现在的工作。

那么，怎样的感受才是合适的？面对祖先的罪行，我是否应该愧疚，我应该愧疚到哪种程度？我知道，外曾曾祖父的不良行径不是我能控制的。但我不能否认，他的所作所为的确让我得到了某种优势。我是否应该再捐一些钱给动物权利慈善机构和美国癌症学会（American Cancer Society）？是的，也许该这么做。

---

[1] 美国一家名人新闻网站。（译者注）

但我们还可以用另一种态度看待家史，另一种更积极的态度。最近，我在《纽约时报》上读到的一篇文章给了我一些启发。文章说，家史的一个优点，是它会激励你的孩子，让他们更有同情心、更仁慈。为你的孩子讲述曾让某位祖先受惠的善行或善人的故事。这样一来，他们便能意识到帮助他人的重要性：没有这些举动，就没有现在的我们。

简而言之，也许应该注重感恩，而不是愧疚感。让自己被那些帮助过祖先的人感动，并以他们为榜样，而不是对祖先的劣迹耿耿于怀。

聚会倒计时：7周

我搞砸了。事情是这样的：大概有50位关系非常近的近亲要来参加聚会，姨妈、叔叔、第一代表亲等等，我担心他们到时候找不到彼此。因为场地很大很乱，而且他们之中有一些老年人，我想确保他们能有一个坐在一起聊天的地方。所以，我安排这50位近亲在同一个帐篷里碰头，也就是雅各布斯家的帐篷。因此，就有了聚会中的聚会。然后，我收到一位思想更进步的表亲的留言：

虽然生在这个家庭让我非常感激，但是如果一大群人都没有近亲属专用帐篷和桌子，而我却有，这会让我感到不自在。

糟糕，他说的没错。直系亲属专用帐篷完全与"全球家庭聚会"的宗旨背道而驰。我到底在想什么？我提醒自己，不要让雅各布斯这个姓出现在靠近那顶帐篷的任何地方。没必要在第四代、第七代表亲面前显摆。

第 38 章　有名的亲戚

我注意到，我的计划还存在另一个矛盾。平等是我的大命题。我们是一家人。家谱应该是包容的，而不是排外的。不管你是名流，还是普通人，不管你的祖先是"五月花号"乘客，还是拉脱维亚的酒吧女招待，我们都是相连的。因此，不要受制于所谓的与显要人物之间的亲戚关系。

然而，为了传播平等观念，我们一直在做相反的事：满足我们对名人的迷恋。邀请人们参加"全球家庭聚会"时，我会在邮件里大肆利用名人的吸引力：你也可以弄清楚你与碧昂丝、阿尔伯特·爱因斯坦之间的亲戚关系！用艾拉妮丝·莫莉塞特（我们之间相隔 15 个人）的话说，有点讽刺。

我意识到这个矛盾已经有一段时间了。但是前几天喝咖啡的时候，我的朋友，家谱学家帕梅拉·韦斯伯格（Pamela Weisberger），非常直率地戳穿了问题。"10 年后，很多人会患上一种精神病，痴迷于他们与名人之间的关系，人们用你的名字为这种病命名，管它叫'雅各布斯综合征'。你是终极赋能者。"（顺便说一下，帕梅拉与活宝三人组里的谢姆普是近亲。）

全球家庭计划的这一方面，似乎倒退回了早期家谱时代。在18世纪的欧洲，贵族热衷于研究家系，寻找他们与国王之间的亲缘关系。国王和女王们，则擅长制造家谱，直接把他们与《圣经》时代连在一起，连接到以色列大卫王，连接到亚当。"明白了？"他们说，"我的祖先是《圣经》里的国王！我享有至高无上的权力，你们负责打扫厕所，都是上帝的安排。"

当然，寻找名人亲戚的不只是我，这是当下正流行的爱好。我花了不少时间看美国公共电视网（PBS）的纪录片《寻根》和学习频道（TLC）的纪录片《你以为你是谁？》（*Who Do You Think You Are?*）看演员或歌手在节目组的指引下寻找他们的祖先。

职业家谱学家偶尔会抱怨节目有穿帮镜头。有一个人说，丽莎·库卓（Lisa Kudrow）没必要去波兰找一个表亲的电话号码，上网就能找到！（显然，演员花半小时在搜索框里输入名字的镜头也经不起检验。）对于节目的高潮部分，他们也提出了异议。名人戴着白手套，虔诚地翻阅发黄的文件，让人联想到医疗剧里的防化服，可以达到最佳戏剧效果。但是档案保管员汤姆·佩里（Tom Perry）说，戴手套翻旧文件是一个坏主意，它让你的手指变得不灵活，更可能撕坏古老的文件。

大多数家谱学家虽然会挑刺，但是他们仍然喜爱这类节目。它们让人们对一个讨人厌的爱好产生了兴趣，鼓励他们去追寻自己的历史。我希望矛盾的全球家庭计划也能起到这个作用，希望结果能将过程合理化。名人让我的远亲对家史产生兴趣，但他们很快会意识到，默默无闻的祖先也有相当的吸引力。

怀揣着希望，为了让人们知道"全球家庭聚会"，我为《人物》

（*People*）杂志策划了一个月度专栏，叫作"与名人亲戚聊天"。我先找出自己与一位名人之间的亲戚关系，然后以家庭为主题采访他（她）。

我得到了《人物》杂志的许可。采访过程出奇的愉快，也许是因为他们每一个人，不管 Twitter 粉丝多与寡，都有有意思的祖先。到目前为止，我有三段难忘的名人采访经历：

1. 最发人深省的采访

丹尼尔·雷德克里夫是一个让我钦佩的人，他扮演过哈利·波特和其他出色的巫师以外的角色。他为人周到、博览群书，从没因为与餐厅领班打架或其他麻烦事被逮捕，是一位难得的前童星。

"我知道这么说有点奇怪，但是如果你发现了我和我女朋友之间的亲戚关系之后，可以发邮件告诉我吗？"他这样说之后，我就更钦佩他了。

我们在纽约的一家餐厅见面，丹尼尔讲了他外祖母的故事，她似乎可以出一本自传。

1938 年，丹尼尔的外祖母遇见当时在英国旅游的南非矿工威尔弗雷德。她坠入了爱河，嫁给了他，跟着他去了南非。以下是丹尼尔的叙述：

> 她说飞机一着陆，他就像变了一个人。他原来喜欢英国社会，回到南非后，他变成了一个种族主义者、卑鄙小人，待人刻薄。后来，在我外祖母怀孕期间，他设法把她送进了一家精神病院。

外祖母说,那一天,她正坐在客厅里,外面有人敲门,结果是警察。他们说要带走她,而且有授权书。外祖母问:"谁签的字?"他们说:"威尔弗雷德,你的丈夫。"这时,她的丈夫出现在她身后,说:"没错,是我签的。"

我的外曾外祖母不得不坐飞机去南非,去救她的女儿和我的母亲。我的母亲当时只有两周大,是史上坐飞机离开南非的年龄最小的乘客。

采访结束时,丹尼尔非常礼貌。他说他希望自己可以参加"全球家庭聚会",但是他有可能去不了,为此他录了一段欢迎词,我到时候可以放给大家听。

表亲丹尼尔·德雷克里夫

2. 最尴尬的名人互动

演员和嘻哈歌手卢达克里斯（Ludacris）的家庭历史也令人称奇。但是在我告诉他之前，卢达克里斯本人对此毫不知情。

为采访做准备的时候，我请家谱学家阿比·格兰（Abby Glann）帮忙做了调查。她找到了一份令人震惊的文件，30年前一个大学口述历史项目的采访稿，一共115页，采访对象是卢达克里斯的曾祖母。

这是一份生动的资料。卢达克里斯的曾祖母讲述了她作为一个非裔美国人，于20世纪10年代在伊利诺伊州和堪萨斯州生活的人生经历。她描述了只有一个房间的校舍。她说她的一个亲戚趁夜游过湖泊，逃脱了三K党的毒手。

我料到了卢达克里斯会感兴趣。问题是，我们的对话不是当面，而是在电话中进行的，他当时在车上，我不断被电话那头此起彼伏的声音分散注意力。我怀疑他甚至不知道这次采访与家庭有关，而不是关于新电影的普通问答。简而言之，当时的条件，不太利于完成与家庭有关的亲密访谈。

刚开始，我只告诉他一些小发现，比如，他有一个远亲是哈林篮球队（Harlem Globetrotter）的队员。

他似乎并不是非常感兴趣。他让我稍等几分钟，他要处理一些问题。

他回来后，我开始告诉他，他的曾祖母伯莎·克雷格（Bertha Craig），生于堪萨斯，有5个孩子，人生中大部分时候在做女仆的工作。我告诉他，伯莎的母亲是非裔美国人。她认为她的父亲是犹太人。

说到这里,我停了下来。

"你是在说我的曾曾祖父是犹太人?"

"这是实情。你的曾祖母在采访中说,她认为他是犹太人。我也是犹太人,所以说你和我可能是一家人。"

我再次停下来。

"你会把这些东西都发给我吧?"

"噢,我很高兴把所有信息都发给你。"

"我得做一些家庭作业。"

"我不是有意想吓你一跳的。"

"没关系。我只是想把所有事情弄明白。"

"你的曾祖母留下了让人惊讶的文件。"

"我会给你我的邮箱地址。你是想问我愿不愿接受采访吗?还是……现在是在搞什么?"

采访结束时,卢达克里斯似乎对他不知道的家庭历史更感兴趣了。我问他,是否可以在邮件里问一些问题。

"可以,兄弟,一家人嘛!"

之后,我在邮件里问他,新发现是否让他对自己的身份有了不同看法,如果有,那是怎样的看法,但没有收到回复。教训:如果你要向一个人揭晓他(她)的家史,你应该小心行事,面对面交流,也许可以边喝茶边聊,听着舒缓的木吉他曲,而不是用手机或邮件交流。

瑞奇·热维斯（Ricky Gervais），奥立薇娅·玛恩（Olivia Munn），尼克·奥弗曼（Nick Offerman），约翰·传奇（John Legend）手拿"I AM A COUSIN"标语。

奥兹博士（Dr. Oz），奥利维亚·维尔德（Olivia Wilde），杰森·苏戴奇斯（Jason Sudeikis），佩恩·吉列特（Penn Jillette），克里斯蒂娜·亨德里克斯（Christina Hendricks）手拿"I AM A COUSIN"标语。

3. 第二尴尬的名人互动

另一次奇怪的接触不是为《人物》杂志做采访,但是围绕的主题相同,所以我将在此分享这个故事。为了宣传"全球家庭聚会",我曾在《早安美国》(*Good Morning America*)亮相,故事就是这时发生的。

《早安美国》想让我为嘉宾解释他们之间的亲缘关系。原计划是我和明星一起坐在沙发上对谈。后来,制作人说原计划行不通。后勤、时机、名人等等,都有问题。

所以,他们启用了备选方案:名人从第 44 大街进演播厅的时候,我可以站在场外,向他们揭晓我们是一家人。"揭晓"的意思是,他们从我面前走过时,我朝他们大喊大叫。因此几天之后,早上 7 点钟,我发现自己正站在一条警戒线旁,身后有几十个举着标语和签字笔的粉丝,等候着当天的大明星。

一个小时以后,一辆黑色 SUV 开过来,从里面走出马克·沃尔伯格(Mark Wahlberg)。

照相机响个不停。粉丝热情地尖叫。

我努力让他听见我的声音:"嘿,马克!我是你的表亲!"我喊道,"你的表亲 AJ。"

马克·沃尔伯格看着我,面带疑惑和惊恐,和我第一次见识圣诞老人集会时很像。

"我们都是唐纳利家的亲戚!"我一边说,一边挥舞一张把我们连在一起的家谱图。

"噢?"

他渐渐远离我,去给一些人签名,偶尔警惕地看我一眼。

"嘿,马克,明年夏天记得来参加家庭大聚会。"

这时,他深深地看了我一眼,让我有了不自在的感觉。"好的,"他说,"谢谢。"

再过了一会儿,演员和喜剧明星梅丽莎·麦卡西(Melissa McCarthy)出现了。

"嗨,梅丽莎!我是你的表亲。"当她从 SUV 里走出来的时候,我说。

梅丽莎露出近似微笑的表情。然后,她的公关气势汹汹地走过来,质问我:"你在干什么?"

我说我和梅丽莎是亲戚,是远亲,我正在准备一场家庭聚会。"如果梅丽莎愿意参加,"我说,"或者如果愿意带点吃的,比如蒸粗麦粉,她应该先给我打电话。"

"蒸粗麦粉?"公关说,"还真是特别。"

我不反对。我不知道为什么突然想到蒸粗麦粉,我想它大概是我紧张时想吃的东西。

那位公关对我的回答并不满意,她找到《早安美国》的制作人,说有个想吃蒸粗麦粉的家伙让梅丽莎感到不舒服。

我觉得很丢脸,就像六年级上音乐课时,我把口水滴到了钢琴上,被一个爱出风头的女孩看见了,然后其他同学都知道了。我告诉孩子们,为了实现更重要的目标,有时候出点丑也没什么。但我永远不会让他们看这一期的《早安美国》。

第 39 章 家谱的 51%

朱莉走进客厅的时候，我正坐在桌前，查看与外曾外祖父伊莱亚斯·桑斯坦（Elias Sunstein）有关的旧报纸。（很高兴看到他在 1907 年的匹兹堡网球锦标赛中夺冠。）

"我要跟你好好啃啃骨头[1]。"她说。"啃啃骨头"，我曾因为说这话而遭到马蒂姨妈的训斥，她是素食主义者。但我认为现在不是说起这事的时候。

"怎么了？"

"你上'全球家庭聚会网'看看。"朱莉说。

"好吧。"

我打开几周前创建的聚会主页，上面有一些名人照片，包括约翰·传奇、老布什、喜剧演员尼克·克罗尔（Nick Kroll），他们都拿着"I AM A COUSIN"的标语。

"我发现这里缺样东西。"她说。

我又仔细看了一遍，然后不解地看着她。

---

[1] 原文"I have a bone to pick with you"，意思是"要跟你理论一番"。（译者注）

"女性气息。没有女性气息。"

她说得对,只有男性的照片,一位女性都没有。

这样不太好,这是对一半亲戚的冒犯。我向朱莉保证,会在主页上添加一些女性亲戚的照片。

然而,这个问题不只是出现在我的网站上。这也是家谱学最大的问题之一,至少思想更进步的家谱学家是这样认为的:女性祖先的资料比男性祖先的少得多。

即便能在各种政府文件中找到女性祖先的姓名,但除此之外,我们通常很难找到更多信息。在资料中,女性通常被当作不重要的角色,缺少故事、体会和观点。一位心直口快的研究者告诉我:"这就是一个香肠派对。"非常讽刺的是,对家谱学感兴趣的女性比男性更多。

问题的主要来源是书面记录。"就大部分记录而言,很大程度上都是男人的世界。"家谱学家和"勿忘我"电台的主持人简·威尔科克斯(Jane Wilcox)说。战争纪录、地契、商务档案,历来都由男性主导。

有时候,我将这归咎于英国人。

"如果占领北美洲的是荷兰人而不是英国人,形势就会好得多。"家史学家朱迪·拉塞尔说。她拥有法学学位,因此有"家谱法学家"之称。"17世纪,荷兰比英国自由得多。荷兰人允许女性拥有土地,经营生意,做所有事情,除了投票。荷兰的婚姻实际上分为两种,一种让女性保留权利,一种让她们丧失权利。"

（顺便说一下，短语"going Dutch"[1]与荷兰的婚姻女权主义是不相关的，尽管应该相关。）

在女性研究方面，拉塞尔和威尔科克斯建议采用非传统方法。或许可以仔细查找当地商店老板留下的记录，其中通常包括顾客的姓名、住址和购物清单。

就个人而言，我真的很走运。我的外祖母留下了极其详细的档案，记录了女性祖先的惊人信息。我从中发现了一些伟大坚强的女性。最执着于女权主义的，也许是我亲爱的姨妈马蒂，她在不久前去世了。她住在伯克利，擅长传授女权主义哲学。（事实上，伯克利对她来说不够自由，因此她住到了伯克利城外。）我刚学会说话的时候，她就已经在倡导中性语言了。如果我的外祖父说"mankind"（人类），她会让他用"humankind"（人类）。

我的表弟戴维，那个在自己的婚礼上安排了矮妖的人，从中发现了用之不竭的娱乐资源。

"manhole cover（人孔盖）。"他说。

"personhole cover（人孔盖）。"她纠正道。

"chairman of the board（董事长）。"

"chairperson of the board（董事长）。"

"manicotti（意式通心粉）。"

"我不打算说了，戴维。"

马蒂的话至少在一定程度上影响了我，比如我会尽量使用"humankind"。她也不喜欢我滥用"you guys"（兄弟们，姐妹们，

---

[1] 意为"平摊费用"。（译者注）

伙计们)。重点是,如果马蒂的灵魂正和一位没有性别偏见的神待在一起,从不讲男权的天堂俯视人间,我确定她一定在点头赞同朱莉的行动主义。我爱马蒂,她是又一个原因,促使我不得不减少"全球家庭聚会"的重男现象。

我很了解马蒂的女权主义思想,在家庭档案中,我又发现了另一位行动主义者,格特鲁德·金斯巴彻·桑斯坦(Gertrude Kingsbacher Sunstein),我母亲的母亲的母亲。我也爱这位坚强独立的外曾外祖母。

她的孩子叫她"铁娘子",称号本身也许略带性别歧视,但它表达了一种赞扬。根据口述家史所言,在她的家里,负责开车和在感恩节切火鸡的人,是她而不是她的丈夫。我把这段记录拿给朱莉看。

"瞧!我们家负责开车和切火鸡的是你!这是一个家庭传统。"

〔我曾因为着迷于阿尔伯特·爱因斯坦的有声传记,在高速路上让租来的汽车失控,像《正义先锋》(*Dukes of Hazzard*)里的情节一样,车子越过中线,进入逆向车道,自那以后,我基本上丧失了驾驶资格。没人受伤。我向传记作者提议,可以在封面上宣称他的书"好到不安全",但被拒绝了。〕

格特鲁德还是一名妇女参政论者,即"suffragette"——不,应该是"suffragist"。马蒂一再告诉我,"suffragette"是个糟糕的单词,因为"-ette"是一个小词缀。她认为,使用"suffragette"就相当于在说:"噢,那些漂亮的小女人正在争取参政权呢,是不是很可爱?"所以说,格特鲁德是一名"suffragist"。她参加游行,身佩肩带,组织筹款活动,分发宣传手册。

我们还有一本格特鲁德在20世纪10年代分发的小册子，这本20页的宣传册很有意思，让人对当时的问题有所了解。宣传册的作者试图消除"女性因为过于情绪化而不能参加投票"的谬见。但该作者不够聪明。宣传册提到，尽管身体的某一部分是向内而不是向外生长的，女性仍然可以抓住经济理论的基础。

宣传手册最奇怪的一部分，在于消除一个显然普遍存在的担忧，即有太多名声不好的女性也会参与投票。这些让人避之若浼的女性，指的是各种类别的妓女。但不要担心，宣传册说："暗娼阶层的女性是没有投票意愿的。她们不断更换住址和姓名，不希望透露任何与自身有关的信息，包括她们的年龄、姓名或者号码、街道。"

1920年，美国通过《第十九项修正案》(*Nineteenth Amendment*)，妇女获得了投票权。很快，我的外曾外祖母给她丈夫写了一封信，这也许是我最喜欢的一封家庭信件。当时，她带着三个孩子住在泽西海岸，她的丈夫在匹兹堡工作。这是一封记录历史、具有启发意义、充满趣味的信。

在信的开头，她先为久不回信表示不真诚的歉意："一整周都在等配偶回信的心情，你有幸体验到了。"

这是在挑衅你，外曾外祖父桑斯坦。

然后，她告诉丈夫，和孩子一起"度假"并不是无忧无虑的。"这里天气冷而且常下雨，洗澡成了艰巨的任务。迪基痛苦极了，而且还在尽他所能把我的生活也变得痛苦。"

所以别以为女人的日子就好过。

然后，她公布了重大消息：

外曾外祖父拉扎勒斯·伊莱亚斯·桑斯坦和外曾外祖母格特鲁德·金斯巴彻·桑斯坦。

"祝贺选举权运动取得胜利！我们现在可以一起去投票了，不用像之前很多次一样，只在外面等。"

信写到这里结束了，就像歌手在表演结束后潇洒地扔话筒一样。

我欣赏的一点，是她向她的丈夫表示道贺。普选权对每一个人都有利，而不只是女性。

我为外曾外祖母感到骄傲，也为外曾外祖父感到骄傲，虽然在假期里帮不上忙，但他是支持外曾外祖母的。他可能遭到了一些朋友的嘲笑，支持普选权的男性通常都会被调侃。我在网上找到一张1909年的海报，一个忧愁的男人正穿着围裙洗木盆里的衣服，广告词是"我想投票，但老婆不让"。

档案里还有另一个令我印象深刻的信息，那是《匹兹堡邮报》刊登的格特鲁德·桑斯坦的讣告。里面没有她的全名，整篇讣告中，她都被称为"伊莱亚斯·桑斯坦夫人"。

是的，伊莱亚斯·桑斯坦夫人。

这个称呼一定会让马蒂姨妈气得跳脚。格特鲁德努力为妇女争取平等权利，他们却用她丈夫的姓名来定义她的整个身份。

马蒂一直不喜欢子女继承父姓的命名系统。她指出男性被赋予了过度的影响力，我认为她说得对。这种系统制造了一种不平衡感，所有荣光都被父亲的父亲的父亲的父亲占尽了。想一下，你的（外）曾（外）曾（外）祖父母辈有 16 人，但是你也许只继承了其中一个人的姓氏。

怎样的命名系统才是完全公平、完全没有性别偏向的呢？也许让 16 个人拥有相同的影响力？"我想保留每一个人的姓。好吧，那么我的名字就是 A.J. 雅各布斯-温斯坦-弗利格尔曼-弗拉格-韦斯曼-舒奇-托马肖夫-基尔-谢克特-赫尔岑斯坦-扎菲尔-桑斯坦-芬克-柯尼希斯巴彻-弗里登海特。没错。可以简写成……"也许有点不方便。

也许秘诀是使用混成词。我的朋友加里和约迪把他们的姓合成了一个，将"鲁德尔曼"和"威尔戈伦"合并成"鲁德伦"。我只用了两分钟，就将我（外）曾（外）曾（外）祖父母们的姓合在了一起：雅温克弗舒扎谢斯基柯夫。可见，这也许不是最完美的方案。

聚会倒计时：6 周

接下来的几十年，我都要用来还人情。

问答游戏《**危险边缘**》（*Jeopardy*）的冠军肯·詹宁斯（Ken Jennings），为聚会策划了与家庭有关的问答游戏。例题：旧金山 49 人的四分卫中，谁曾入读以其曾曾曾祖父的名字命名的大学？答案：史蒂夫·扬（Steve Young）。

优秀的词曲作者吉尔·索布（Jill Sobule）为聚会写了一首主题歌。歌词很简单：

詹妮斯、吉米和科特·柯本，
赶同一趟火车回家的我们，
你是我的家人，你是我的亲人，
这就为聚会动身。

不只是我认识的人，一位叫尼尔斯·比耶勒·汉森（Niels Bjerre Hanson）的丹麦朋友还自发建立了一份名人家谱，把从甘地到卡尼·维斯特（Kanye West）[1]的百位历史人物连在了一起。

我从来没有组织过真能让人们相信的活动。这个任务让我望而生畏。几乎在一半时间里，我都觉得自己像个骗子。但这也是一个让人振奋、鼓舞人心的任务，是消除厌世情绪的好方法。

---

[1] 美国说唱歌手。（编者注）

第 40 章　熔炉

我在琢磨,"全球家庭聚会"是否应该充分展现 Epcot 主题乐园的气氛。已经有苏格兰裔亲戚表示要穿短褶裙参加聚会,有秘鲁裔亲戚说要穿披风出席。也许我应该干脆采用"小世界"方案,为全球家庭里的每一种文化划分各自的活动区域。我可以让 200 个小聚会同时进行。

另一方面,就像朱莉说的,这种"巴尔干化"不会背离大家庭理念吗?她可能说的有道理。(马蒂姨妈曾经告诉我,"巴尔干化",即"Balkanization"这个单词,本身就代表使某个地区分裂成若干敌对的小国,这种说法特别指出了制造分裂是巴尔干半岛的文化,而这是不公正的。因此,我们应该向巴尔干半岛地区道歉。)

在组织聚会的过程中,我对同化和认同感的优缺点进行了思考。我自家的历史给我提供了一个思路。和大多数犹太家庭一样,我的家里也有各种各样的人。有的仍然是戴黑帽的正统派,有的受到其他文化的影响被同化。

我的外祖父西奥多·基尔属于后者。他热心追求民权和平等,却对犹太文化不大感兴趣。他成年以后从未去过犹太会堂，从来不举办逾越节家宴。外祖父的很多朋友和同事，都不知道他是犹太人。

我发现林登·约翰逊总统在一次演讲中，赞扬了为民权而奋斗的外祖父，他说："每个周末，当他本可以和家人一起去教堂的时候，特德[1]仍在不知疲倦地改善民权。"虽然态度是友好的，但是自由世界的领导者说我的犹太外祖父是常去新教教堂做礼拜的人，这听起来有点奇怪。

我的外祖父非常不像闪米特人，他属于第一批加入高等英裔白人新教徒俱乐部的犹太人。小时候，我总幻想自己头戴粉色和绿色的马德拉斯布圆顶小帽，身披绣着小鲸鱼的披巾，出现在这个俱乐部的网球场上。

我不能完全确定，为何犹太教对外祖父来说如此没有吸引力。他曾经告诉我，他认为世界历史是一个渐渐远离宗教、接受科学的过程。作为致力于解决冲突的劳动纷争调解者，他也许将文化依赖视为一种分化。

然而，我的外祖父并不是家里最坚定的同化者。第三代表亲莉萨·格雷森（Lisa Grayson）跟我讲了她父亲的故事。1968年，莉萨11岁，和家人一起住在密尔沃基城外。她的父亲参加《危险边缘》，赢了足以带她和她的母亲去欧洲旅游的钱。为了办护照，她的父亲集齐了用来证明身份的政府文件。一天晚上，他外出后，莉萨看到了他放在梳妆台上的文件。其中一份政府文件上写着：

---

[1] Ted 是 Theodore（西奥多）的昵称。（编者注）

赫伯特·戈尔德贝格（Herbert Goldberg）更名为赫伯特·格雷森（Herbert Grayson）。

在此之前，莉萨一个犹太人也不认识，此时，她却发现自己是一个犹太人——至少是半个犹太人。她开始对犹太文化感兴趣。她通过犹太家谱学杂志《我们的祖先》（*Avotaynu*），讲述了自己的经历：

> 十几岁的时候，我沉迷于所有与犹太人有关的东西，这种沉迷的表现，包括去寻访密尔沃基的旧熟食店和犹太会堂，热爱哈伊姆·波托克（Chaim Potok）的小说……16岁时，我终于鼓起勇气与父亲摊牌。他在一家餐厅订了晚餐，只叫了我去，跟我讲述所说的"顺从"。

第三代表亲莉萨和她的父亲

向来合群、淡定从容的父亲表现出紧张和不安,在我看来是非常奇怪的。而且,我得惭愧地承认,我会故意为难他,想看他为了回避令他恐惧的"犹太""犹太人"甚至"犹太教"等词语,会使用哪种句子。

我太在意他的反应,以至于没问出我最想问的问题:是否发生过一些可怕的事情?他为何如此害怕被发现?他不想以犹太人的身份生活,但为什么也不让我们认识他的家人?(一向善于表达的)父亲只告诉我,是的,他的家人是"那些人",生活对于"不属于那个宗教的人"来说要容易一些……他希望我从来没有发现梳妆台上的文件。

莉萨的父亲从未讲过保密的原因。莉萨认为,在很大程度上,一定是因为他担心他所在的广告公司在知道了他的犹太人身份之后,会对他造成伤害。小时候,他父亲的移民父母可能曾让他感到难堪,因为他们说话带有浓重的意第绪语口音,而且还过着正统派的生活。

当然,莉萨的父亲说对了一点,"信奉那个宗教的人"确实承受着更多艰辛。反犹太主义曾是而且仍然是一股恶势力。阅览我们家的档案时,我看到了他们面对的局势。其中一条反犹太主义信息格外扎眼。它来自范妮·弗里登海特和格尔森·弗里登海特的结婚60周年纪念日。(你也许记得,格尔森是我的外曾外曾外曾外祖父,可能参加过3分钟的南北战争。)

时代背景:1919年,美国人正痴迷于优生学。几年前,泰迪·罗斯福普及了"种族自杀"(race suicide)观念。他担心,高等白人种族会受到所有勤于繁衍的下等移民的冲击。他通过演讲和文章，鼓励白人多生孩子，以免他们被人口较少的种族淹没，这些种族包括非裔美国人、拉丁美洲人、天主教徒和犹太人。

因此，在纪念日当天，我的祖先们一齐为格尔森和范妮的强大生育力干杯，拿他们生了14个孩子的事逗趣。上帝保佑我的外祖母，她记录了当天发生的事情，包括祝酒词。在发言过程中，格尔森的孙子孙女开了一个大玩笑：他们说，格尔森和范妮仅凭两人之力，便吓到了泰迪·罗斯福，促使他开始鼓励英裔白人新教徒从事生育。

这似乎是非常符合犹太文化的事：用讲笑话的方式抒发憎恶。

我意识到，我自己对同化的看法，也受到了总体上支持同化的家庭的影响。虽然我不是外祖父那样的超级同化者，但我也不认为"同化"是一个难听的字眼。我认为部分同化是个好现象。我的全球家庭计划，在于强调部落主义的愚蠢，以及我们为何不应该在不同文化间竖起不能翻越的高墙。我的确重视部分文化认同，但是我希望不同文化间的隔离墙可以矮一些，也许只到脚踝，而且在某种程度上就像粗棉布一样透气。

用另一种与美食有关的比喻来讲，我认为，熔炉不一定要把我们变成一锅不分你我的浓汤。里面可以有一些可识别的原料。但是这些原料不应该是无法混合的大块头。我们要有一些统一的价值观，比如思想和言论的自由。我希望，我们所有人首先是人类，其次才是祖先们创造的文化群体里的成员。

我的孩子正在领略祖先留下的传统。我们点燃安息日的蜡烛。我们每年举办一次逾越节家宴。他们会行受诫礼，《塔木德》主题是必需的，比如康尼岛的嘉年华游戏。但是我想传达给孩子们的最重要的犹太传统，来自我的祖父。不是在英裔白人新教徒乡村俱乐部打网球的外祖父，而是我父亲的父亲，查尔斯·雅各布斯，大萧条时期在街上卖椒盐卷饼的那一位。

卡罗尔姑妈给我讲了祖父于赎罪日待在家中的故事。他告诉卡罗尔："你也许感到好奇，明明是赎罪日，我为什么在家而不是在会堂里。原因是，我相信无论在哪里，你都可以向上帝祈祷，而不只是在会堂里。"他还说：

我只希望你们从犹太教义中学到三点：

1. 爱家人
2. 爱学习
3. 爱对他人的责任

"这是他说过的最深刻的话，"现在的卡罗尔说，"他是一个美丽、温柔、有智慧的男人。"

阿门。

聚会倒计时：4周

我已经否决了主题乐园方案。我当然可以热情地欢迎一大批穿披风的人，但是我不想为每种文化建立独立站点。矢莉是对的：那样就更像"全球家庭分离会"了。

第41章　FBI和我的外祖父

我曾说过,所有直系亲属中,FBI档案最不俗的,可能要属我那个支持工会的外祖父西奥多·基尔。

数月前,我和姨妈简分别向FBI提出了信息自由申请。奇怪的是,我们收到的档案内容略有不同。汇总之后,竟是一份多达349页的文件。

我花了一个周末,读完了每一个没有被涂黑的文字。得知:

1. 我的外祖父被怀疑是共产主义者,FBI在华盛顿特区的办公楼里对他进行了盘问。他说他不是。

2. 1962年,我的外祖父参与筹办了约翰·肯尼迪的45岁生日会。玛丽莲·梦露身穿紧身裙,献唱了历史上最让人浮想联翩的《生日歌》。我不明白他的档案里为何有这个内容,但不管怎样,这对于我来说都是一个新闻。

3. 有极端自由主义倾向的马蒂姨妈,曾多年处于严密监视之下。她在"学生争取民主社会组织"(Students for a Democratic Society)里的一个亲密朋友充当了告密者,曾在1967年的一次左派会议上汇报她的行踪。

4. FBI 高度怀疑外祖父与马丁·路德·金之间的关系,一页接着一页,似乎都与他们的每一次会面有关。

这些档案让我既惊慌又骄傲。惊慌是因为,FBI 掌握了外祖父生活中的细枝末节,比如他的度假地点、他女儿在大学的宿舍号等。但我为外祖父感到骄傲,尤其是在知道了他和金的关系之后。我原来只知道他们之间有一些往来,却并不知道关系的密切程度。

他们曾多次并肩作战。外祖父召集了一批律师,在金博士的最高法院诉讼案中无偿为他辩护,提起诉讼的是亚拉巴马州的一所警察局。亚拉巴马州一位负责公共安全的警官,控告金博士和《纽约时报》犯有诽谤罪,原因是他们刊登了一则控诉种族主义的广告。最后,金得到了最高法院 9 位法官的全票支持。

我的外祖父在一个叫"甘地人权协会"(Gandhi Society for Human Rights)的游说组织担任主席,尊敬的金博士担任名誉主席。1964 年,外祖父在里弗代尔的家中举办了一个募捐派对,帮助马丁·路德·金筹集诉讼费用。

读过档案之后,我打电话给凯特姨妈,问她是否还记得那次派对。

"来的人都要交 25 美元,"凯特告诉我,"你的姨妈简、康妮还有我,我们都把零用钱拿给金博士了。大概有 3 美元。我记得他看起来很感动。他说'你们真可爱'。"

然后,凯特让金博士在她的企鹅玩具上签名。他答应了,把

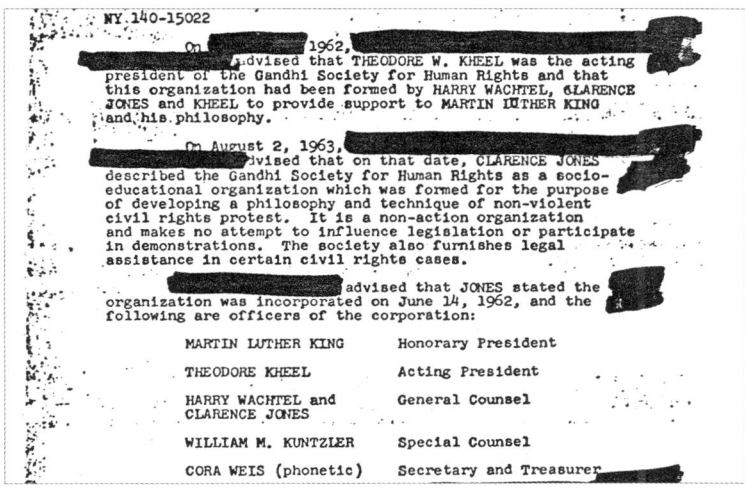

马丁·路德·金和我的外祖母安·基尔。照片摄于外祖父母的纽约家中。

第 41 章 FBI 和我的外祖父

名签在企鹅的肚皮上。

企鹅？象征意义似乎太明显了：黑与白共存。

"事实上，"凯特说，"那是一只蓝色的企鹅。"

好吧，但这依然是件很愉快的事。

关于外祖父的人权活动，我又有了一个意外发现：1971年，他组织召开了一场会议，主题是当时的社会冲突。对此，《纽约每日新闻》(New York Daily News) 的专栏作家说，基尔做出了"大胆的、几乎与宗教活动一样的尝试，试图通过一场不同寻常的会议，扑灭整个社会的战火。他仅凭一己之力，已经说服了工业界、黑人群体和政府高层的代表前往纽约，出席一场全国峰会"。

我的外祖父想发挥他解决纠纷的能力，在会议中找到化解社会冲突的方案。"特德·基尔认为，影响全国的、激烈的种族和宗教冲突，可以通过集体谈判得到缓解……凭借对解决方法和理性的热诚诉求，他也许能使这个国家走上全面友爱互助之路。"

读到这段叙述的时候，我几乎要夸张地喷出一口水来。为什么？我的外祖父曾异想天开地以为，可以通过一场不切实际的会议给世界带来和平？我如今就在组织一场这样的聚会！

当然，外祖父的成果要显著得多，他的会议迎来了一些历史人物，比如贝亚德·拉斯廷 (Bayard Rustin)[1]。至于这次会议是否起到了一些作用，我们并不清楚。要实现全面友好互助，我们当然还有很长的路要走，但我敬佩他的敢于尝试。

---

[1] 美国民权运动领袖。(编者注)

第 42 章　姓氏挑战赛

我们要发起一项比赛：姓氏挑战赛。获胜者将在聚会上公布。这个想法是看哪一个姓氏能筹集最多善款，帮助对抗阿尔茨海默病。（我在前面提到过，本次聚会将支持阿尔茨海默病慈善事业。所有销售和赞助所得，都会直接捐给两家阿尔茨海默病慈善机构。）

姓氏挑战赛的规则是，你加入你的同姓队伍，捐献 5 美元、10 美元或者更多钱，登记善款最多的队伍获胜。我们要看看哪个姓能筹到最多钱。是雅各布斯还是勋伯格[1]？是肯尼迪还是布什？是哈特菲尔德还是麦考伊？（不要担心，我们也为人均捐款数最多的姓氏设立了奖项，这样一来，斯皮策和约根斯就不会自动被史密斯和琼斯战胜。）

"我喜欢这个想法，"朱莉说，"但感觉有点奇怪。"

"为什么？"

"这不是与聚会的总体理念有点不符吗？我们还是一个大家庭吗？这有点像你之前想让不同民族的人分开举办聚会。"

---

[1]　勋伯格（Schoenberg）是作者妻子的娘家姓。（编者注）

糟糕，她说的有道理。姓氏的含义是复杂的。从积极的一面看，你的姓是致敬祖先（大多数情况下，是某一特定的男性祖先）的象征，令人感动。另一方面，它带有部落色彩。因为我姓蒙塔古，你姓凯普莱特，所以我们必须争个你死我活。

家谱学家很多时候都在和姓氏打交道，因此我实际上也对这个主题有所了解。在不同文化和年代里，姓氏的使用有很大不同。一些国家的文化里没有姓氏。另一些文化里，姓在前、名在后，比如日本和韩国。

犹太人到近期才在姓氏上有了区别。在大部分历史中，我的祖先们没有姓。19世纪早期，普鲁士政府颁布姓名法案，强令犹太人使用姓氏，以便官方记录他们的情况。

一些犹太家庭从《圣经》中选择姓氏，比如我的姓，雅各布斯。其他人根据城市或者地标选择，比如我妻子的祖先，他们姓勋伯格，在德语里意为"美丽的群山"。

还有一些人选了与工作有关的姓。朱莉母亲的娘家姓为朱克曼，在德语里的意思是"糖人"，也许是因为朱莉的外曾曾曾曾曾（曾）祖父母中，有一个人是食糖推销员。根据口述家史记载，朱克曼家的一位成员把钱亏得一干二净，因为不服气，把自己的姓改成了萨尔兹曼（Salzman），意思是"盐人"。我觉得这个简单的故事令人生疑，但这也许只是我内心那个愤世嫉俗的萨尔兹曼在作祟。

说来奇怪，我从好几年前就开始着迷于跟工作有关的姓氏。在《君子》杂志工作的时候，我曾把自己的一个构思告诉主编，我说我可以请名人来演绎他们姓氏的内涵：让安德森·库珀

（Anderson Cooper）尝试在一天内做一个桶（箍桶匠的工作）？或者让威尔·史密斯（Will Smith）用一个下午的时间锤打烧红的铁块，打出一只马蹄铁（铁匠的工作）？[1]

关于这个提议，我的上司始终没有回我的邮件。我想，是因为我的奇思妙想让他深受启发，他在第一时间离开办公室，去收小麦了〔他姓格兰杰（Granger），意为"农民"〕。

也或许，他认为我出了个馊主意。很难弄清楚到底为什么。

真遗憾，我们已经不再创造与职业有关的姓氏。如克里斯蒂娜·肯尼利在《看不见的人类历史》里所说，我们本应该看到更多姓"阿纳李斯特"（Analyst，心理分析师），或者"波德卡斯特"（Pod-Caster，播客）和"莱夫科奇"（Lifecoach，人生教练）的人，但愿后两个姓不会出现。

总体上，雅各布斯这个姓是我喜欢的。但其他犹太家庭就没这么幸运了。贾斯廷·卡普兰（Justin Kaplan）和安妮·伯奈斯（Anne Bernays）的佳作《姓名语言》（*The Language of Names*）讲述道："（东欧的）一些当地官员意识到，姓名法案给他们提供了一个敲诈和受贿的机会。他们把有吸引力的名字派给送了钱的人……把滑稽荒唐的名字留给其他人。"后者包括：

埃塞尔科普夫（Eselkopf），"驴头"

菲施鲍姆（Fischbaum），"鱼树"

库塞米奇（Kusemich），"亲我"

---

[1] 英文中，cooper 意为制桶工人，smith 意为铁匠。（编者注）

金佩尔（Gimpel），"蠢人"

卡尔丰克尔（Karfunkel），"疖"或者"疖子"

当然，移民来到美国后，很多姓都被更换了。我的母亲给我讲了弗里登海特（源于我母亲的外曾外曾外祖父母）的由来。显然，埃利斯岛的官员问格尔森"你叫什么？"时，格尔森用德语回答了"一切都让人满意"，听起来像英语里的"弗里登海特"。埃利斯岛的官员把听到的文字登记下来，于是就有了弗里登海特家族。

这是一个有趣的故事，但几乎可以肯定不是真实的。说埃利斯岛的官员会胡乱给移民安名字，其实是一个存在已久的误传。"如果你想让一位专业家谱学家发火，就告诉他你们家的姓是在埃利斯岛改的。"一位家谱学家告诉我。

关于埃利斯岛一团糟的局面，最有名的故事，是说一个犹太男人被安了一个爱尔兰名字：肖恩·弗格森（Sean Ferguson）。怎么会这样？据说，这个犹太人到了埃利斯岛后，移民官员问他叫什么，他用德语回答："Ich habe schon vergessen!"意思是"我已经忘了"。官员一边挥手让他通过，一边说："肖恩·弗格森，欢迎来到美国。"

这个故事，也几乎可以肯定是虚构的。事实上，埃利斯岛的官员只会把旅客名单上的姓名登记下来。他们不会音译姓名。如果有任何人应该为古怪的音译负责，那应该是欧洲轮船公司的员工。但大部分移民都是在到达美国之后才改名换姓的，比如我的祖父。我的祖父将姓从"雅各博维茨"改为"雅各布斯"。动机通常是想融入新社会，避免遭到歧视。

怎么看待姓名美国化？是移民背弃祖先的行为？是抛弃传统？即便是在埃利斯岛的全盛时期，这也是一个值得讨论的话题。《姓名语言》的作者找到了几篇关于这一争议的旧文章。

比如，1923 年，犹太周刊《美国希伯来人》(*The American Hebrew*) 报道，一个叫哈利·卡博特赫尼克（Harry Kabotchnik）的男人，想改姓"卡博特"(Cabot)。该杂志强烈反对丢弃卡博特赫尼克这个姓，"以及它丰富的、类似打喷嚏的发音"。

1898 年，一位移民通过《纽约论坛报》表示："就算抛弃了父亲的姓，我们也一如既往地爱他们。改姓之前，我们没遇到任何好事，也许新名字会带给我们更多好运。"

移民提交的申请不一定都能通过。《纽约时报》报道："（1967年）布鲁克林民事法庭的一位法官，拒绝以'考虑到未来，我的儿子们不能背负任何潜在污名'为由，将塞缪尔·温伯格（Samuel Weinberg）的姓改为兰辛。这位法官名叫雅各布·温伯格（Jacob Weinberg）。"

与温伯格法官不同，在改姓是否符合道德准则这件事上，我保留看法。我并不怨恨我的祖先。我也不会重新改姓雅各博维茨来表明政治态度。一方面，的确，改姓可以被视为对祖先的背叛、对主导文化的屈服。但另一方面，祖先们想让艰难的生活变得容易一些，难道我要为此而责怪他们吗？

事实是，姓名的确能对实际生活产生影响。有研究表明，招聘方更倾向于录用某些姓氏的人。连你的姓在字母表里的位置也可能影响你的生活。朱莉说，她是字母歧视的受害者。她说她很乐意把娘家姓的首字母,也就是字母表里第 19 个字母 S,换成第 10 个字母 J。她的大学按照从 A 到 Z 的字母顺序分配宿舍,她被分到一个很差劲的房间,此事至今仍让她耿耿于怀。

当然,我支持我的妻子,但是我从不认为这是一项紧急的社会正义事业。直到最近,我在 *Slate* 杂志上发现,真的有人开展了对"字母表的专制"现象的研究。2006 年,斯坦福大学和加州理工学院的教授通过研究发现,"姓的首字母排序靠前的教师,明显更有可能获得排名前 10 的经济学院的终身教职……可能是因为经济学家所写的学术论文,通常都按字母顺序排列作者姓名"。

也许最慷慨的态度,是将改姓视为祖先的自我创造,甚至是反抗。第三帝国禁止犹太人改名字。《姓名语言》讲述道,在希特勒统治下的德国,更换犹太姓名是违法的。"姓名辨识度不高的人,必须把'伊斯雷尔'(Israel)或'萨拉'(Sarah)用作中间名。"

你也可以说,改姓预示着即将要发生的事情。皮尤研究中心的数据表明,美国的自命名者越来越多。自命名行为在各类群体中都可见到,比如嘻哈歌星、Twitter 用户、跨性别者。

我的直系家庭中,改名经过最奇怪的,是出生于 1883 年的外曾外祖父。他的孙女曾告诉我,他"出生后没有名字。家族传说,他一直被唤作桑斯坦宝贝,直到 3 岁还是 4 岁,他给自己选了个名字,叫拉兹(Lza)。然后,他的父母才将他取名为伊莱亚斯(Elias),我猜是拉兹的全称。他的大名是伊莱亚斯,但是直到他死的那一天,人们都管他叫拉兹。"

我们不清楚他的父母不给他取名的原因。也许他们喜欢"宝贝"的便利和简洁。

但我认为,宝贝的父母也许在不经意间,偶然发现了克服姓名的排他性和部落主义的诀窍。也许我们都应该用相同的姓,比如"人"(Human)。尽管与此同时,雅各布斯会在姓氏挑战赛中击败勋伯格,两者又都将输给布劳恩。

聚会倒计时:3周

工作团队已经忙不过来了。比如伊欧玟,她在寻找亲戚关系的同时,还要与志愿者沟通、写博客、将来自四面八方的远亲提供的食谱编辑成烹饪书。我又累又烦躁,以至于今天问我的家人决定吃什么的时候,我竟然听到自己说了"分秒必争"。无法容忍。

第43章　别扭的家庭照

关于祖先的体貌特征，单以文本资料为根据，我知道的是：

外曾祖父萨姆·基尔的左足上少了3根脚趾（此信息来源于一份征兵令，但未做详细说明）。

其父亲，亚伦·基尔，有一张"比例得体的嘴"，此信息来源于美国护照办理处。这是一个令人愉快的描述，也是我下一次要对朱莉说的甜言蜜语。"来，用你那张比例得体的嘴亲我。"

据一份签证申请文件描述，一位叔祖长着"罗马鼻"，换用一种不委婉的说法，是有闪米特人的容貌特征。（彼时流行颅相学，面部特征受到重视。）

我想表达的是，仅根据文字描述想象祖先的容貌是很难的，因此，我为自己的祖先是早期摄影迷而感到欣慰。外祖母的档案里，有超过一千张照片。一张张黑白照上，有留着造型别致的胡须、不苟言笑的一家之长，有穿蓬裙的女儿，穿水手服、板着脸的小男孩。外祖父母婴儿期的照片，带给我情绪上的波动。瞧这胖乎乎的小可爱！慈爱涌上心头，随之而来的，是一阵伤感。是啊，他们长大了，老了，去世了。外祖母为何要用胶带封住时钟，我现在理解了。我们明白，时间，你是个无情的混蛋。

在家谱学的世界里，照片是王道。本质上，Ancestry 网就是为逝者创建的 Facebook。与文本相比，照片获得的回应更多。兰迪·勋伯格老早便告诉过我，如果想让远亲们注意到我的家谱，并往上面添加信息，我得上传照片。他说，那些照片是"诱饵"。

所以，在一个星期二的晚上，我上传了几十张照片到 Geni 网和 Ancestry 网，之后怀着成就感入睡。

星期三的早晨，我接到母亲的电话。她很慌张。她不赞成我不加区别地分享照片，想让我把照片撤下来。她认为，她祖母的黑色泳装照非常不美观。还有那些"猫咪缺席照"，她认为我没必要将其分享给马蒂姨妈。

在所有家庭照中，我最喜欢的就是那些"猫咪缺席照"。这些照片是我母亲与她的兄弟姐妹们的童年留影。他们一家子坐在壁炉前，每一个人都盛装打扮，面带微笑。除了马蒂，毫无疑问，她是没有笑的。其中一张照片是她对着镜头吐舌头，另一张是她背对着镜头，还有一张是她展开手臂，仿佛怀抱着一个隐形物体。

原因何在？因为我的外祖母，马蒂的母亲，不允许马蒂的宠物猫布蒂塔出现在全家福里。

"我不认为她想让别人记住她这副样子。"我的母亲说。

"我不同意！这正是她想被记住的样子。她总说那是她人生中的首次抗议。"

看了这些照片我就知道,马蒂后来会热心于保护动物权利。当然,她不是温和派,她是一位严格的素食主义者。她抵制皮带、皮鞋和皮质汽车座椅(她买了一辆丰田卡罗拉,因为这款车没让动物付出任何代价)。她还对带有物种歧视的语言很敏感。我曾犯过一个错误,当着她的面说了"一石二鸟"。她指出,正确的说法是"用一个动作解放两只鸟"。

马蒂爱好摄影,每次聚会都背着长镜头尼康相机。但考虑到奶牛的遭遇,给我们拍照时,她从来不提议喊"cheese!"(奶酪)。她让我们喊"soy cheese!"(豆奶干酪),直到她发现大豆产业的堕落。

因此我有信心,展示这些与布蒂塔有关的照片,会让马蒂感到高兴。但我不怪我的母亲。我的计划以及其中潜在的隐私侵犯,让她越来越坐立不安。她为家庭遗物感到担忧,这或许是理所当然的。

经过几分钟的商量,母亲终于妥协,不再反对我分享马蒂为猫抗议的照片。这部分的照片可以留在网上,但我必须撤掉泳装照。我没敢告诉她,我不只是上传了照片,还把照片送去分析了。我把照片发给了莫琳·泰勒(Maureen Taylor),她有"照片侦探"之称,我们是在家谱学大会上认识的。

莫琳是一位住在马萨诸塞州的家谱学顾问,她的专长十分有趣:仔细研究家庭旧照,从中找出与身份、年代或者背后的故事有关的线索。几天后,我与莫琳视频通话,交流她的发现。但在分析我自家的照片之前,我提了一些一般性的问题。

"你怎么确定照片的年代?"我问。

"有很多线索。"莫琳说。汽车、胡子,甚至照片的形状。"圆角照片很可能是 19 世纪 70 年代的。"最佳线索是服饰。莫琳写了一本《时尚人士:无边软帽和宽边帽,1840—1900》(*Fashionable Folks: Bonnets and Hats, 1840–1900*),其内容比书名更有趣,因为它讲述了头饰的疯狂史。在纽约,帽子的造型曾变得极其笨拙,以至于立法委员提交了一项议案,要求进入剧院的女性观众摘掉她们的大帽子,这样后排那些可怜的傻瓜们才看得到舞台。

或者想想往帽子上堆放鸟类标本的潮流。"人们在家里养鸟,然后卖给制帽厂,工人把鸟杀死放在帽子上。"莫琳说。奥杜邦协会成立的目的之一,就是抵制这些令人毛骨悚然的帽子。马蒂姨妈一定愿意和他们一起游行。

说到可怕的时尚,我问莫琳:"据说在维多利亚时代,人们会把穿戴整齐的尸体扶起来,和死去的亲人合影,这是真的吗?"

"是的,"她说,"还有一些摄影师专门拍这类照片。"

"哭丧着脸是怎么回事?为什么我们家面带微笑的人很少?"

"拍照是一个近乎神圣的重要场合。"她说。此外,我们的祖先必须保持同一个姿势长达 30 分钟,就嘴部肌肉而言,不笑会更轻松。

莫琳花了一周时间研究我发的照片,并揭晓了一些谜底。比如,我的外曾祖母出现在一家酒店旁边的照片上。从她裙子上的花边来看,该照片拍摄于 20 世纪 30 年代。作者有可能是一位街头摄影师——就像迪士尼乐园里那些拍了你的照片,然后以 300 美金的价格转卖给你的人。这是一个不错的信息,尽管有点乏味。我也不确定我想从中挖掘出什么,也许是"听着!我的外曾祖父藏了把血迹斑斑的刀在沙发里"。

不管怎样,作为一个历史迷,我很爱与人交流黑白照片。因此我问了莫琳一个问题。我问她是否愿意参加聚会,并作一个有关家庭照的演讲?聚会主要活动之一,是拍出"史上人数最多的全家福",我想她的演讲会成为非常好的暖场节目。

如果我们能办成这件事,那么相关的组织工作,一定与诺曼底登陆有的一拼。5000个家人要往哪儿站?摄影师站在哪儿?摄影师的个子够高吗?我是否需要租一辆吊车,或者一架无人机?(事实是,我们离拉瓜迪亚机场太近了,操作无人机是违法的。)

当然还有一个问题:按下快门的那一刻,我们要喊什么?我只知道,为了纪念坚持素食主义的姨妈,不会是某种奶制品的名称。

我的外曾外曾外祖母索菲·弗里登海特(Sophie Friedenheit),戴着一顶帽子,没有笑。

第 44 章　兄弟对兄弟

我的 Facebook 推荐新闻里出现了一个令人烦恼的视频。视频内容是斯莱兹姐妹成员凯茜·斯莱兹（Kathy Sledge），在黑人娱乐电视台的"Black Girls Rock"颁奖礼上演唱《我们是一家人》。

她的演唱激动人心。可怎么没看见其他姐妹？只有凯茜。

用谷歌搜索了 30 秒后，我才知道，原斯莱兹姐妹成员凯茜，已经单飞了。她不会再和其他几个姐妹——答应在"全球家庭聚会"上演唱的乔妮、金和黛比——同台演唱。而且这一次分裂似乎闹得不太愉快。稍微再搜索一下，我又得知，其他三个姐妹对凯茜提起了诉讼，禁止她以"斯莱兹姐妹"的名义宣传自己的演唱会。

怎么会这样，这可不是什么好事。我也许没必要对每一个人解释，但还是让我这么做吧。斯莱兹姐妹唱出了与家庭和谐有关的、最具代表性的歌曲，几十年来，这首歌频频在婚礼和受诫礼上播放，可这几姐妹却显然不和。或者说，至少其中一位成员引发了很大的意见。

回想当初她们答应来聚会上演唱时，我是多么激动。这首歌完美地概括了我的论点！多么好的象征意义呀！我们就是一家人！然而，事实是，斯莱兹姐妹的确是一家人，可她们之间明显存在某些障碍。这种情况并不稀奇。但仍然有些令人失望。

知道这事之后不久的一个下午，我和朱莉带着孩子到纽约市中心，与她的兄长埃里克会合。朱莉为沃森奇遇寻宝公司工作，我们要进行一次演练。

"聚会准备得如何了？"埃里克问。我把斯莱兹姐妹的新闻讲给他听。

"看到了吧？"他幸灾乐祸地说。（他的确在幸灾乐祸。）"我一早就说会发生这种事。"

我告诉他，我知道并不是所有家庭都其乐融融，我很熟悉家人之间的口角，我看过《唐顿庄园》（*Downton Abbey*）。我只是想说，如果我们将某个人看作亲人，哪怕只是远亲，与彻头彻尾的陌生人相比，也许我们也会更友善地对待这个人。我们会偏袒与自己有共同 DNA 的人，也许通过操控这种进化导致的偏向，我们可以提高世界的总体友善指数。

好吧，我也许有些词不达意，但是我尽力表达了我的想法。

埃里克并不认同。在一个卖 Bit-O-Honey 和 Necco Wafers 这类复古糖的糖果屋里，我们争吵起来，激烈地争吵。我们的声音开始拔高。我开始感到焦虑。整件事已经失去了玩笑成分。他在说"这就是你的问题"之类的话，我在说"你能让我说完吗？"我们都像千夫所指的电视评论员一样，气急败坏。

期间，赞恩过来问他应该买葡萄味的跳跳糖还是草莓味的。我立刻告诉他"草莓"，然后迅速回到争论中。

我都理不清其中有几重讽刺了。在一起家庭纠纷（斯莱兹姐妹）引发的关于家庭纠纷是否过于常见的争论中，我和我的家人（埃里克）发生了纠纷。好吧，也许是三重讽刺。

埃里克不是家里唯一质疑我的人。我当初宣布全球家庭计划时，我的表弟，因"矮妖婚礼"而出名的戴维，在 Facebook 上发了一个帖子。

> 你梦想着，如果我们发现所有人之间都有亲戚关系，我们就会对彼此更客气。我对此不敢苟同。我对谁都不客气，不管是不是亲戚。我们过去一起做事时，你不得不强制我闭嘴，因为你（确实）认为我是一个"自以为是的混蛋"。[1]不管你是我的亲兄弟、表兄弟还是跟我没关系的人，我都会那么做。所以说除非你能发现我们是安迪·考夫曼（Andy Kaufman）、霍华德·斯特恩（Howard Stern）、理查德·谢尔曼（Richard Sherman）或者穆罕默德·阿里（Muhammad Ali）的亲戚，否则我完全不会把你的最新计划当一回事。坦白地讲，唯一值得一说的，就是我不会把你的计划当一回事。

我明白戴维和埃里克的想法。全球家庭计划不是万能药。几周前，我带卢卡斯和他的朋友在墨西哥餐馆吃饭。他的朋友把餐巾纸扔在地上。我说："你可以捡起来吗？如果你不捡，在这里工作的某个人就不得不去捡。"

---

[1] 这里说的是我为《君子》杂志写的一篇文章，我在里面提到了戴维作为拉斯维加斯的职业扑克玩家，给我出一些主意，教我怎么跟朋友玩扑克等。（原注）

他的朋友说："噢，他们是我的家人，对吧？所以他们不会介意的。"

这并不是我想传达的讯息。

另一方面，我有大量传闻作为证据，可以证明将陌生人当成远亲能够让一个人的心变软。这个法子绝对适用于我，至少多数时候是这样的。地铁上遇到的那个双腿叉开成170度角、占了3个座位的人，对我来说是一个挑战。

但我常常体验到我之前提过的"法官朱迪效应"。在书店里结账时，如果有人插队，我会努力告诉自己：没错，这种行为不对，但他是我的亲戚，他和我共有一位生活在很久以前的祖先，而且我们会有共同的后代。所以也许我应该假定他没有做错。也许他有一个生病的孩子，需要马上看到《贝贝熊系列》。

其他致力于研究巨型家谱的人告诉我，他们有相同体验。然而，传闻毕竟不是科学。因此我有些失落。

和埃里克争吵后过了几周，我收到了一封邮件。发件人是埃里克。我小心翼翼地点开。他说："嗯，我依然不相信你描述的效果，但有一篇哈佛大学的文章支持了你的论点。"

那是最近的一项研究，研究者随机告诉一些巴勒斯坦人和以色列人，他们有或者没有共同的DNA。[1] 在后续记忆游戏中，那些认为他们有亲戚关系的人对彼此更友好。玩家可以大声或轻声干扰对手，或者不发出声音。相信自己与对手是有更密切的亲戚

---

[1]《人格和社会心理学学报》(*Personality and Social Psychology Bulletin*) 发表了该研究。事实上，埃里克将这篇文章发给我的时间，是在"全球家庭聚会"结束后。但是这一举动体现了兄弟间的友爱，使我不能不提。（原注）

关系的人,对待对手的耳膜更温和。另外一部分研究表明,"亲戚们"更倾向于用和平方式解决阿以冲突。

我想给埃里克一个拥抱!他真是大人有大量。我爱我的亲戚。

而且,在那之后,我又找到了其他研究。一位澳大利亚的社会科学家把他的博客链接发给了我。

研究表明,亲属关系让我们更友好地对待其他人,就算这种关系不是真实的,或者哪怕没有被意识到。2002年的一项研究发现,参加者更倾向于把钱托付给长得更像自己的人。同年的另一项研究发现,人们更乐意帮助与自己同姓的陌生人。2008年的一项研究表明,团队里认为彼此间有亲戚关系的人越多时,团队合作的效果越好。

几周后,表亲卡斯·桑斯坦(Cass Sunstein)把他刚写完的一篇文章的链接发给了我。[1] 卡斯的确是我的近亲,第一代表亲,我们差一个辈分。他也是一位出色的哈佛大学法学教授和行为经济学家。他已经答应在"全球家庭聚会"上发言。他在《商业周

---

[1] 卡斯写的这篇关于"家庭启发法"的文章由 *Bloomberg View* 发表。他写道,其原理是:我们大多数人都感觉自己与家人之间存在共性。至少总的来说,我们用随和、友善的态度对待他们,为他们付出,对他们表示欢迎,和他们一起开怀大笑。我们向他们展现温和的一面,相信他们做的事情是正确的。
当然,要成为合格的"家庭"成员,通常,一个人必须属于一个以亲戚关系为基础的小集体——你的父母、兄弟姐妹、子女、叔伯、姨妈、姻亲、第一代表亲,以及这些人的近亲属。但通过现代化的家谱工具,我们很容易发现,家庭关系的分布十分广阔。通过激发与小家庭相关的积极情绪、强烈的共性感知,并将其运用到由疏远的陌生人组成的大世界里,雅各布斯正是在发挥"家庭启发法"的作用。(原注)

刊》（*Businessweek*）上发表的这篇文章，谈论了他所说的"家庭启发法"（Family Heuristic）。他的观点是，进化使人类为了保存 DNA 而优待家庭成员。"全球家庭"概念能操控这个偏向，促使我们更友善地对待陌生人。

依然不是硬科学。与牛顿的"F=ma"不同，大部分研究都是与人们所以为的基因关系有关的，而不是姻亲关系，但这是一个开头。如果运气好，一些心理学博士后会开展更严格的研究。

也许，运气再好一些，斯莱兹姐妹会复合。

聚会倒计时：1 周

我要崩溃了。

第 45 章　全球家庭聚会

梦想实现了,或者说在一定程度上实现了。我还在调整状态。请允许我先小睡 6 天,然后再来与你分享。

第 46 章　毫无疑问，我们是一家人

我回来了。是的，几天前，我们的确举办了"全球家庭聚会"。嗯……这一天是恐怖的，也是美妙的，是我人生中最好的坏日子。

也是最奇怪的。

我应该怎么总结呢？这场冒险开始于一张利弊清单，或许也应该以同样的方式结束。我首先为你们陈述不如意的地方，因为实在有很多。

"全球家庭聚会"的五大败笔

1. 天气

当天早晨 5 点半，我睁开眼睛，听见车辆在积水的马路上疾驰的声音。该死，下雨了。

虽然夜里的暴雨已转为细雨，但是破坏已经造成了。我到达位于科学馆后方的场地，也就是即将用来接待亲戚们的地方，迎接我的是湿漉漉的草坪和一个个小水塘。好一片沼泽地，我还以为能看到鸬鹚和麝鼠。

许许多多亲戚全身被淋湿的画面已经够糟糕了,偏偏雨水还造成了电子设备短路,导致我们不能扫描入场票。活动本应在上午 11 点开始,可直到半个小时之后,各个入口才打开。

我带了一瓶白葡萄酒,本来打算等聚会结束后用来庆祝。然而刚到 11 点,我便狂饮起来。我不只是为我的名声感到担忧,我还害怕让我的大家庭感到失望。那么多优秀的志愿者投入了难以想象的时间量。那么多远亲从全州、全国、世界各地赶往皇后区。

2. 我的"演讲"

11 点半,我走上台,欢迎已经到场的几百人。此时,雨已经停了。

但是我的演讲,噢,跟丘吉尔的没得比。焦虑感让我汗如雨下,所以我的衬衫已经湿透了,看起来像刚打完一整场进入加时阶段的 NBA 总决赛。出汗一定耗光了我体内的水分,因为我感到口干舌燥,发音不准。我的声音听起来像得了中风。

"欢迎所有亲几:高个子的亲几,小个子的亲几;上了年纪的亲几,年轻的亲几……"

3. 层出不穷的意外

祖父曾跟我讲过一个小恶作剧。演出、聚会、募捐之类的活动结束后,找到负责人,露出担忧的表情,问对方:"我昨晚也在场,出什么事了?"

一旦这样问,你几乎总能听到一段痛苦的独白,夹杂着道歉和指责,关于所有把活动搞砸了的错误。这是人类的心态。

至少是我的心态。那一天里发生的事情，都不在我的掌控之中。比如玛丽卢·亨纳（Marilu Henner）事件。这位女演员作为发言人，要跟大家聊一聊如何塑造家庭回忆。（你也许不知道，她拥有惊人的记忆力，这一点是出了名的，她能记起她在 1892 年 3 月 15 日和其他任何一天里去过的地方。）玛丽卢说到一半停了下来，原因是舞台工作人员的说话声太大，简直像是在吵闹。她走到舞台一侧，对其中一个人说："你要知道，我能听见你说话。你太吵了。"然后，她回到舞台中央，告诉人们："现在，他和我都不会忘记刚才发生的事。"

作家莫德·牛顿的演讲，也被斯莱兹姐妹很快就会出场的重复通告打断。直播画面时断时续。伊欧玟准备了一篇关于领养经历的精彩演讲，主持人却忘了介绍她出场。

朱莉不断告诉我："你不能控制每一件事，只需要尽可能地乐在其中。"

"嗯。"我说。与此同时，我看到一架带摄像头的无人机在空中盘旋，距离人们的头顶极其近。

我转头问亚伦："我们买了保险的，对吧？"

我为正在发生的一切和没有发生的一切感到焦虑。后者是指那些错过的机会。我没能说服西弗吉尼亚州的利利一家来参加聚会，一起破纪录。朋友正在开发一款 APP，可使聚会上的任意两个人只需掏出手机碰一碰，就能知道彼此间的亲戚关系，然而该产品并没有如期完成。米拉·库妮斯不能到场。

4. 到场人数问题

当天大多数时候,我都不知道究竟有多少人参加了聚会。也许有 1000,也许有 10000,很难说,因为活动在博物馆里的不同建筑和场地中进行。

有些时候,我认为到场人数非常多,我们一定能破纪录。我的意思是,你看亨利·路易斯·盖茨的演讲,不仅几百个座位的观众席被占满了,整个房间里都挤满了人!

但是当我走到室外,去了解赞助商、帐篷、音乐的情况时,我发现那里是一大片荒凉而潮湿的草地。实在是太空旷了!你可以在这个地方演一场拿破仑一世时期的战争大戏。我真应该在舒适的饭店包间里举办聚会。

另外,所有参加者中,有多少人是已经与世界家谱相连的?我知道,应该有几百个人。但还有很多是没有连上的。志愿团队里的核心成员在登记人们的祖父母的姓名,试图在散场前将他们连接到家族树上。但是看这情况,有一些人不得不在聚会结束后再去连了。

我应该多带一瓶酒。

5. 没有达成终结战争和种族主义的目标

这至少是截至此书出版时的情况。

那么,再来说些可喜的。

聚会日六大亮点

1. 令人愉快的随机性

我不能说此次聚会是史上最盛大的活动,但我可以说,它是最奇异的活动之一。

当天下午 4 点钟,我清楚地意识到了这一点。当时,我和朱莉都待在后台。外面的场地上聚集了一大群人,斯莱兹姐妹(或者说 75% 的斯莱兹姐妹)先后演唱了两首歌曲,都不是《我们是一家人》。

幸好,在我紧张到胃痛的时候,几姐妹终于唱起了她们的热门歌。穿着浅黄色披肩的乔妮在敲铃鼓,一位键盘手在即兴演奏。台下的人们一起挥舞着"I AM A COUSIN"的标语。

唱完《我们是一家人》的第一段后,乔妮示意大家上台加入她们。因此,我和朱莉走出去,开始跳舞。(后来,一位 Twitter 网友热心地指出,我个人的舞姿很怪异。)

就在这时,我的目光扫过人群,发现其构成的高度随机性。一位拉比,一位牧师,还有玛丽卢·亨纳。一位想克隆长毛猛犸象的哈佛教授,旁边站着一位美国革命女儿会的成员。一位刚刚讲述了出柜经历的单口相声演员,周围是几十名穿白衬衫、戴黑色领结、无偿提供帮助的摩门教传教士。《爱之船》(*The Love Boat*)主题曲的词作者保罗·威廉斯(Paul Williams),美国驻联合国大使萨曼塔·鲍尔(Samantha Power)。《麦胖报告》(*Super Size Me*)的导演摩根·斯珀洛克(Morgan Spurlock),以及一位来自丹麦的家谱学家。

还有"弗雷德里克·道格拉斯"(Frederick Douglass)。我向一些扮演历史人物的演员发出了邀请，如"亚伯拉罕·林肯""本杰明·富兰克林"等，但到场的只有"弗雷德里克·道格拉斯"。他穿着维多利亚时代的双排扣长礼服，与一位花式飞盘冠军、一位街头粉笔画家站在一起。更不用说，还有类型跨度极大的家人：异性恋者、被收养者、精子捐献者、同父异母的兄弟姐妹。

聚会场面就像科布沙拉。

"真奇特。"当我们在萨克斯风演奏者身旁跳舞时，朱莉大声对我说。

我点点头。那一刻，我是再快乐不过了。

2. 让我的计划成为现实的所有亲戚

我没有听到所有的演讲，但我听了的都很精彩。我对全球家庭计划的总结，永远比不上亨利·路易斯·盖茨。他说："每一个在上学的孩子都知道，我们的祖先都是来自非洲的一小群人。是线粒体夏娃和Y染色体亚当。然而，知道是一回事，在50000年后见证这个事实是另一回事。尽管我们的地域、肤色、发质、鼻子形状各不相同，但在存在这一切差异的情况下，我们是相连的。我们所有人都是一家人，不管我们乐不乐意。"这家伙真是太棒了。

我的内兄埃里克也发了言。作为一位行为经济学家，他谈论了家族企业的利弊，并时不时地嘲讽我两句。

致力于在亲戚之间建立联系的DNA专家西西·穆尔，分享了乔丹娜的故事。乔丹娜21岁时发现她的生父是一位捐精者。她因此感到不安、困惑而又兴奋。她的父母骗了她。但另一方面，她也突然多了 23 个同父异母的兄弟姐妹（她的父亲捐献了大量精子）。西西查出了乔丹娜的生父是谁，甚至还找到了他的 Facebook 主页。大家都不确定是否要主动联系，但其中一个孩子这么做了。"我太高兴了，你找到了我，"捐精者说，"这就是我让我的社交媒体保持开放状态的原因。"现在，他们所有人都在计划举办家庭聚会。

童谣歌手汤姆·蔡平（Tom Chapin）戴着太阳镜、拿着班卓琴出场，他唱了唯一一首有可能比《到这里来》或《我们是一家人》更应景的歌曲。这首歌叫《家谱》（*Family Tree*），是过去 30 年里出现在数千场幼儿园演唱会中的曲目。

> 马达加斯加人，
> 不是阿拉斯加人，
> 他们有不同的食物，不同的心情，
> 不同的皮肤。
> 你的名字可能跟我的不一样，
> 但根本上我们几乎相同，
> 你也许是我的家人，世界是我们的家庭。

我想告诉汤姆，从进化生物学的角度来说，他可以把"也许"删掉，但我猜这么做会破坏韵律。

3. 真诚的交流

拥抱给我的感觉是复杂的。以前为了写一本书，我参加了门萨高智商俱乐部举办的一场聚会。门萨会员的衣领上都带有彩色标签。绿色代表"是的,我喜欢拥抱",黄色代表"得到同意再拥抱",红色代表"拒绝拥抱"。

确实,这显得有点古怪。但是作为一个内向了很长时间的人,我可以理解其中的道理。

朱莉认为,拒绝拥抱的标签在聚会中并不适用。意思是,这种场合会出现很多情不自禁地拥抱:老朋友的拥抱,陌生人的拥抱,前情景喜剧明星的拥抱。

我在聚会中遇到的最热情的拥抱达人叫梅利莎·乌托(Melissa Uto)。她穿着紫色衬衫,戴着紫色太阳镜,来自一个全员穿紫色衣服的30人团体。

几年前,梅利莎做了一次DNA检测,由此发现她是半个波多黎各人。"我收到结果,打开一看,然后说'天啊,我是拉丁美洲人'。"她联系到新增的亲戚,和他们一起组建了一个Facebook群落,并决定在"全球家庭聚会"上首次相聚。"我们之中很多人都经历了不太愉快的家庭生活。我们想休息,想要一个崭新的开始。"

"现在感觉怎么样?"我问。

"很好,"梅利莎说,"自己不是房间里最吵的那个人,这种感觉太奇妙了。"

梅利莎的表亲维克托送了我一把手工吉他,上面绘制了DNA双螺旋结构。我对吉他一窍不通,但也许某一天我能学会用蹩脚的技术弹奏《天国的阶梯》(*Stairway to Heaven*)。我很感动,给了他一个拥抱。

4. 全球聚会，名副其实

　　志愿者设法实现了在世界各地同步举办 45 场聚会，地点包括新西兰、得克萨斯州、墨西哥、加拿大、毛里求斯等等。我们通过双向直播与全球各地的聚会保持联系。我的姐夫威利的家人邀请了大概 70 位亲戚参加秘鲁的聚会。他们的手上都拿着"Yo Soy Primo"（西班牙语：我是亲戚）的标语。

　　"盐湖城全球家庭聚会"的参加者达到了数千人（其中还有来自日本的鼓手和风笛手），因为摩门教徒比地球上的任何人类群体都更擅长组织活动。

　　虽然我也邀请了空间站宇航员，但是他们并没有参与。但的确有少数亲戚，在游戏"第二人生"（Second Life）里举办了一场虚拟聚会。

5. 线之森林

　　科学馆主楼二层有一块固定牌匾，上面写着 19 世纪神父亨利·梅尔维尔（Henry Melvill）说的一句话："我们不能只为自己而活，我们的生命被千万根隐形丝线连在一起，沿着这些代表同情的纤维，我们的行为作为起因出发，作为结果回归。"

　　我喜欢这句话，它是我第二喜欢的关于线的重要性的隐喻。我最喜欢的隐喻，出自伊塔洛·卡尔维诺的《看不见的城市》（*Invisible Cities*）。我在很久以前读了这本书，现在仍然印象深刻。在卡尔维诺笔下的城市里，人们居住的公寓由丝线连接。那些线从一间公寓出发，经过街道或者街区，连接到另一间公寓。每一根线都代表一种关系。如果住在两间公寓里的人是血亲，线就是黑色的。如果他们是工作伙伴，线就是白色的。如果一个人是另一个人的老板，线就是灰色的。线越来越多、越来越浓密、颜色越来越复杂，最终使人无法在城市里通行。

聚会当天，这段描写数次浮现在我的脑海中。有一会儿，在听保罗·威廉斯唱《彩虹桥》(*Rainbow Connection*)的时候，我开始在脑海中勾勒这些线。我似乎看到了它们：血亲线、姻亲线、朋友线、同事线，代表人们来自同一个国家的线。无数根彩色的线，将喝咖啡的人、玩拼字游戏的人和喜欢北欧神话的人连接起来。你可以想象数百万种连接。

我知道"万物相连论"很容易招来嘲笑。最近，电视上在重播曾经的高人气情景喜剧《废柴联盟》(*Community*)，我看到这样一幕，一个醉醺醺的家伙说："每个人都是我的哥们儿。因为整个宇宙内的一切事物都是相互联系的。石头、老鹰、帽子。"对此，主角回应道："对，但是某些东西之间的联系更紧密。比如狼蛛和尿裤子的我。"

不错，把我们和石头、帽子联系起来，的确有点夸张。但是和很多夸张的观点一样，这个想法是深刻的、重要的，而且具有科学魅力。在过去的一年里，我着迷于寻找事物间的联系，为此在电脑里建了一个文件夹。

这个文件夹里有一篇文章，介绍了"六度分隔理论"的历史。1978年，心理学家斯坦利·米尔格拉姆做了一个实验，目的是研究任意两个人之间的关系有多近。米尔格拉姆让随机抽取的参与者X，通过邮政部门和潜在的共同朋友，将一封信送到随机抽取的参与者Y的手上。研究表明，平均经过6个人，就可以将这封信送到目标收件人手中。

《纽约时报》上的一篇文章，报道了米尔格拉姆实验的重启：2016 年，Facebook 对 15.9 亿用户进行研究，发现了"3.5 度分隔"现象。我列了一张表，记录历史上出人意料的联系，比如亚伯拉罕·林肯与意大利的统一者朱塞佩·加里波第（Giuseppe Garibaldi）之间的友谊，林肯想请后者作为陆军少将参加南北战争，但没有成功。一篇发表在杂志上的文章，讲述了电子如何在数光年的距离以外对彼此产生影响。还有一篇比尔·布莱森（Bill Bryson）的《万物简史》（*A Short History of Nearly Everything*）的节选，解释了为什么我们每个人的身上，都至少存在一个原先在贝多芬身体里的原子。[1]

单独一根线也许意义不大，可能显得随意和微不足道。如果是几百万根线呢？当我将世界看成一片布满彩色丝线的密林时，再想习惯性地做一个只关注自身的孤岛，就没那么容易了。这些线让我感觉不那么愤怒和孤独了。即使我拥有用拳头打烂某人下巴的技术和体能，我也会想象手臂被彩色丝线缠绕的画面。

6. 结语

这一天过得飞快。我还没来得及整理情报，赞助商就已经在收他们的帐篷了，斯莱兹姐妹的随团人员也在收乐器了。

亚伦和我在一辆拖车里做了情况汇报。我们为阿尔茨海默病

---

[1] 这实际上是一个存在争议的观点。你身体里的一些原子很可能来自某些历史人物，但也许并不都是历史人物。这取决于多种因素，包括这些人的死亡时间，以及尸体埋葬方式是火葬还是土葬。（原注）

研究筹到了几千美金。然而，即使慷慨的赞助商承担了活动的大部分开销，我还是要用我的一部分版税来支付胶带的费用。

幸运的是，没有发生意外，也没有引发迫在眉睫的官司。

朱莉和孩子们从一堂花式飞盘教学课上归来，我们一起走向停在附近的"富豪雪糕"车。

"你破纪录了吗？"贾斯珀问我，"有5000个人吗？"

"亚伦说纽约有3800人参加。"我说。

"所以……你没有破纪录？"贾斯珀问。

"嗯，要分情况。我们破了其他纪录。我们在全球各地同步举办的聚会场次是最多的，超过40场。我们组织了最多的人于同一时间在全球各地庆祝家庭聚会，"我说，"总人数接近10000。"

"但是你没有打破最重要的纪录。"

"呃，好吧，我没有。"

"算是一次失败吗？"

"是一次成功的失败。"朱莉说。

我喜欢这个说法：一次成功的失败。这是我对自己大半个人生的看法。两方面都留有余地。我们一直以来的判断总是非此即彼。

我拉起朱莉的手，紧紧地握了一下。她回握我的，尽管我的掌心还汗津津的。

当然，我喜欢我的第七代表亲们，但是这些人，这些在家谱上离我只有一步之遥的人，是这个地球上我最爱的人。

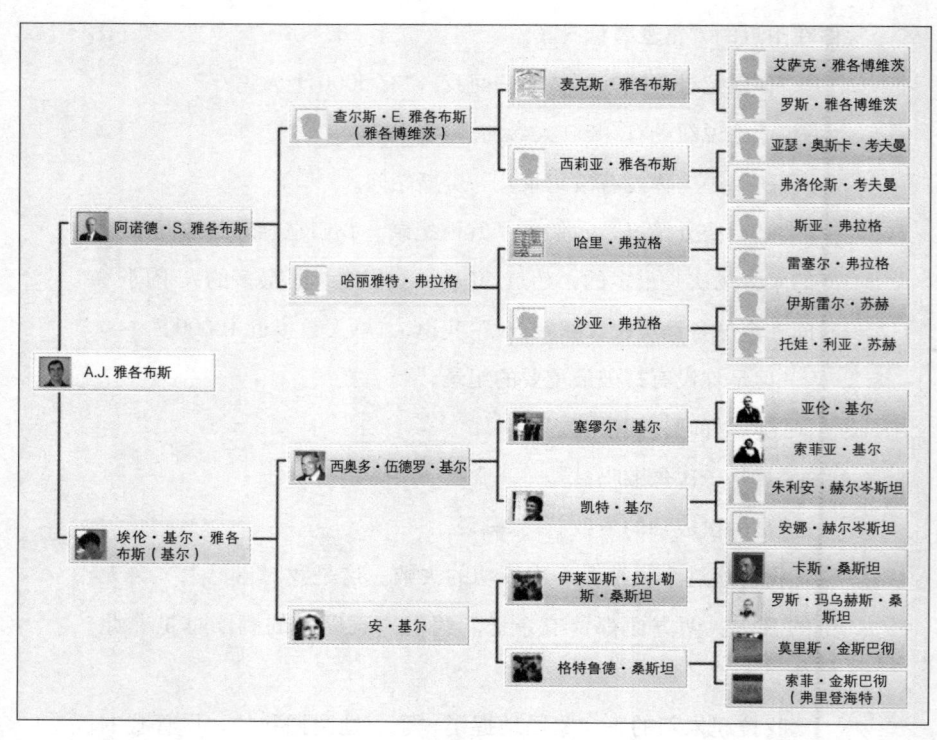

我的直系亲属家谱，来源于 Geni 网。

[310]　　万物的奇妙亲缘

小亨利·路易斯·盖茨和卢卡斯,志愿者,一群亲戚,我的儿子赞恩、贾斯珀和我的妻子以及戴维·布赖恩。

秘鲁的"拉莫斯家庭聚会",汤姆·蔡平,"三智者"(牧师、拉比和伊玛目的组合),斯莱兹姐妹。感谢莎伦·斯胡尔(Sharon Schuur)、瑞安·布朗(Ryan Brown)、埃拉娜·古德里奇(Elana Goodridge)。

后 记

书中所述事件都是真实的。我重新调整了一些事件的顺序，并且某些情况下，对姓名和识别信息进行了更改。书中的关系链（比如，差三个辈分的第四代表亲的妻子的叔叔）是研究时的记录。世界家谱在不断发展变化，因此现在的关系链或许与之前有出入。

致　谢

我确认过了,吉尼斯世界纪录没有收录"致谢最长的非虚构图书"。实在可惜,如果有的话,我准备创纪录。

我想说的是:我要感谢的人挺多。我一度打算向70亿家庭成员一一表示感谢,采用微缩胶片的形式予以印刷,因为哪怕只有10%的人买了这本书,累计起来,销售量也非常可观。最后,我决定不这么做。

就算不列举地球上每一个人的姓名,我要感谢的人仍然很多。因为我不但想感谢那些帮助我完成这本书的人,也想感谢那些自愿为"全球家庭聚会"提供帮助的人——数量惊人。

让我从西蒙-舒斯特图书出版公司开始:富有远见与耐心的编辑本·勒内恩、男当家乔恩·卡普、女当家卡罗琳·里迪,以及茱莉亚·普罗瑟、理查德·罗雷尔、阿马尔·德奥尔、西比尔·平卡斯、谢里·沃瑟曼、莉萨·希利。

同样万分感谢ICM经纪公司的希瑟·卡尔帕斯、乔茜·弗里德曼、希瑟·布松,以及我的南方亲戚斯隆·哈里斯。

我很爱那些碰巧与我共有大量DNA的人:卢卡斯、赞恩、贾斯珀，我的父母阿尼·雅各布斯和埃伦·雅各布斯。

我的妻子，朱莉·雅各布斯，她值得我另起一段。谢谢你为我做的一切，朱莉。

以下（亲缘关系比较近的）家人为我提供了关于祖先的美好回忆和认知：卡罗尔·雅各布斯、简·基尔、莉萨·格雷森、劳伦·沃尔特、琼·波拉克、汤姆·基尔、玛吉·埃金和凯文·埃金、朱迪斯·斯蒂克斯。

感谢重要的团队成员，没有他们，聚会可能就是几十个人在中央公园玩沙包。他们是来自 Turning Hearts Genealogy 的伊欧玟·朗霍夫，来自 Revolution Marketing 的亚伦·费希尔，吉拉德·贾费特、谢丽·布什、希普利·芒森，来自 Family Matters 的芭芭拉·桑茨，来自 Trace 网的韦斯利·埃姆斯，安德烈娅·西蒙斯、莉萨·科恩、小亨利·路易斯·盖茨。

感谢家谱学和科学领域的专家，让我懂得"砖墙"和"家谱折叠"等词汇的含义：戴维·艾伦·兰伯特、麦科尔登·史密斯、J. 马克·洛、蒂姆·厄本、朱迪·拉塞尔、斯科特·费希尔、简·威尔科克斯、迪克·伊斯门、伊迪丝·瓦格纳、朱尔斯·费尔德曼、珍·鲍德温、托马斯·麦肯蒂、辛迪·豪厄尔斯、梅根·斯莫伦雅克、泰勒·莫斯、黛安娜·哈达德、"The Genealogy Guys"播客、雅尼夫·埃尔利赫、纽约家谱和传记学会（New York Genealogical and Biographical Society）、克莱顿图书馆、中西部家谱中心（Midwest Genealogy Center）、艾伦县公共图书馆、家史图书馆、家谱联合学会（Federation of Genealogical Societies）、专业家谱学家协会（Association of Professional Genealogists）、兰迪·西弗、克里斯蒂娜·肯尼利、埃里克·托波尔、戴维·尤因·邓肯、凯文·凯利、斯宾塞·威尔斯、艾维亚塔尔·泽鲁巴韦尔。

下列非常重要的亲戚,为"全球家庭聚会"和抗阿尔茨海默病事业提供了十分慷慨的支持:

谢里尔·伯科夫、戴维·伯科夫、朱迪·路易斯·肯尼迪、哈里斯·希斯特、谢里·麦卡琴、加里·罗德伦、内森·鲍恩、法蒂玛·科斯塔劳伦特、贾德·沃克、塔拉·贝伦德、希拉里·斯坦曼、雷拉·泰特、凯伊·罗斯、凯特·哈维、温蒂·基尔、詹姆斯·克罗普乔、阿迪娜·达尔、埃米莉·格林、克里斯·坎贝尔、玛丽·路易斯·特拉斯克、艾米·赖斯、莫德·牛顿、凯瑟琳·布里纳、兰德·阿瑟诺、戴维·林、迈克尔·魏茨纳和安德烈娅·魏茨纳、凯瑟琳·特斯卢克、阿什·古普特、罗莉·维格勒、托马斯·肖、贝基·法尔托、瓦莱丽·帕克、怀曼一家、史蒂文·艾森伯格博士、丹·博登海默、珍妮弗·琼斯·巴布卡、利奥·马德、佩内洛普·马德、安迪·古德温、塞缪尔·欣克利、戴尔·西尔弗斯坦、贝蒂·金、本尼·金、伊迪丝·瓦格纳、弗朗西斯·欧文斯·海伍德、玛莎·卡米什、唐娜·盖尔·斯托博、哈伦·萨莫、瑞安·富兰克林、陶德·莱维特、温妮·弗雷泽、珍妮弗·伊斯特、贾斯廷·斯托尼、香农·阿德金斯、安东尼·洛佩斯、安德烈娅·斯坦辛、简·罗施、克里斯·惠滕、梅根·惠滕、海迪·普罗克瑙、罗斯·古德曼、杰夫·博耶、克劳迪娅·阿苏拉、克里斯蒂娜·费希尔、凯蒂·盖尔、阿曼达·雅各布、彭妮·范弗莱拉、约翰·洛克威尔、金伯利·舍恩、海迪·汉娜、戴维·库克、玛丽莎·卡尔曼、苏·西尔伯斯坦、凯特·迪克曼、雅典娜·达尔林普尔、戴夫·基尼、辛迪·莫拉、艾琳·克鲁兹、斯蒂芬·里德、戴维·卡特、罗恩·布里蒙德、盖尔·卡琳、黛博拉·瓦斯、迈克尔·艾伦、奥斯汀·德克勒、特丽娜·塞尔比、史蒂文·布朗、瓦莱丽·安德森、弗朗辛·西尔弗。

我说过我要感谢的人很多,还记得吗?我是在开玩笑吗?并不是,我还有更多的人要感谢。

感谢通过电台、集会为"全球家庭聚会"做宣传,或者在眼科医院向其他病人提起聚会这件事的朋友:

皮特·夏皮罗、伊桑·格尔德曼、马修·加尔金、南希·希德、文森特·鲁比诺、拉比·安吉拉·布赫达尔、乔恩·利维、罗杰·本内特、杰森·盖尼亚、坎迪斯·盖尼亚、亚历克斯·布隆伯格、埃里克·门内尔、克雷·赫伯特、萨拉·希姆金、克里斯·吉耶博、盖尔·希伊、埃里克·梅辛杰、皮特·布雷斯洛、斯科特·西蒙、加布里尔·桑德斯、戴维·帕特里克·哥伦比亚、埃里克·杰克斯、本·舍伍德、瑞贝卡·华莱士、塞加尔、马克·弗劳恩费尔德、琼·贝克、希拉里·尼夫、杰夫·塔尔、阿曼达·赫瑟、戴维·格兰杰、克里斯·安德森、埃米莉·麦马努斯、里夫斯、约翰·杜兰特、克莱尔·奥德尔、多罗·科克、保罗·曼德尔、莉萨·曼德尔、伊丽莎·钟、罗斯·贝内斯。

感谢阅读书稿、并就故事线或多夫多妻与伴侣交换的区别提出宝贵意见的人:罗布·魏斯巴赫、皮特·格里芬、香农·巴尔、克里斯滕·拉斯基、杰西·里夫金、安德鲁·伦德、凯文·鲁斯、杰米·布法利诺、米歇尔·卡普兰、维克托·奥佐尔斯、利基·马科维茨、埃米莉·卡拉汉。

感谢在出色的阿尔茨海默病机构工作的人:Cure Alzheimer's

Fund 的蒂姆·阿穆尔、萨莉·罗森菲尔德、戴维·申克、CaringKind 的洛-艾伦·巴坎和丹妮尔·罗比塔耶。

由衷感激无偿奉献时间和才华的演讲者和艺人,包括两位魔术师、一位《每日秀》(*Daily Show*)记者、一对失散多年的双胞胎、一家不合法的人造黄油公司的后人。名单:戴维·布赖恩、珍娜·乌什克维、萨沙·马丁、亚当·格兰特、安迪·博罗维茨、比尔·韦尔、"布雷迪·赖默和可能小乐队"(Brady Rymer and the Little Band That Could)、布鲁斯·费勒、西西·穆尔,戴维·伊波利托、戴维·伦切尔、奥兹博士、埃里克·勋伯格、乔治·丘奇、吉拉德·贾费特、哈桑·明哈杰、海伦·费希尔、詹姆斯·阿尔图切尔、乔纳森·布鲁克、乔丹·奥斯兰德、乔希·泰勒、卡西亚·布莱克、苏里亚·达斯喇嘛、莉萨·洛布、玛丽卢·亨纳、莫德·牛顿、南多·佩卢西、奥菲拉·艾森伯格、帕梅拉·韦斯伯格(已安息)、保罗·威廉斯、兰迪·怀特德、罗恩·阿伦斯、鲁迪·坦兹、塔米·赫普斯(她曾揭发了祖辈用人造黄油行骗的行为)、特德·艾伦、"三智者"、崔西·杰克逊、"图洛和她的亲戚"(Tuelo and her Cousins)、汤姆·蔡平、巴巴·布林克曼、韦斯利·埃姆斯、凯特·斯米特、凯伦·伯格林、塞思·赫尔佐克、贾里德·弗赖德、阿比·科拉奇菲尔德、卢克·塞耶、斯科特·罗戈夫斯基、斯科特·费希尔、汤姆·希吕、乔希·贝克曼、利兹·巴尔韦德、凯蒂·奥尔森。当然,还有斯莱兹姐妹(愿乔妮安息)。

感谢在家谱上与我关系很近的人:我的姐姐贝丽尔、姐夫威利,埃里克·勋伯格(比我聪明),戴维和艾莉森(我为他们结为夫妻感到高兴,尽管婚礼上发生了"矮妖事件"),芭芭拉·布里斯德勒、戴维·朱克曼,还有亚当、艾莉森、莉萨、道格、娜塔莉娅、安德烈娅、亚历克斯和芭芭拉·勋伯格。

接下来要感谢的是为聚会贡献专业知识的人,从摄影到商标注册:布雷特·沃森和他的沃森奇遇团队,埃拉娜·古德里奇、瑞安·布朗、辛西娅·卡普兰、凯特·哈维、瑞安·科奇、莎伦·斯胡尔、里克·斯莫兰、史蒂文·谢瓦奇、帕特·尼克森、安德烈娅·奥戴尔、坎迪斯·布朗、杰克·布朗、安妮·布朗、妮娜·霍弗、马特·库恩、琳达·格兰瑟姆、迈克尔·卡拉格、尚特尔·班克罗夫特·加德纳、阿曼达·齐特策尔曼、鲁比·麦考密克、卡罗尔·里斯、Swabbed & Found 的弗兰克、比林斯利、萨拉·克洛克、陶德·洛文斯坦、安迪·布莱泽德、艾丽斯·曼苏尔、尼尔斯·汉森、S. 詹姆斯·鲍米尔三世、RecordSetter 的丹·罗尔曼、吉尔·索布、丹·伯恩、肯·詹宁斯、威尔德·阿尔·扬科维奇、迈克尔·伊安·布莱克、尼克·克罗尔、埃莉·勒布朗德、扎克·伯恩斯坦、汤姆·沙赫特曼、斯图·科特勒、珍妮弗·德沃夫、阿曼达·努斯鲍姆、克里斯滕·马修斯、罗宾·斯波兰克西、海伦妮·弗雷曼、埃伦·赛登施蒂克、迈克尔·费尔。

感谢在秘鲁、新西兰和其他我有朝一日会去的地方,组织分支聚会的了不起的男性和女性:秘鲁的拉莫斯一家,约翰·厄尔默、坎达丝·厄尔默、谢里尔·朗、米夏埃尔·戈登、柯尔特·威彻、辛西娅·托伊施、塔玛拉·斯坦菲尔德、黛比·加特勒、苏珊·考夫曼、凯利·林·波斯特尼科夫、莉萨·克拉克、杰里迈亚·阿瑟诺、妮可·阿瑟诺、瓦莱丽·沃尔特斯、罗伊·汉密尔顿、葆拉·欣克尔、罗拉·赫奇科克、珍·阿尔弗德、安·辛德拉、阿里·威尔金斯、瓦桑克·AK. 贝芒德、罗德·塔克、朱莉·哈蒙斯、盖比·萨拉查、贝尼西奥·萨缪尔·桑切斯·加西亚、道格拉斯·哈丁、罗杰·莫法特、杰瑞·奥曼、玛乔丽·罗兹-乌斯利、莎伦·罗、佩吉·毛瑟、李·贝因厄姆·雷德格雷夫、唐娜·哈特韦希。

感谢通过 Geni 网帮助参加聚会的人建立联系的人，包括阿什莉·奥德尔、帕姆·卡普、阿特·布莱赫尔、亚当·布朗、凯文·哈尼特、皮特·罗厄尔、艾丽卡·霍顿、马尔卡·迈塞尔、杰夫·让特、安·富勒、丹·博登海默。感谢 Geni 网的工作人员：迈克·斯坦格尔、挪亚·图塔克、阿曼达·坦蒂萨利凯。

同样感谢通过 WikiTree 将数百位参加者连接到一起的人：克里斯·惠滕、艾比·格兰、罗恩·诺曼、露西·拉韦尔、凯伦·托博、埃琳·布林、露西·塞尔瓦焦-迪亚兹、金·阿姆斯特朗、伊丽莎白·奥尼尔、丽安娜·拉瓦、罗兰德·阿瑟诺、塔米·迈兹、斯科特·富尔克森。

感谢 FamilySearch 和 RootsTech 的工作人员，包括汤姆·里德和珍·艾伦。感谢 MyHeritage 的团队，包括亚伦·戈德弗雷、劳伦斯·哈里斯、丹尼尔·霍罗威茨、伊农·格拉斯纳和迈克·马林。感谢 23andMe 的员工：安·武伊齐茨基、乔安娜·芒廷、凯瑟琳·阿法里安和安迪·基尔。感谢 FindMyPast 的工作人员，包括本·本内特和安内利斯·范登贝尔特。

还要感谢 Family Tree DNA 的本内特·格林斯潘。不用说，还少不了 Ancestry 网的蒂姆·沙利文和约翰·迪尔沃思，以及纽约科学馆不知疲倦的斗士们：丹·文帕、珍妮弗·布兰耶斯和玛格丽特·霍尼。

是的,我知道我没有提到所有远亲。如果你想看到更多人的姓名,请访问我的网站,我会更新列表,并向此处没有提到的人们表达歉意。但现在,就到此为止吧。谢谢!

附　录

关于如何着手建立家谱的简要而主观的指南

附:"第二代表亲"和"差两个辈分的第一代表亲"到底有何区别?

伊欧玟·朗霍夫,A.J. 雅各布斯

我请伊欧玟·朗霍夫(专业家谱学家和"全球家庭聚会"首席亲戚联络官)帮忙,为有兴趣建立家谱的人草拟了一份攻略,包括以下建议。

集合已有材料

也许比你以为的更多:信件、祖传遗物、日记、通讯录、家用圣经、照片;另外,照片背面隐藏着的、几乎已经无法辨认的字迹也很珍贵。

拿出录音机

A. J. 的说明：我的岳母最近指出，如果我们有任何想问的，要记住她"不会长生不死"。非常有道理。因此，我的妻子和孩子们坐下来，花3个小时录下了她讲的故事。一些故事很有趣，一些则令人困惑（问她小时候最喜欢做的事情是什么，她说是"往火里扔土豆"）。但那是我们最近一起度过的最宝贵的3小时。我们真的强烈建议你拿出纸笔、录音机或网络摄像机，采访你的父母、祖父母、叔祖，以及任何愿意回忆和表达的人。

最好回避"是否"问题，注重提出开放式问题。你可以从WikiTree 列出的 50 条提示开始（http://www.wikitree.com/blog/50-questions-for-interviewing-living-family-members/）。

此外，"你小时候遇到过哪种麻烦？"这个问题通常可以挖掘出珍贵的趣闻。

创建你的家谱

家谱学家常谈到"四大"家谱网站：Ancestry，FamilySearch，MyHeritage，FindMyPast。

这四个网站提供类似的服务：你可以绘制家谱，连接亲戚，控制你的隐私，找到出生证明和其他文件。这些都是有质量保证的服务，不会出岔子。但是每一个网站都有其强弱项。哪一个网站最适合你？为了做出符合实情的决定，请观看视频：https://

www.rootstech.org/videos/sunny-morton。

如果你很着急，可以浏览下面的极简说明。

FamilySearch（familysearch.org，免费）

该网站由耶稣基督后期圣徒教会运作，服务免费，规模巨大——（到目前为止）已收录40亿份家谱信息，拥有巨大的文件数据库。

Ancestry（ancestry.com，付费）

可谓付费家史网站中的"可口可乐"——知名度最高的品牌名称。网站有250万付费用户，通过对数据库进行全面彻底的搜索，为你提供任何可能与你的祖先有关的文件。它也是四大网站中标价最高的。（注：除了说明网站是否免费以外，我们不再列出具体价格，因为价格经常在变，且交易十分频繁。）

MyHeritage（myheritage.com，付费）

总部位于以色列，该网站同样提供强大的数据库和DNA特征，这些信息组成了3500万份家谱。该网站的80亿份记录，使其国际性数据库尤其强大，比如在欧洲数据库和中东数据库。此外，该网站收购了Geni网。（见下文）

FindMyPast（findmypast.com，付费）

FindMyPast收录了20亿份可搜索记录，主要强项是英国和爱尔兰数据库，但该网站也正在建立规模相当大的美国和加拿大数据库。

与世界连接

如果你想参与建立世界家谱,将自己与从简·奥斯汀到阿兹·安萨里(Aziz Ansari)的每一个人连接起来,我们向你推荐几个网站。它们都采用了维基百科的模式:来自世界各地的成千上万名用户互相合作、分享信息。它们也都结合了 DNA 检测结果和传统家谱学研究。

Geni(geni.com)

A. J. 的说明:这是我用得最多的网站。网站的家谱信息已超过 1 亿份,也是使我们与世界各地的亲戚连接的捷径。我发现它的用户界面简单易操作,"我们的连接路径"功能实在是太有趣了。网站提供免费服务,但额外产品需要付费。

WikiTree(wikitree.com)

伊欧玟的说明:首先,它是免费的,这一点很好。它的优势来自它的用户——一个合作、友好、慷慨、勤奋的群体。WikiTree 收录了近 1500 万份家谱信息。我是 WikiTree 的职员。没开玩笑,我的职称是"林中精灵",并且协助监督网站每一天的运行。

FamilySearch(familysearch.org)

FamilySearch 也建立了世界性的家谱,尽管由于严格的隐私控制,要连接到网站的其他用户有些困难。

如果不分享信息

如果你不想把自己的家谱放到互联网上,而是安全地存放在电脑硬盘里,你可以试用几个软件程序。最好用的程序包括 RootsMagic 和 Legacyfamilytree.com。

钻研 DNA

当前提供 DNA 检测服务的公司有 50 多家,从主流的 23andMe 到不太知名的"Who'z the Daddy"(访问该公司网站 whozthedaddy.com,会发现它的标识里有一个卡通版精子)。

DNA 检测有其劣势:你可能会发现不愉快的家族秘密,而在这个后维基解密时代,你可能无法让检测结果成为永远的秘密。但总体上,我们仍然支持检测。因为其益处对于我们来说太有诱惑力。

DNA 检测能预测你的种族成分,并提供一份与你分享 DNA 之人的名单。有时候,被揭晓的亲戚关系可以改变你的人生。伊欧玟是被领养的,只知道她的生父和生父的两个兄弟的姓名。几个月前,一个人通过 AncestryDNA 联系到她,检测结果表明这个人是她的近亲。后来证实,这个女人是伊欧玟父亲的姐妹——她的姑妈!伊欧玟的姑妈知道的家族信息,足以让伊欧玟开始拼合他们的家谱。

大部分此类公司的服务费用都在 100 美元到 200 美元之间,但价格会有变化,且公司通常提供特价服务(来自专业人士的提示：尤其是在圣诞节和 4 月 25 日全国 DNA 节前后）。

23andMe（23andme.com）

已经有超过 200 万人向 23andMe 的数据库提交自己的唾液，步骤设计合理、操作简便。另外，23andMe 已于近期重新开始提供与健康有关的基因信息，比如你是否携带使自己容易患上阿尔茨海默病的基因（不要慌张，先让一位遗传学顾问过目你的健康检测结果）。

AncestryDNA（ancestry.com/dna）和 MyHeritage（myheritage.com/dna）

这两个网站都令人心动，因为它们能根据检测结果，轻松地同步更新你的在线家谱。

FamilyTree DNA（familytreedna.com）

一些权威家谱学家认为，FTDNA 提供的科学性数据是最详细的。一方面，和大多数检测公司不一样的是，你可以检测线粒体 DNA（追溯你的母系血统）和 Y-DNA（追溯你的父系血统）。公司还开发了姓氏项目，你可以与其他可能是你亲戚的人连接。

Personal Genome Project（personalgenomes.org）

这是哈佛大学教授乔治·丘奇发起的项目。丘奇和他的科学家团队会免费解码你的所有基因组。作为回报，全世界的科学家可以获取所有（匿名化）的数据，用以破解医学谜团。

需要记住的一点是,当你做 DNA 检测的时候,提供检测的公司只是将你的数据与公司数据库中其他人的数据进行比对。也就是说,如果你在 23andMe 做检测,就只是与同样在 23andMe 做检测的其他人做比对。这有点像某种意义上的巴别塔。

但是别担心,我们有通用翻译——让你连接到其他数据库里的用户的网站。你把信息上传到 GEDmatch(gedmatch.com)和 DNAland(dna.land)上,就会发现大量相匹配的新信息。

查询旧报纸

家族史领域(这一点,也可以说是整个历史领域)的最大进步之一,是最近出现的报纸的数字化。我们之所以喜欢这个发展趋势,不只是因为数不清的袜带广告。在此推荐我们最喜欢的三个网站:

Chronicling America(http://chroniclingamerica.loc.gov,免费)

国会图书馆里保存了丰富的有历史意义的报纸。我们找到的最古老的文章来自 1789 年 5 月 13 日的《合众国公报》(*Gazette of the United-States*)———篇猛烈抨击决斗行为的社论,很有说服力。

Newspapers(newspapers.com,付费)

另一个巨大的宝库,目前保存了 2.82 亿篇 18 世纪以来的报刊文章。A. J. 的说明:我就是在这个网站上发现我的祖先得过痔疮,在我的研究中,这是一个转折点。

Fulton History（fultonhistory.com，免费）

这个网站上有超过3900万个报纸版面——所有扫描工作都由一个执着而专注的男人完成。他搜集的报纸来自美国和加拿大，很多都来自纽约。虽然搜索功能不太灵便，但是我们仍然强烈推荐这个网站。

其他线上调查工具

一站式搜索：Cyndi's List（cyndislist.com，免费）

如果说有一个网站是你应该知道的，这个网站就是Cyndi's List。通过这个网站，你能找到丰富的资料，它是索引之源。你能想到的每一个家谱学主题都对应着数千条链接，网站对这些链接分门别类，从"领养"到"新西兰"，从"再洗礼派信徒"到"木材工业"。

按地点调查

有效的搜索方法之一，是追查家庭的地理起源。基本上，每一个城市、国家和地区都有自己的家谱学会。得克萨斯州至少有187个。你可以在这些学会的网站上搜索，或者在网站留言区域提问。

fgs.org（家谱联合学会）网站上可以查到完整的当地学会列表。

所有学会的老祖宗是新英格兰历史家谱学会（New England Historical Genealogical Society），当然，该学会关于"五月花号"家庭的资料十分详尽，但也收录了非"五月花号"家庭的信息。（americanancestors.org）

A. J. 所在的当地学会——纽约家谱和传记学会（newyorkfamilyhistory.org），也有重要影响力，且其多样性令人感到惊奇。

按种族调查

几乎每一个种族都有各自的家谱学会。

犹太人可以使用 JewishGen（jewishgen.org），以及 *Avotaynu* 杂志及其网站（avotaynu.com）。非裔美国人亲戚可以试试非裔美国人历史和家谱学会的网站（aahgs.org），以及小亨利·路易斯·盖茨参与创立的非裔美国人新闻网站 The Root（theroot.com）。

但以上只是调查的开始，Cyndi's List 和 FGS 都能提供详尽的文化群体的名单。

调查人口记录

"四大"家谱网站中的任何一个都会在你输入家谱信息的同时，自动调出你需要的出生证明和婚姻纪录。但是亲自动手搜索可以挖掘到更多信息。在诸多有用的网站中，我们推荐：

Fold3（fold3.com，付费），提供海量美国军队档案。

Find A Grave（findagrave.com，免费），提供数百万份墓碑信息和死亡记录。

The Ellis Island database（libertyellisfoundation.org/passenger），非常适用于移民调查。

线下调查

让不爱活动的人感到遗憾的是，并不是一切信息都能在网上找到。

仍有数不清的记录尚未被数字化，它们隐藏在地方法院、图书馆和市档案馆里。（在 Cyndi's List 上查询离你最近的机构。）

摩门教徒也提供了数量惊人的实体研究中心，成为"家族史中心"（Family History Center）——全世界共有 4725 个分中心，友善的工作人员会为你的调查提供帮助。

其中最具影响力的，是盐湖城的家史图书馆。这是全世界规模最大的家谱学图书馆，有经验丰富的指导人员为你提供帮助，而且是免费的。他们的馆藏包括 140 万卷微缩胶卷，和总数超过 60 万的书籍、杂志和地图。

一流的非摩门教图书馆，包括得克萨斯州用于家谱学研究的克莱顿图书馆（http://houstonlibrary.org/location/clayton-library-center-genealogical-research），密苏里州的中西部家谱中心（https://www.mymcpl.org/genealogy），印第安纳州的艾伦县公共图书馆（http://www.genealogycenter.org/）。

播客

Extreme Genes

斯科特·费希尔拥有家谱学界最动人的深沉嗓音。他和另一位主持人戴维·艾伦·兰伯特以新闻为话题,进行生动的访谈。A.J.的说明:我在这个节目中第一次听说那个1个母亲、8个父亲的家庭故事。

The Forget-Me-Not Hour

由简·威尔科克斯主持,以 Fresh Air [1] 式的深入采访风格,访谈杰出的历史学家和研究者。

The Genealogy Guys

与 Car Talk [2] 相似,但没有关于口音或曲轴的对话。

Twice Removed

由著名作家 A.J. 雅各布斯主持。这个由 Gimlet Media 公司制作的五部分短节目,会向录音室里的嘉宾介绍一位神秘的亲戚。你将了解到 Food Network 的主持人特德·艾伦的厨艺起源,和作家丹·萨维奇的歹徒祖先。

---

[1] Fresh Air 是美国国家公共电台旗下的访谈节目,主要关注各类现代生活话题,围绕流行文化、科技等问题邀请嘉宾共同探讨。(编者注)
[2] 美国国家公共电台的一档脱口秀广播节目,话题多与汽车相关,语言风格幽默。(编者注)

图书

书名：*Ancestors and Relatives: Genealogy, Identity, and Community*

作者：伊维塔·泽鲁巴维尔（Eviatar Zerubavel）

出版社 / 年份：Oxford University Press，2012

此书从人类学家的角度，洞察家史研究的意义。作者在开篇提了一个问题："我们为什么认为，奥巴马是有一位白人母亲的黑人，而不是有一位黑人父亲的白人？"

书名：*Family Trees: A History of Genealogy in America*

作者：弗朗索瓦·维耶（Francois Weil）

出版社 / 年份：Harvard University Press，2013

我们喜欢书中关于19世纪末20世纪初的大骗子的描写。最臭名昭著的，是美国骗子奥斯卡·哈策尔（Oscar Hartzell），他说服几千人参与他的诈骗性诉讼案，被告是英国政府。哈策尔声称，他代表英国船长、政治家弗朗西斯·德雷克爵士（Sir Francis Drake）的唯一在世继承人，要求追回其巨额财产。

书名：*Evidence Explained*

作者：伊丽莎白·肖恩·米尔斯（Elizabeth Shown Mills）

出版社 / 年份：Genealogical Publishing Co.，2015

如果你恰巧渴望得到家谱学极客的认可，那么这本书将是不错的选择。它会指导你如何引用可以想到的任何类型的资源，来佐证你的调查。

书名：*Genetic Genealogy in Practice*

作者：布莱恩·贝廷格（Blaine Bettinger）、德比·帕克·韦恩（Debbie Parker Wayne）

出版社/年份：National Genealogical Society，2016

如果你已经做好钻研基因家谱学的准备，这本靠谱的练习册会帮助你解释你的DNA检测结果。这本书提供了实用、简单易懂的方法和实践练习，可为你的研究提供帮助。

书名：*How to Archive Family Keepsakes: Learn How to Preserve Family Photos, Memorabilia and Genealogy Records*

作者：德尼斯·梅·莱维尼克（Denise May Levenick）

出版社/年份：Family Tree Books，2012

也许在家里，你是那个收集所有材料的人，收集纪念品、照片、信件，等等。如何处理这些乱七八糟的东西？关于从何处入手、如何整理，这是一本非常好的参考书。

书名：*Hey, America, Your Roots Are Showing*

作者：麦格·斯莫伦亚克（Meg Smolenyak）

出版社/年份：Citadel Press，2012

作者是出现在多档电视节目中的家谱学家，简介里将她称为"家谱学界的印第安纳·琼斯"。作为一名祖先侦探，她向我们讲述了工作中的精彩瞬间。比如，书中讲到了巴拉克·奥巴马的爱尔兰血统、亚历克斯·哈利的苏格兰血统。

书名：The Ancestor's Tale

作者：理查德·道金斯（Richard Dawkins）

出版社 / 年份：Houghton Mifflin Harcourt，2004

本书用倒叙手法，呈现了通向我们最初的祖先卢卡的朝圣之旅。全书共计 683 页，因为我们有很多祖先。

网站和杂志

Family Tree 杂志（familytreemagazine.com）

就我们的主题而言，这是最著名的刊物，相当于家史极客们的《体育画报》（Sports Illustrated）。该杂志还有一个受欢迎的网站。

Eastman's Online Genealogy Newsletter（eogn.com）

作者为家谱学专家迪克·伊斯特曼（Dick Eastman）。他已经坚持书写家谱学简报很长时间，早期是用穿孔卡储存家庭数据。

The Legal Genealogist（legalgenealogist.com）

朱迪·拉塞尔所写的关于家谱学的文章，通常着重叙述家谱学与法律的交集。她是该领域最讲究证据、最清醒、最有怀疑精神的作家之一。可参看她的文章 Facts Matter!

Genea-Musings（geneamusings.com）

兰迪·西弗所写的博客，题材包括家谱学新闻、研究方法、个人经历、数据库和不解之谜。

GeneaBloggers TRIBE（geneabloggerstribe.com）

该网站由一个家谱学博客作者团队运作，分享新闻、指导意见、资源、故事，以及偶尔出现的曾祖母的饼干制作方法。

Genealogy Gems（lisalouisecooke.com）

丽莎·路易斯·库克（Lisa Louise Cooke）的博文通常会采用出人意料的角度来写，比如，如何将谷歌地球（Google Earth）用于家谱学研究。

The Genetic Genealogist（thegeneticgenealogist.com）

布莱恩·贝廷格关于 DNA 的博客不仅风趣，而且相对来说没有那么多行话。他在博客里发布重大进展，最近似乎每分钟都会更新一次。他还提供了大量资源和方法。

The DNA Detectives（thednadetectives.com）

该网站由西西·穆尔建立，提供有用信息，帮助人们通过 DNA 检测了解更多家族史。西西的工作已经帮助数千名被领养者找到亲生父母。她还建立了一个叫作"DNA Detectives"的 Facebook 团体，让成员学会用 DNA 寻找亲戚，包括近亲和远亲。

Wait But Why?（waitbutwhy.com）

作家蒂姆·厄本建立的出色的非虚构写作网站，有两篇关于家谱学的文章，标题分别是"Meet Your Ancestors (All of Them)"和"Your Family: Past, Present and Future"。

会议

RootsTech（rootstech.org）

这是家谱学界的国际动漫展，但是没有那么多 cosplay（并不是完全没有，我们见过很多，从海盗、历史上的先驱人物，到会说话、会行走的树）。每年 2 月份在盐湖城举办，主办方预计明年的参加者会超过 3 万。

我们还推荐全国家谱学会大会（ngsgenealogy.org），和南加利福尼亚家谱学会举办的大型聚会（genealogyjamboree.com）。

考虑到你可能没法去现场，很多会议都会进行直播，或者发布会议的视频。查询具体时间可访问 http://conferencekeeper.org。

聘请一位专业人士

如果你没有时间亲自调查，如果你想进行更深入的探索，或者如果遇到了无法逾越的障碍，你可以聘请一位专家。

A. J. 的说明：我要为伊欧玟的事业 Turning Hearts Genealogy (turningheartsgenealogy.com) 做宣传，因为她太腼腆，是不会亲自宣传的。

但除了她以外，很多专业家谱学家也很优秀。

你可以访问专业家谱学家协会网（apgen.org），从中找到一位重点研究你家庭的种族或起源地的专家。伊欧玟建议先面谈几位再做决定。

聘请专家之后，你最好对任务进行具体说明。"我想对我的家庭有更多了解"是一个抽象的目标，最后的结果可能不会让你满意。相反，你应该说明你具体想了解家庭里的哪一个分支，或者你遇到的障碍是什么。

时薪从 20 美元左右到 100 美元以上不等。

调查技巧

从小范围入手

选择一位祖先或一个姓氏，进行集中调查。之后，你可以继续调查家谱里的其他人。如果你想一次性调查所有祖先，错综复杂的分支会让你找不到方向。

用照片做"诱饵"

如果你准备将家谱分享到网络上，不要忘了添加照片。照片会提高其他家庭成员的兴趣。和 Facebook 是一样的道理，只不过用的是逝者的照片。（勿用死者的自拍照，切记。）

来源，来源，来源

几乎所有新手都会犯同一个错误，而且在事后感到后悔：他们没有记录信息来源。一定要备注信息的来源。

如果你从你的姑妈那儿听说了你祖父的生日,不要只记录日期,也要记录,将这个日期告诉你的人,是你的姑妈。如果能问她是如何知道的,就更好了。虽然听起来可能显得过于专注细节,但是这一点很重要。你有可能会发现,这个被当作生日庆祝的日期,与官方文件里记录的日期并不一致。

最后,"第二代表亲"(a Second Cousin)和"差两个辈分的第一代表亲"(a First Cousin Twice Removed)到底有什么区别?

其实,"第二代表亲"的概念很好理解。

如果说你是某个人的第一代表亲,意思是你们有共同的(外)祖父母。如果你们是第二代表亲,意思是你们有共同的(外)曾(外)祖父母。如果是第三代表亲,意思是你们有共同的(外)曾(外)曾(外)祖父母。以此类推,很简单。

加上"removed"会复杂一些,涉及辈分问题。

"差一个辈分"(once removed)的意思是,对方与你相差一辈,与你的父母或子女同辈。"差两个辈分"(twice removed)的意思是,对方与你相差两辈,与你的祖父母或孙子孙女同辈。

A. J. 的说明:以我自己的家庭为例,我母亲的第一代表亲卡斯(她叔叔的儿子),是我差一个辈分的第一代表亲,因为卡斯与我母亲同辈。我母亲差一个辈分的第一代表亲(她叔祖的孩子),是我差两个辈分的第一代表亲,因为他与我的祖父母同辈。

清楚了吗？也许没有。用图表解释会简单一些。因此，为了接下来的图表，感谢艾丽丝·J.拉姆齐。

或者，你可以使用夏威夷式的亲属称谓制，对辈分和性别相同的人用同一个称谓。对兄弟和男性表亲用一个称谓，对姐妹和女性表亲用另一个称谓。对叔叔（舅舅）和父亲用相同的称谓，对姨妈（姑妈）和母亲用相同的称谓。

这绝对符合"全球家庭聚会"的精神。

每个方框里的关系都显示的是那个人与你之间的关系,其中,你是"self"。如图所示,你、你的兄弟姐妹、你的第一代表亲(1st Cousin)、你的第二代表亲(2nd Cousin)等,都是同一代人,因此"once removed"的意思是"差一个辈分"。"1st Cousin once removed"的意思是"差一个辈分的第一代表亲"。以此类推。

(版权归艾丽丝·J. 拉姆齐所有,制作于1987年1月。)

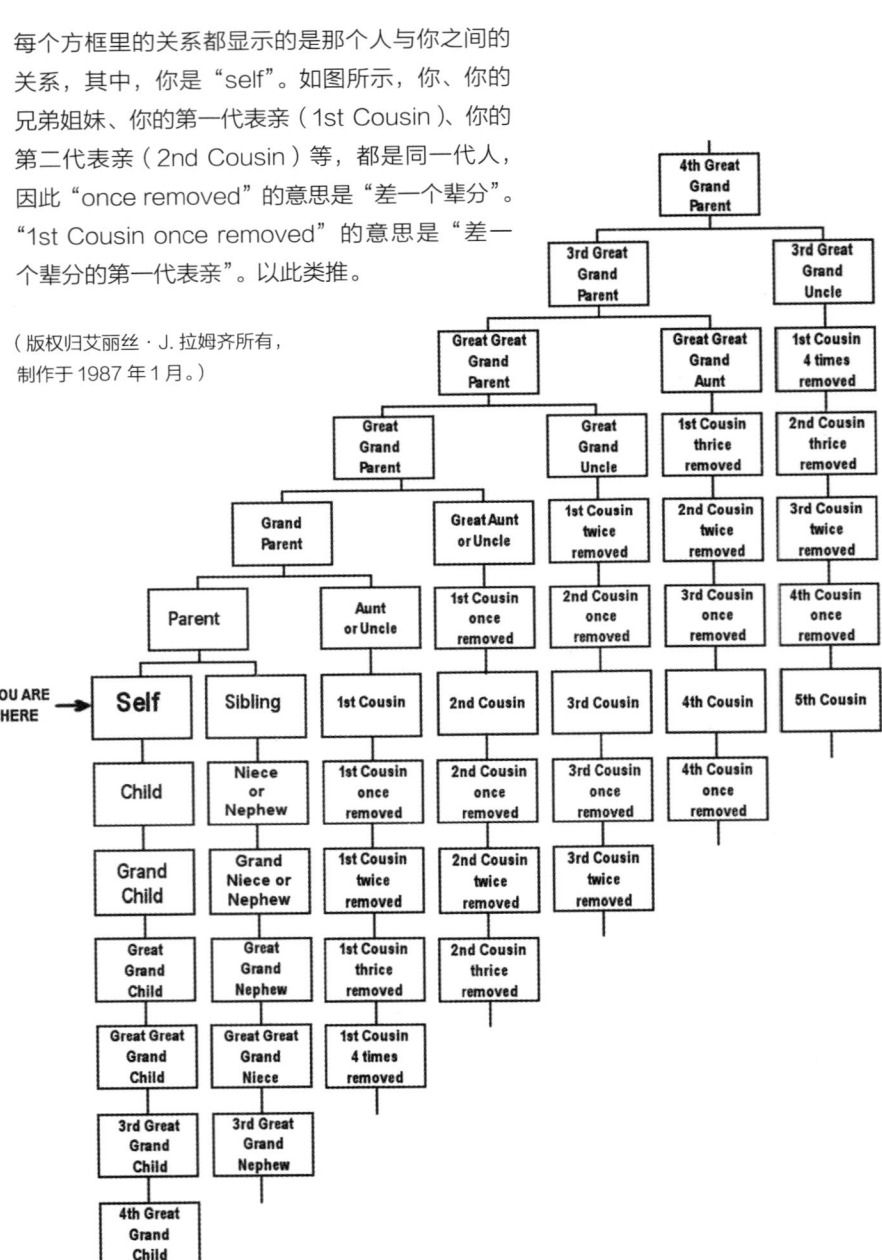

图书在版编目（CIP）数据

万物的奇妙亲缘：世界家谱的追踪与探索之旅 /（美）A.J.雅各布斯著；葛秋菊译. —— 太原：山西人民出版社，2018.8

ISBN 978-7-203-10500-8

Ⅰ. ①万… Ⅱ. ①A… ②葛… Ⅲ. ①家谱－世界－通俗读物 Ⅳ. ①K819-49

中国版本图书馆CIP数据核字(2018)第185218号

版权合同登记号：图字04-2018-035号

Simplified Chinese Translation copyright © 2018
By Beijing Han Tang Zhi Dao Book Distribution Co., Ltd.
It's All Relative: Adventures Up and Down the World's Family Tree
Original English Language edition
Copyright © 2017 by A.J. Jacobs
All Rights Reserved.
Published by arrangement with the original publisher, Simon & Schuster, Inc.

万物的奇妙亲缘：世界家谱的追踪与探索之旅

著　　者：	（美）A.J.雅各布斯
译　　者：	葛秋菊
责任编辑：	王新斐
复　　审：	贾　娟
终　　审：	张文颖
选题策划：	北京汉唐阳光
出 版 者：	山西出版传媒集团·山西人民出版社
地　　址：	太原市建设南路21号
邮　　编：	030012
发行营销：	010-62142290
	0351-4922220　4955996　4956039
	0351-4922127（传真）　4956038（邮购）
E－mail：	sxskcb@163.com（发行部）
	sxskcb@163.com（总编室）
网　　址：	www.sxskcb.com
经 销 者：	山西出版传媒集团·山西新华书店集团有限公司
承 印 者：	北京市通州兴龙印刷厂
开　　本：	880mm×1230mm　1/32
印　　张：	11.25
字　　数：	280千字
版　　次：	2018年8月　第1版
印　　次：	2018年8月　第1次印刷
书　　号：	ISBN 978-7-203-10500-8
定　　价：	48.00元

如有印装质量问题请与本社联系调换